D1735328

Ilse Gutjahr

David
gegen
Goliath

Dr. Max Otto Bruker (1909 – 2001)

Ilse Gutjahr

David gegen Goliath

Eine Lebensarbeit:
Dr. Max Otto Bruker
und die Geschichte der
Gesellschaft für Gesundheitsberatung GGB

Von der Krankheit in unserem
Gesundheitssystem und den Chancen
einer ganzheitlichen Medizin

emu-Verlag

ISBN 978-3-89189-195-1

1. Auflage 2011

Liebe Frau Gutjahr,

Wir müssen m. reden unseren Weg gehen, unbeirrt!

5. 1. 89

Bruber

Jeder Mensch ist aber nicht nur er selber,
er ist auch der einmalige, ganz besondere,
in jedem Fall wichtige und merkwürdige Punkt,
wo die Erscheinungen der Welt sich kreuzen,
nur einmal so und nie wieder. Darum ist jedes
Menschen Geschichte wichtig, ewig, göttlich,
darum ist jeder Mensch, solange er irgend
lebt und den Willen der Natur erfüllt,
wunderbar und jeder Aufmerksamkeit würdig ...
Das Leben jedes Menschen ist ein Weg zu sich
selber hin, der Versuch eines Weges,
die Andeutung eines Pfades.

Hermann Hesse
Demian. Die Geschichte von Emil Sinclair
(1919)

Inhaltsverzeichnis

Vorwort

Die Gesundheit ist eine zu ernste Sache, um sie allein der so genannten Wissenschaft und der etablierten Medizin zu überlassen.

Es geht mir nicht um pauschale Schelte und Missachtung der Medizin. Wir alle sind auf Hilfe angewiesen, wenn es um notwendige Operationen geht, um lebensrettende Maßnahmen und Schmerzlinderung. Aber ich klage die eklatanten Versäumnisse im Bereich der Prophylaxe, der wirklichen Vorsorge, an. Ich klage diejenigen an, die eine Aufklärung über Krankheitsursachen verhindern, obwohl sie darum wissen, nämlich die für das Gesundheitswesen Verantwortlichen. Ich bemängele deren System. Ich kritisiere die Verknüpfung von Wirtschaft mit so genannter Wissenschaft. Haben die daran Beteiligten überhaupt ein Interesse, Krankheiten zu verhüten? Zurzeit muss diese Frage verneint werden. Es besteht auch keine Aussicht, dass sich daran in absehbarer Zeit etwas ändern wird.

Die Krankheitskosten in der Bundesrepublik werden allein für den Bereich ernährungsbedingter Zivilisationskrankheiten mit 80 – 120 Milliarden Euro beziffert. Folgekosten sind nicht einbezogen, Krankheiten, die von der Wissenschaft noch nicht als ernährungsbedingt anerkannt sind, ebenfalls nicht. Allein 40 Milliarden Euro kostete 2010 die Behandlung von Diabetikern. Jeder zehnte Erwachsene ist inzwischen daran erkrankt.

Die Kosten steigen permanent, denn die für Gesundheitsfragen Zuständigen definieren nicht exakt, was unter Fehlernährung zu verstehen ist. Sie verschweigen die fatalen Auswirkungen, die nicht nur den Patienten treffen, sondern auch den Partner, die Familie, den Beruf und das soziale Umfeld. Im Einzelfall können Fehlinformationen, mangelnde Prophylaxe und unzureichende ärztliche Therapien zur Existenzfrage werden.

Wir haben hervorragende Einrichtungen, um Krankheiten zu behandeln. Aber es fehlen Häuser, in denen Gesundheit und Krankheitsverhütung gefördert werden. Dr. med. Max Otto Bruker (1909–2001) war der erste Arzt in der Bundesrepublik, der dies erkannte und in die Praxis umsetzte. Noch mit 85 Jahren errichtete er 1994 in Lahnstein bei Koblenz ein „Zentrum für Gesundheit und ganzheitliche Lebensweise" – ein Gesundheitshaus. Dort erfahren und lernen interessierte Menschen, wie sie Krankheiten verhüten. Sie können sich außerdem in diesem Haus zu ärztlich geprüften Gesundheitsberatern GGB ausbilden lassen. Damit erfüllte Dr. M. O. Bruker sich einen Lebenstraum.

Ihm ist dieses Buch in großer Dankbarkeit gewidmet. Es ist der Versuch einer Annäherung an diese Persönlichkeit mit ihren unzähligen kostbaren Facetten.

Lahnstein, September 2011   Ilse Gutjahr

Organisch sind Sie gesund

Die Herzrhythmusstörungen begannen an einem Nachmittag, während der Arbeitszeit. Plötzlich, wie aus heiterem Himmel, so heftig, schmerzhaft und beängstigend, dass ich sofort zum Arzt ging. Er hörte mich ab – ohne Befund. Blutdruck normal. EKG normal. „Organisch sind Sie gesund." Ich atmete auf, aber das „Herzstolpern" blieb. Es trat von da an jeden Tag mehrmals für Sekunden, Minuten, oft auch Stunden auf. Ohne vorausgegangene Anstrengung. Im Gegenteil – beim Radfahren, Laufen oder Treppensteigen, Schwimmen kam das Herz nicht aus dem Takt.

Ich war 23 Jahre alt und frisch verheiratet, hatte Spaß am Beruf als Touristikfachfrau (damals in den Sechzigerjahren hieß es auch für Frauen noch Reisebürokaufmann!) und keine besonderen Probleme. Gerade waren mein Mann Wolfgang und ich nach Hannover gezogen, in die erste gemeinsame Wohnung. Mir ging es bisher gut – meinte ich. Pures Glück mit einem liebevollen Mann.

Warum also diese immer wieder plötzlich auftretenden, unangenehmen und Angst machenden Beschwerden? Ich war doch bisher immer leistungsfähig gewesen. Abgesehen von Kinderkrankheiten in frühesten Jahren war nichts Auffälliges zu berichten. Während der Ausbildung und nachfolgenden Berufstätigkeit hatte ich nicht einen einzigen Tag wegen Krankheit gefehlt oder einen Arzt aufgesucht. Sicher, schmal war ich, etwa 46 kg bei 167 cm, aber zäh. Und nun diese Störungen! Sie beeinträchtigten mich, brachten mich aus dem Konzept.

Wenige Wochen später war ich schwanger. Während der

neun Monate ging es mir gut. Das Herzstolpern trat immer seltener auf und verschwand in den letzten Monaten gänzlich. Gegen Ende der Schwangerschaft wog ich 58 kg. Wir freuten uns auf unser erstes Kind, auf unsere eigene kleine Familie. Natürlich wollten wir mehrere Kinder haben – am liebsten drei.

Die Geburt verlief schwierig. Der Nachwuchs meldete sich 14 Tage früher als erwartet. Das Fruchtwasser war abgegangen. Nach 24 Stunden Wehen schlug der Arzt einen Kaiserschnitt, eine „Sectio caesarea", vor. Meine Mutter, eine erfahrene und tüchtige Hebamme, riet zum Abwarten. Nach insgesamt drei unruhigen Tagen und ebensolchen Nächten kam an einem schönen Sommerabend um 21 Uhr unser Stammhalter an. Die Freude war riesengroß. Erschöpft und doch unendlich erleichtert und glücklich genoss ich es, so etwas Wunderbares, unseren Sohn Martin, auf die Welt gebracht zu haben.

Drei Monate nach der Geburt nahm ich meine Arbeit wieder auf. Weitere sechs Monate später kündigte ich. Alle finanziellen und in Aussicht gestellten Aufstiegsmöglichkeiten des Arbeitgebers beeindruckten mich zwar, konnten mich aber nicht halten. Er wollte mich sogar zur Fortbildung in die USA schicken. Ich aber hatte Sehnsucht nach unserem Sohn und wollte bei ihm und nirgendwo anders sein.

Inzwischen hatte sich das Herzstolpern wieder eingestellt. Wie früher trat es plötzlich auf und war von kürzerer oder längerer beunruhigender Dauer. Es sollte über 12 Jahre anhalten, begleitet von Angst- und Panikattacken, bevor schließlich ein kluger Arzt die richtigen Fragen stellte und klare Antworten gab.

Damals war ich aber noch nicht so weit, an Ärzte kritische Fragen zu stellen, sondern saß zwei- bis dreimal wöchentlich in der Sprechstunde unserer befreundeten Hausärztin – manchmal sogar täglich. Es ging mir schlecht. Sie war eine kluge homöopathische Ärztin. Ihr Vater war ebenfalls homöopathischer Arzt gewesen und hatte mich schon als Säugling behandelt. Aber die Ursache der Herzstörungen konnte sie mir auch nicht nennen. „Organisch" war ich ja gesund, doch ich fühlte mich krank und erschöpft. Die verordneten Mittel halfen nicht. Unter Anleitung der Ärztin lernte ich, zusammen mit anderen Patienten, das Autogene Training. Nach einiger Zeit trat das Stolpern während der entspannenden Übungen nicht mehr auf, aber sofort danach. Sobald ich den täglichen Aufgaben nachging, war alles beim Alten.

Inzwischen hatten sich massive Schlafstörungen und Zahnbeschwerden dazugesellt. Valium bescherte mir Schlaf, aber am nächsten Tag auch lähmende Müdigkeit und einen dicken Kopf. Ich nahm es nur wenige Wochen.

Und die Zahnschmerzen? Ich erinnere mich: Als ich noch berufstätig war, suchte ich einen Zahnarzt auf, weil Schmerzen am Zahnhals (der Sechser oben rechts) aufgetreten waren, besonders bei heißen und kalten Getränken und Speisen. Damals wusste ich nicht, dass man diese Beschwerden durch äußerliche Anwendungen hätte beheben können. Wusste es der Zahnarzt vielleicht auch nicht? Er sagte: „Zu sehen ist am Zahn und auf dem Röntgenbild nichts. Wenn Sie die Schmerzen loswerden wollen, nehme ich den Nerv raus." Die Folgen waren mir nicht bekannt. Ich fragte auch nicht, sondern war noch voll Vertrauen, also im Zustand der Medizingläubigkeit. Der Doktor entfernte den Nerv dieses gesunden, kariesfreien Zahns.

Schon 14 Tage später saß ich wieder bei ihm. Der Schmerz war zwar weg, aber es hatte sich eine bohnengroße Schwellung im Zahnfleisch unmittelbar über dem toten Zahn gebildet. Er fragte, ob ich Schmerzen habe. Hatte ich nicht.

Damit war es für ihn harmlos und nicht behandlungsbedürftig.

Und nun, etwa vier Jahre später, hatte ich nicht nur lästige Herzrhythmus- und Schlafstörungen, sondern auch diffuse Schmerzen im Bereich dieses Zahns oben rechts, die bis zum Auge ausstrahlten. Ich suchte mehrere Zahnärzte auf. Jeder röntgte den Zahn – und nebenstehende Zähne gleich dazu („Diese kleine Aufnahme ist harmlos"). Ergebnis: o. B., ohne Befund. Ein Zahnarzt entfernte vorsichtshalber alle vier Weisheitszähne, „weil sie sowieso überflüssig sind und die Beschwerden möglicherweise von dort ausstrahlen". Ungefähr vierzig bis fünfzig Mal wurden Röntgenaufnahmen von den Zähnen gemacht. Heute würde ich alles hinterfragen, im Sinne des verstorbenen Prof. Dr. Julius Hackethal (1921 – 1997), der den „mündigen" Patienten forderte. Damals hatte ich großen Respekt vor jedem Arzt und dessen Wissen. Alle Ärzte machten ja, ohne Ausnahme, den Eindruck, als trügen sie die volle Verantwortung für ihr Handeln.

Letztendlich sagte der fünfte Zahnarzt: „Wissen Sie, dass Sie über dem Sechser oben rechts eine ausgedehnte Vereiterung haben?" Nein, wusste ich nicht. Ich bat ihn, den Zahn zu ziehen. Dies lehnte er ab: „Wenn er nicht weh tut, lassen Sie ihn besser drin."

Nun suchte ich wieder einmal und fand einen Zahnarzt in einer kleinen Landpraxis. Er war selbst am Telefon und bot sofort einen Termin an. Damit begann eine neue Geschichte. Der Zahn brach bei der Extraktion ab. Beim Herausbohren der Wurzel perforierte der gute Landdoktor die Kieferhöhle. Er wurde sehr nervös. Die Betäubung ließ nach. Die Wurzel fand er nicht. Er sagte nur: „Es ist eine sehr große Öffnung." Dabei zitterte er so sehr, dass das „Nähgarn" auf den Boden fiel.

Unter sicher nicht mehr sterilen Bedingungen nähte er die Öffnung mit mehreren Stichen zu und schickte mich nach zweieinhalbstündiger Arbeit, bei der ihm der Schweiß nur so von der Stirn tropfte, mit dem Rat nach Hause, bei Schmerzen Tabletten zu nehmen. Über den Umfang seines Eingriffs und mögliche Folgen informierte er mich nicht. Die Tabletten hatte ich in den nächsten Tagen und Wochen nötig. Schmerzen, wie ich sie bisher nicht kannte, stellten sich ein. Ein dumpfer Druckschmerz, der über die ganze Gesichtshälfte ging. Zwei Monate nach dieser „Operation" kam ich mit hohem Fieber, Kopfschmerzen und Schüttelfrost ins Krankenhaus. Meine zaghafte Frage, ob dies nicht mit dem missglückten Ziehen des Zahnes zusammenhängen könnte, verneinte der behandelnde Arzt nach einem Blick in den Mund: „Es ist doch alles gut verheilt."

Man verabreichte mir mehrere Tage hintereinander intravenös ein Antibiotikum. Der Chefarzt spritzte persönlich. Als starke Schmerzen in dem injizierten Arm auftauchten (auch bei einer Bettnachbarin, die das gleiche Mittel aus anderen Gründen bekam), setzte er es ab und verordnete ein anderes Antibiotikum in Tablettenform. Ich schluckte es brav, denn ich wollte ja endlich schnell gesund werden. Kurz darauf hatte ich massiven Durchfall. Der Stuhl lief weg wie Wasser. Man stellte mir einen Nachtstuhl ans Bett, weil ich den Gang zum WC nicht so schnell schaffen konnte, wie Eile geboten war. Essen mochte ich nichts. Mir war übel. Ich wurde deshalb mit Astronautenkost ernährt und nach 14 Tagen fieberfrei entlassen, Gewicht etwa 40 kg. Nun konnte es ja endlich losgehen mit der ersehnten Gesundheit.

Weit gefehlt. Kopfdruck, Schmerzen im Kieferbereich, dazu noch Schwindel waren das tägliche Elend. Meine Mutter rief einen befreundeten Hals-Nasen-Ohren-Arzt an, weil sie der Meinung war, dass alles auf eine vereiterte Kieferhöhle hindeutete.

Der HNO-Arzt spülte die rechte Seite. Ohne Befund. Am nächsten Morgen konnte ich vor Schwindel und Gleichgewichtsstörungen kaum aufstehen. Aus dem rechten Nasenloch floss Eiter, er lief auch im Rachen hinunter. Wieder ging es zum HNO-Arzt. Diesmal war er entsetzt über das Ergebnis der Spülung. Mehrere Male musste das „Spülwasser" in der Auffangschale gewechselt werden. Es war durchsetzt mit Eiter.

Um es kurz zu machen: Innerhalb eines Jahres spülte er die Kieferhöhle mehr als fünfzig Mal – wöchentlich zwei bis drei Mal, je nach Befinden. Waren Kopfdruck und Schwindel zu stark, schaffte der HNO-Doktor Abhilfe. Ich durfte ihn am Wochenende in seiner Privatwohnung anrufen, weil es manchmal von freitags bis montags eine zu lange Wartezeit war und der Schmerz zu stark wurde. Dann trafen wir uns in seiner Praxis. Er führte eine starke lange Hohlnadel durch das rechte Nasenloch ein und stieß sie mit massivem Druck durch die Nasenwand in die Kieferhöhle. Danach spritze er mit einem Gummiball (ähnlich einem Klistier) mit kräftigem Druck Wasser durch dieses Röhrchen, um die Höhle zu spülen. Diese Quälerei ging über ein Jahr. Schließlich kam der HNO-Arzt, dem die Situation nun ebenfalls missfiel, mit der Nadel nicht mehr durch die malträtierte Nasenwand – selbst mit Hammerschlägen nicht. Er schlug vor, die Kieferhöhle „auszuräumen". Feste Nahrung konnte ich in diesem „Punktionsjahr" ohnehin nicht richtig kauen, sondern trank Flüssignahrung. Ich stimmte der Operation also zu. Ich hatte gar keine andere Wahl. Mein Befinden war auf dem Nullpunkt.

Während der Operation gelang es dem HNO-Arzt nicht, wie sonst üblich, ein Fenster zwischen Nasenwand und

Kieferhöhle zu legen, weil der Knochen durch die vielen „Punktionen" undurchgängig geworden war. Letztendlich gelang es ihm jedoch, die abgebrochene Zahnwurzel aus der Kieferhöhle zu fischen. Entsetzt rief mein Mann darauf den Zahnarzt an und berichtete ihm den Fund der Zahnwurzel. Er fragte auch, warum er denn nicht gesagt habe, dass die Wurzel in die Kieferhöhle gerutscht war. Dann hätte man sie doch gleich öffnen lassen können. Der Arzt antwortete lakonisch: „Seien Sie doch froh, dass Ihre Frau das überhaupt überlebt hat."

Jetzt musste es doch endlich aufwärts gehen! Mein Gewicht: unter 40 Kilo. Die Herzrhythmusstörungen hatten sich leider nach der Operation nicht verflüchtigt, sondern plagten mich nach wie vor. Übelkeit und Durchfälle traten häufiger auf. Ich haderte mit Gott und der Welt. Was war aus mir aktivem, unternehmenslustigem Menschen geworden! Eine Last für die ganze Familie, die mich immer wieder geduldig aufmunterte. Was hatte ich wann falsch gemacht? Jeden Infekt, ob Erkältungen oder Magen-Darm-Störungen, fing ich mir nun ein, mehrmals jährlich machte ich fiebrige Erkrankungen durch. Kranksein gehörte mittlerweile zum Alltag. Warum und wofür wurde ich so hart bestraft? Wir wollten doch so gern ein zweites Kind! Der Gynäkologe riet von einer erneuten Schwangerschaft dringend ab, weil ich zu schwach sei. Mein Mann schlug vor, lieber ein Kind zu adoptieren, „wenn du wieder gesund bist".

Ich ließ mich von einem Arzt zum anderen schicken, immer in der Hoffnung, die Gründe für meinen desolaten Zustand herauszufinden. War ich etwa ein Koryphäenkiller? Nein, es ging mir tatsächlich hundsmiserabel, ich wollte unbedingt gesund werden und war bereit, alles zu versuchen!

Ein Internist bestellte mich jeden zweiten Tag in die Praxis und spritzte mehrere Wochen lang Traubenzuckerlösung intravenös. „Sie sollen mal sehen. Das macht Appetit. Dann nehmen Sie zu. Und dann geht es Ihnen auch besser." Seine Prophezeiung erfüllte sich nicht. Kürzlich las ich, dass durch diese Methode nachweislich Arteriosklerose hervorgerufen werden kann.

Ein anderer Internist empfahl mir, jeden Tag eine Packung Pralinen zu essen. Ein weiterer riet mir zu viel Fleisch und Wurst „und jeden Tag ein ordentliches Stück Speck." Alle Ratschläge befolgte ich brav – ohne Erfolg. Alle meinten, sobald mein altes Gewicht wieder erreicht sei, ginge es mir besser. Dass Lunge, Magen, Darm wiederholt geröntgt wurden, nahm ich hin. Die Fachärzte, die es ja wissen mussten, sahen es als notwendig an. Ergebnis: ohne Befund.

Der Gynäkologe, der bei der Geburt unseres Sohnes dabei war, verordnete über mehrere Wochen Hormone. Eines der Mittel war Testosteron, das er für besonders wirksam hielt. Als meine Stimme sich veränderte (sie wurde tief, als hätte ich Stimmbruch) und mir Haare im Gesicht und besonders auf Armen und Beinen wuchsen, setzte er es ab.

Ein weiterer Internist schlug mir vor, wegen des Herzstolperns einen Herzschrittmacher einzusetzen. „Organisch ist das Herz zwar gesund. Aber auf Dauer wird es durch die Unregelmäßigkeit geschädigt."

Unsere Hausärztin – sie gab sich alle erdenkliche Mühe – meinte nach dieser Spezialisten-Odyssee, möglicherweise könnte das Herzstolpern mit den Zähnen zusammenhängen. Sie empfahl mir, einen Zahnarzt aufzusuchen, der sie ebenfalls behandelte und sich auf Kiefersanierung spezialisiert hatte. Sie kannte ihn von einem Kongress und war beeindruckt von seinen vorgetragenen Erfolgen. Voller Vertrauen in unsere Ärztin und diesen neuen Spezialisten fuhr ich in den entfernten Kurort und stellte mich der Untersuchung und dem Behandlungsplan. Der Befund ergab, dass die Zähne vital waren. Trotzdem schlug der „Fachmann" vor, die Backenzähne zu ziehen, da an Hand der Aufzeichnungen und Röntgenbilder so genannte „Herde" deutlich zu erkennen seien. Ich war Laie, hatte Schmerzen, fühlte mich miserabel und wollte um jeden Preis gesund werden, um endlich ein wunderbares Familienleben zu genießen und aktiv dazu beizutragen. Und natürlich glaubte ich an diese „wissenschaftlichen" Ergebnisse. Ich war sogar dankbar, endlich hatte einer doch etwas Handfestes, Vorzeigbares entdeckt und zur Ursache aller Beschwerden erklärt. Da sich auch unsere Hausärztin dort in stationäre Behandlung begab, bestärkte mich dies darin, die richtige Entscheidung getroffen zu haben.

Dieser „Zahnspezialist" zog mir weitere 16 (!) vitale Zähne. Mehrere Termine waren für dieses dentistische Massaker erforderlich, verbunden mit stationärem Aufenthalt in der Privatklinik des Zahnarztes. Ober- und Unterkiefer wurden von dem rabiaten Doktor beidseitig nach der Extraktion der Zähne „gefräst", um das Verbleiben von Rückständen (Herde, Wurzelreste etc.) auszuschließen. Während des Eingriffs am Oberkiefer sagte er zu seinem Assistenzarzt: „Wenn wir schon dabei sind, schauen wir doch mal eben in die Kieferhöhle."

Haben Sie beim Zahnarzt, mit Kieferklemmen und tamponierter Mundhöhle bestückt, schon mal widersprochen oder diskutiert? Außer „äh, äh" oder „ah, ah" geht nichts. Der Zahnarzt öffnete nicht nur die rechte, sondern auch die bisher unversehrte linke Kieferhöhle, ohne zu fragen. Mal eben so. Sicherheitshalber.

Nach dieser „Sanierung", die sich über etliche Monate hinzog, war ich, wie gesagt, befreit von 16 gesunden Zähnen und einem beträchtlichen Geldbetrag (damals 16 000,– DM), den die Krankenkasse nicht übernahm. Die Schneidezähne beschliff der Doktor danach viel zu stark, um Kronen mit Halterungen für eine Teilprothese anbringen zu können. Die provisorischen Kronen hielten nicht. Jeder Luftzug schmerzte. Es war eine monatelange Tortur.

In der Folge stellte sich auch noch eine Trigeminusneuralgie ein. Ich nahm jeden Tag Schmerztabletten, sonst wäre es nicht auszuhalten gewesen.

In meiner Verzweiflung suchte ich vor Schmerzen weinend einen weiteren Zahnarzt in unserer Stadt auf. Er war entsetzt und sagte: „Wer hat Sie denn so misshandelt? Warum wurden die Zähne überhaupt gezogen? Der hat ja das Kind mit dem Bad ausgeschüttet. Mit den Zähnen hat Ihr schlechter Gesundheitszustand und das Herzstolpern nach meiner Auffassung nichts zu tun." Ich fiel aus allen Wolken. Dieser Zahnarzt rettete von den verbliebenen Zähnen, was noch zu retten war.

Unsere Hausärztin schickte mich danach zu einer Kur ins Allgäu, um mich aufpäppeln zu lassen. „Luftveränderung wird Ihnen gut tun." Der zuständige Kurarzt sagte gleich zur Begrüßung: „Wenn Sie nicht zunehmen, müssen wir Sie zwangsernähren." Natürlich wollte ich zunehmen. Aber wie? Nach neuesten wissenschaftlichen Erkenntnissen der „Deutschen Gesellschaft für Ernährung" (DGE) wurde mir kalorienreiche Kost verabreicht. Aus Angst vor der Zwangsernährung steckte ich mir bei jedem Wiegetag Steine in die Hosentaschen. Die Kur brachte nichts. Das Herzstolpern blieb. Das geringe Gewicht, das schlechte Befinden und die Appetitlosigkeit ebenfalls.

1974 starb meine Mutter, Anna Neumann, durch einen Autounfall. Sie war sofort tot. Mein Schmerz war grenzenlos. Sie war in unserer Familie immer der Fels in der Brandung gewesen. Eine Mut machende Frau, die nie verzagte, immer eine Lösung suchte. Aus dem vollen Leben und erfüllenden Hebammenberuf herausgerissen, ohne Abschied. Ich konnte es mit meinen 33 Jahren nicht fassen. Monate später ging ich in eine psychosomatische Klinik, um diese gewaltsame Trennung von ihr aufzuarbeiten. Gespräche mit einer klugen Ärztin brachten mich weiter. Ich wollte wieder leben und vor allen Dingen nach wie vor gesund sein.

Jahre später sagte mein Mann Wolfgang einmal vorwurfsvoll: „Nach dem Aufenthalt in dieser Klinik warst du nicht mehr dieselbe". Wie sollte das auch anders sein! Das Leben hatte mich gebeutelt und rücksichtslos gezwungen, Inventur zu machen.

Um mein Gewicht zu erhöhen, machte ich anschließend zu Hause die damals hochaktuelle „Brigitte-Diät", allerdings mit doppelten und teilweise dreifachen Mengen. Ich zwang mich zum Essen. Wenn die vorgeschlagenen kalorienreduzierten Rezepte zum Abnehmen taugten, wie glaubwürdig versichert wurde, musste die Aufstockung der Zutaten ja logischerweise zur Gewichtszunahme führen. Fehlanzeige. Das geringe Gewicht blieb, Unverträglichkeiten, Unwohlsein und Durchfälle traten häufiger auf, das Herzstolpern war weiterhin mein zuverlässiger Begleiter, ebenso Schlafstörungen und ein bleibendes Ohrgeräusch.

Es kamen weitere Beschwerden hinzu. Das linke Knie war plötzlich heiß, schmerzhaft, über Nacht geschwollen und in der Bewegung eingeschränkt. Ein befreundeter Radiologe zeigte mir das Röntgenbild und sagte: „Kein Wunder, du hast eine ausgeprägte Osteochondrose in beiden Kniegelenken. Beim linken Knie hilft eine Operation. Sieh mal hier, diese Teilchen im Gelenk sind Knochensplitter. Die gehören da nicht hin und müssen rausgeholt werden, sonst bleibt dein Knie steif." Er schlug die Operation bei einer ihm gut bekannten Kapazität in Hamburg vor, dem damaligen Sportarzt des HSV. „Aber zuerst musst du zunehmen, sonst bleibst du denen noch auf dem OP-Tisch liegen", meinte er besorgt. Dieser Hinweis war mein Glück. Der Chirurg teilte die Ansicht des Röntgenologen. Der Termin wurde verschoben.

Nun hatte ich zwar wieder einmal einen vorzeigbaren Befund, aber war das Knie denn auch der Grund für alle anderen Beschwerden? Einreibungen, Wickel und Ruhigstellen brachten keine Besserung. Mir kamen immer stärkere Zweifel.

Die Wende

Gute Freunde rieten mir, es doch einmal mit der richtigen Ernährung zu versuchen. Meine Frage: „Was heißt richtige Ernährung? Ich ernähre mich doch schon so gesund. Wir essen viel aus dem eigenen Garten. Außerdem, was hat Ernährung mit Herz und Knie zu tun?" Sie empfahlen mir, einen VHS-Kurs zu besuchen. Die Kursleiterin sprach dauernd von einem Dr. Bruker und erzählte, dass ihre Familie fast nur von Rohkost lebe. Das ließ nicht gerade Begeisterung bei mir aufkommen. Als sie dann noch sagte, dass die ganze Familie am Wochenende mit dem Fahrrad unterwegs sei, um zum Beispiel Löwenzahn und Brennesseln für ihre Mahlzeiten zu suchen, glaubte ich, im falschen Film zu sein.

Ich war skeptisch, lieh mir aber von ihr letztendlich doch das Buch „Schicksal aus der Küche" (heute „Unsere Nahrung – unser Schicksal", emu-Verlag) von diesem mysteriösen Dr. med. M. O. Bruker. Wieder ein Arzt mit neuen Ratschlägen. Wollte er etwa mehr wissen als alle Spezialisten, die ich in den letzten zwölf Jahren aufgesucht hatte? Immerhin war ich in meiner Verzweiflung sogar im Ausland und bei diversen „Wunderheilern" gewesen. Doch diese Lektüre sollte wider Erwarten mein weiteres Leben bestimmen.

Ich las das Buch in einem Rutsch durch. Es fiel mir wie Schuppen von den Augen. Die Erklärungen dieses Arztes waren logisch, klar und kompetent. War es denn möglich, dass es einen Arzt gab, der den Patienten und seine Beschwerden bis ins kleinste Detail verstand und nachempfinden konnte? Demnach hatte ich ja bisher alles grottenfalsch gemacht! Was Fehlernährung und deren Auswirkung, ja was Nahrungsqualität überhaupt bedeutet, wusste ich bis dahin nicht. Warum hatte das niemand erwähnt, nicht einmal unsere Hausärztin?

Ich rief beim Verlag an und fragte, ob dieser Arzt, dieser Dr. Bruker, noch praktiziere. „Ja und ob", antwortete die Dame lachend. „Er wohnt in Lemgo und praktiziert in Bad Salzuflen." Meine Familie redete mir zu, auch diesen Versuch noch zu wagen. „Jetzt warst du bei so vielen Ärzten. Nun kommt es auf den auch nicht mehr an. Vielleicht kann er dir ja doch noch helfen." Auch unsere Hausärztin kannte Dr. Bruker. „Ja", sagte sie, „ich habe mit ihm zusammen promoviert. Er macht viel mit Ernährung. Bei ihm musst du aber Butter essen." Genaueres wusste sie nicht.

Ich hasste Butter! Im Krieg machte meine Großmutter die Butter selbst. Sie schmeckte nach Kuh, und ich ekelte mich davor. Aber mir ging es so schlecht, dass selbst die Aussicht auf dieses widerlich schmeckende Fett – so empfand ich es damals – mich nicht schrecken konnte. Mein Zustand ließ es gar nicht zu, noch wählerisch zu sein. Ich wollte nur eins: gesund werden, falls das überhaupt noch möglich war.

Am 8. November 1976 stieg ich mit zugleich bangem und hoffnungsvollem Herzen in den Zug nach Bad Salzuflen, zu Dr. Bruker. Ein Stück trockenes Brot und Äpfel hatte ich als Wegzehrung mitgenommen – ich vertrug fast nichts anderes mehr. Bauchschmerzen, Durchfälle bis zu zehn Mal und mehr am Tag waren keine Seltenheit. Übelkeit. Zeitweise Erbrechen. Immer wiederkehrende Infekte. Geschwollenes, schmerzhaftes Knie. Herzstolpern. Schlafstörungen, Ohrgeräusche, knapp 35 kg bei 1,67 m Körperlänge. Was sollte eigentlich noch passieren? Dass ich in den Vorjahren nebenbei auch noch einen Bandscheibenvorfall,

Malaria (auf Korsika eingefangen) und andere „Kleinigkeiten" überstanden hatte, scheint rückblickend kaum noch erwähnenswert. Seelische Tiefpunkte waren zwei Fehlgeburten.

Warum ging es mir so schlecht? Wie lange würde es mit mir noch so weitergehen? Die guten Tage, die mich anfangs noch hoffen ließen, waren immer seltener geworden. Schließlich gab es sie gar nicht mehr. Ich mochte mich meiner Familie so nicht mehr zumuten. Mann und Sohn hatten mich jahrelang überwiegend krank erlebt. Jeder Urlaub war inzwischen ein Wagnis. Würde nichts dazwischen kommen? Wenn ja, gab es einen Arzt in der Nähe des Urlaubsortes? Mein erster Mann erzählte mir später, einer der vielen Ärzte habe meine Überlebenszeit auf höchstens ein halbes Jahr geschätzt. Ich hoffte inständig, dieser Dr. M. O. Bruker könnte mir helfen. Aber im tiefsten Herzen zweifelte ich.

Und dann war ich da. Befunde und zahlreiche Röntgenaufnahmen hatte ich dabei. Ich erwartete vermutlich einen erneuten Apparate- und Untersuchungsmarathon. Doch dann saß da dieser weißhaarige, damals 67-jährige Arzt und sagte klare Sätze, die zum Mitdenken aufforderten. Ich staunte mit offenen Ohren und Augen. Zum Herzstolpern, das mir seit Jahren Angst machte, erklärte er: „Sie brauchen keinen Schrittmacher. Das Herz ist in Ordnung. Ihre Herzrhythmusstörung ist keine Herzkrankheit, sondern eine Krankheit des Systems, das das Herz regiert. Das vegetative Nervensystem kann falsch funktionieren, wenn es zum Beispiel nicht richtig ernährt wird. Aber was hat Ihr Herz denn wann so aus dem Rhythmus gebracht?"

Das hatte mich bisher noch kein Arzt gefragt. Die größte Überraschung jedoch kam noch. Zu meinem geringen Körpergewicht sagte Dr. Bruker: „Gewicht ist nicht so wichtig. Kümmern Sie sich nicht um Ihr Gewicht. Kümmern Sie sich um Ihre Gesundheit. Sie sind nicht gesund, wenn Sie zunehmen, sondern Sie nehmen erst zu, wenn Sie gesund sind. Wiegen Sie sich nicht. Sie müssen sich annehmen, wie Sie sind. Das Zunehmen kommt dann von selbst." Genau das Gegenteil hatten mir bisher aber alle Mediziner gesagt und Mastkuren, Hormone und Traubenzuckerinjektionen für richtig gehalten!

„Außerdem", fuhr Dr. M. O. Bruker fort, „sind Sie nicht zu dünn. Dünn und mager ist ganz was anderes. Ich behandele gerade eine Achtzehnjährige mit 23 kg Gewicht. *Das* ist mager. Gehen Sie in die Sauna ... Machen Sie nackt Sonnenbäder ... Gehen Sie schwimmen ... Wer sind Sie denn, dass Sie glauben, alle Menschen drehen sich andauernd nach Ihnen um, weil Sie meinen, Sie sind dünn ... Und die paar, die es tun ... sollen sie doch!"

„Und was sagen Sie zu dem Knie und dem Befund Osteochondrose? Woher kommt das?"

„Vitalstoffmangel. Das ist nicht unheilbar. Sie können sich natürlich operieren lassen. Aber dann soll Ihnen der Arzt vorher schriftlich bestätigen, dass diese Beschwerden nach der Operation nicht wieder auftreten"

Das war logisch, aber warum hatte mir das bisher kein Arzt erklärt? Dr. M. O. Bruker: „Üben Sie keine Kritik an den Ärzten, sondern am System. Wir Ärzte werden in Krankheitsursachen nur unzureichend ausgebildet." Dann sagte er väterlich tröstend: „Eine stämmige deutsche Eiche werden Sie sicher nicht, aber Krüppelkiefern sind auch nützliches Unterholz." Wir mussten beide lachen.

Diese Sprechstunde – sie dauerte wirklich eine ganze Stunde – war gespickt voll mit Mut machenden, klugen, Vertrauen erweckenden Antworten. Einige seiner Sätze prägten sich mir bis heute ein: „Die Weichen sind bei Ihnen von Kindheit an falsch gestellt. Am besten wäre es, Sie kämen einige Zeit in die stationäre Behandlung. Da sind noch einige Sitzungen nötig. Das kriegen wir wieder hin." Operationen ade? Ich sollte und konnte also selbst dazu beitragen, gesund zu werden? Es war nicht zu fassen.

Zum Schluss sagte der weise Mann: „Es ist wichtig, dass Sie *ein* Mensch vollkommen annimmt und so liebt, wie Sie sind. Führen Sie eine harmonische Ehe?" Das hatte mich auch noch kein Arzt gefragt. Was hatte denn das mit meinen körperlichen Beschwerden zu tun?

Üben Sie keine Kritik an den Ärzten, sondern am System. Wir Ärzte werden in Krankheitsursachen nur unzureichend ausgebildet.

Dr. M. O. Bruker

Mir gingen die Augen auf – endlich Hoffnung

Wenige Tage später wurde ich stationär aufgenommen und blieb zweieinhalb Monate in der Klinik. Dieser Aufenthalt war der größte Lern- und Entwicklungsprozess in meinem bisherigen Leben. Die täglichen Gespräche während der Visite waren Schlüsselerlebnisse. Ich saugte das für mich neue Wissen auf wie ein Schwamm das Wasser, hörte, sah, las und lernte. Durch die kluge Führung dieses Arztes wurden mir geistige Fenster und Türen aufgestoßen. Seine Sicherheit und Ruhe ausstrahlende Art machte mir immer wieder Mut. Meine Angst, nicht mehr gesund zu werden, wich mit jedem Tag mehr.

Nachdem ich nachts wieder einmal wach geworden war, schweißnass mit Übelkeit und Brechreiz, berichtete ich davon bei der morgendlichen Visite. Dr. Bruker fragte daraufhin: „Was finden Sie denn in Ihrem Leben zum Kotzen?" Zum ersten Mal erlebte ich, dass ein Arzt sich nicht allein mit Verordnungen, Untersuchungen, Laborwerten und Medikamenten begnügte. Natürlich bekam ich spezifische Arzneimittel und Anwendungen, die Gesprächstherapie hatte jedoch entscheidenden Stellenwert.

Ich lernte, dass es ernährungsbedingte Zivilisationskrankheiten gibt. Dagegen konnte ich also künftig selbst zu Hause etwas unternehmen mit einer vitalstoffreichen, vollwertigen Ernährung. Dr. M. O. Bruker: „Sie dürfen alles essen, was der liebe Gott als Lebensmittel wachsen lässt, nur nicht den Mist, den die Fabrik daraus macht. Der Schöpfer war kein Dummkopf. Er hat keine Nahrung gemacht, die nachteilige Dinge enthält. Essen Sie wie ein Bauer vor 100 Jahren. Das, was er auf dem Acker anbaut, kann direkt verzehrt werden. Vor Jahrzehnten hat sich die Nahrungsmittelindustrie zwischengeschaltet, die den Eindruck erweckt, dass sie die Nahrung, die der Bauer erzeugt, ‚veredelt‘ … So entstand allmählich im Auftrag der Ernährungswissenschaft und auch der Medizin die Ernährungsindustrie. Die Nahrungsmittelindustrie ist neben der Rüstungsindustrie der mächtigste Faktor. Sie hat das Geld und die Macht, das Volk falsch zu informieren.“

Das waren klare Worte. In welchem Umfang lebensbedingte Probleme – auch aus der Vergangenheit – zu funktionellen Störungen wie Herzstolpern, Schlafstörungen, Bauchbeschwerden, Erbrechen und weiteren Unpässlichkeiten führen können, erklärte Dr. Bruker mir ebenfalls mit großer Geduld. Das hatte ich bis zu diesem Zeitpunkt noch nie gehört. Träume sollte ich aufschreiben. Warum? Morgens bei der Visite wurden sie besprochen. Ich konnte Fragen stellen und Ängste, aber auch Bedenken äußern.

Als die Herzrhythmusstörungen wieder einmal besonders stark und stundenlang auftraten, hatte ich Zweifel, ob Dr. Bruker überhaupt wusste, wie schlimm dieses Außer-Takt-Geraten des Herzens für mich war. Warum reagierte er so gelassen? Warum machte er nicht einmal ein EKG? Verschwieg er mir etwas? Vor lauter Angst forderte ich das letzte EKG telefonisch vom Internisten zu Hause an und zeigte es ihm.

Dr. Bruker lachte: „Haben Sie gedacht, ich weiß nicht, wie es um Ihr Herz steht?“ Er klopfte auf dem Tisch mit den Fingerknöcheln eine exakte Imitation meines unregelmäßigen Pulses. Ja, ich merkte, dass er nicht nur ahnte, wovon ich sprach – er wusste es. „So geht Ihr Herz und manchmal noch schlimmer. Aber das kriegen wir wieder hin. Ob das Herz langsam oder schnell schlägt, bestimmt es nicht selbst, sondern der Nervenimpuls. Ihre Herzrhythmusstörung ist nicht eine Herzkrankheit, sondern eine Krankheit des Systems, das das Herz regiert. Auf alle Störungen des vegetativen Systems hat der Mensch nicht den geringsten Einfluss – nur mit Erkenntnissen kommt er weiter. Sie müssen sich fragen: ‚Wo liegen die Fehler, die ich bisher gemacht habe?‘ Kümmern Sie sich um die Ursachen. Die erste Voraussetzung für Gesundheit ist, dass der Kranke begreift, was er hat. Dabei helfe ich Ihnen.“

Können Sie, lieber Leser, sich vorstellen, wie derartige Sätze auf mich wirkten? Ein halbes Jahr Lebensdauer hatte mir ein Arzt noch gegeben, und nun durfte ich wieder hoffen, dass doch noch alles (fast alles) gut wird? Viele Jahre später sagte mir einer seiner Arztsöhne einmal: „Was Diagnostik betrifft, können wir unserem Vater nicht das Wasser reichen.“

Während des Klinikaufenthalts erlebte ich dies jeden Tag an mir und anderen Mitpatienten. Es war beeindruckend, mit welcher Konzentration dieser Arzt meine Sorgen anhörte. Hatte ich wieder einmal massive Durchfälle, die in Schüben auftraten, folgten exakte Fragen und Anordnungen. Klagte ich über Unverträglichkeit nach den Mahlzeiten, erklärte er: „Die vitalstoffreiche Vollwertkost ist so zusammengestellt, dass es keine Unverträglichkeit gibt. Solange Sie aber noch krank sind, haben Sie Beschwerden. Mit der Zeit werden sie weniger. Wenn der Organismus streikt, rutscht er wieder in die alten ausgefahrenen Rillen. Das dürfen Sie als Heilungsprozess verstehen. Sie sind 36 Jahre alt. Wenn Sie 36 Jahre mit einem Auto auf dem Feldweg dieselbe Spur fahren und sollen nun daneben eine neue anlegen, rutschen Sie anfangs auch noch mal in die alte Fahrrinne, so lange, bis die neue Spur sicher ist.“

Solche Sätze beruhigten nicht nur, sondern machten einsichtig.

„Eigentlich müsste ich dann dem Organismus ja 36 Jahre Zeit geben, um wieder einigermaßen in Ordnung zu kommen." „Eigentlich ja", meinte Dr. Bruker, „aber es geht bei Ihnen schneller."

Nach zwei Jahren sagte mir derselbe Leib- und Seelenarzt in einer ambulanten Sprechstunde: „Ich hätte nicht gedacht, dass ich Sie einmal so wiedersehe. Sie waren nämlich gesundheitlich nicht mehr viel wert." Das sagte er während des Klinikaufenthalts natürlich nicht, sondern ich bekam jeden Tag ermunternden Zuspruch.

Jeden Mittwochvormittag hielt Dr. Bruker einen einstündigen Vortrag für alle Patienten. Für die Bettlägerigen wurde er über das Hausradio übertragen. Ich versäumte nicht einen einzigen. Er war ein faszinierender Redner. Jeder Satz war druckreif. Wir Patienten fühlten uns verstanden und ernst genommen. Das war kein Halbgott in Weiß, sondern ein Mensch wie du und ich. Während der Visite notierte er sich Fragen und Wünsche der Patienten, die er dann mittwochs im Vortrag ausführlich beantwortete, wenn sie von allgemeinem Interesse waren.

Woher nahm der Mann die Kraft, sich mit der Klinikleitung, den Krankenkassen und Politikern auseinanderzusetzen? Dass er sich gegen Atomkraft engagierte, erfuhren wir nebenbei. Während eines solchen Vortrags sagte er: „Ich bin ein unbequemer Arzt, weil ich Krankheitsursachen nenne. Krankheitsursachen liegen immer in der Vergangenheit außerhalb des Menschen. Also müssen Sie Ihre Gewohnheiten ändern. Das ist natürlich unbequem. Ob Sie etwas gerne hören oder nicht, darauf nehme ich keine Rücksicht. Etwa drei Prozent der Patienten begreifen das. Diese drei Prozent sind für mich Ansporn genug weiterzumachen."

Offensichtlich beflügelte ihn sein Auftrag, die Liebe zum Mitmenschen. Über das Gewicht erfuhr ich: „Durch Gewicht wird keine Gesundheit erreicht. Man kann am Gewicht nur erkennen, ob der Mensch gesund ist oder nicht. Bei dieser Ernährung nimmt jeder ab, denn sie bewirkt eine Reaktion im Organismus. Die Gewichtsabnahme ist zunächst Flüssigkeitsverlust – kein Substanzverlust. Und erwünschte Gewichtszunahme kommt immer erst als Letztes in der Heilung. Zuerst muss alles wieder richtig funktionieren, erst dann bilden sich Reserven. Wenn Sie in Finanznot sind, werden Sie kein Geld auf die Sparkasse bringen. Erst wenn alle Schulden bezahlt sind, können Sie sparen. Und so kommt Zunehmen erst nach dem Gesundwerden. Der Krankenhausaufenthalt ist dazu zu kurz." Das tröstete mich, denn an Gewicht legte ich in den ersten Wochen nichts zu, und danach ging es nur grammweise aufwärts.

In meinen Notizen aus der damaligen Zeit finde ich Sätze, die mir auch heute noch wichtig sind, zeigen sie doch, wie umfassend, ganzheitlich und vorausschauend Dr. Brukers Berufsauffassung war: „Wir haben nur Krankheiten, die aus dem Geistigen kommen. Jede falsche Handlung setzt einen falschen Gedanken voraus, und der falsche Gedanke kommt aus der falschen Erkenntnis, und die falsche Erkenntnis kommt aus dem falschen Wissen, und das falsche Wissen stammt aus der Vergangenheit. Wir werden es nie erreichen, dass Menschen vollkommen sind. Der Kranke ist der Beweis für unsere Unvollkommenheit. Größere Vollkommenheit erreichen wir, wenn wir von klein an versuchen, die Dinge richtig zu sehen. Dies ist eine große Aufgabe für uns der Jugend gegenüber."

Ich hörte, dass Nerven ein handfestes Organ sind mit etwa drei Pfund Gewicht, würde man alle in einer Sektion bloßlegen. Ich lernte, dass alle Krankheiten eine einheitliche

Ursache haben, nämlich den Verstoß gegen die Schöpfungsgesetze, dass alle Krankheitsursachen in der Vergangenheit und außerhalb des Menschen liegen.

Dem Herzstolpern lagen also unverarbeitete Erlebnisse zugrunde, die das vegetative Nervensystem zu Fehlfunktionen veranlassten. Da hatte sich über lange Zeit etwas Unbearbeitetes aufgestaut, das sich nun über die Fehlsteuerung an einem beziehungsweise mehreren Organen äußerte. Viele Dinge der Vergangenheit und Gegenwart waren von mir nicht bearbeitet, nicht richtig eingeordnet worden. Meine Lösung von der Elternbindung bedurfte einer Nachbesserung. Eine große Rolle spielte dabei meine „Vaterwunde". Ich glaubte, mit dem Tod meines Vaters sei das bis dahin finsterste Kapitel meines Lebens abgeschlossen. Hier lernte ich, was und wie ich es aufarbeiten konnte und musste. Mein bisheriges Weltbild war ebenfalls korrekturbedürftig. Dr. Bruker: „Sie haben sich in ein geistiges Gefängnis stecken lassen. Das ist ja schlimm."

Diesem wohlwollenden Arzt, der sich immer Zeit nahm, vertraute ich nach Wochen zum ersten Mal meine Familiensorgen an. Zu Beginn des Aufenthalts antwortete ich auf die Frage nach dem Zustand meiner Ehe spontan „glücklich". Die geleistete Seelenarbeit hatte zur Folge, dass ich nun Einzelheiten erzählen konnte. Mein Mann trank zu viel und regelmäßig Alkohol. Schon vor der Ehe war mir aufgefallen, dass er bei geselligen Anlässen in kurzer Zeit eine Flasche Wein und mehr trinken konnte. Betrunken war er allerdings nie. Ich glaubte daher, das seien Ausnahmen. Mir dämmerte aber allmählich, dass ich mir die Situation schön redete. Da wir uns in der Zeit des Kennenlernens wegen der großen Entfernung zwischen unseren Wohnorten nur an einigen Wochenenden im Jahr sahen, wollte ich nur zu gern glauben, dass das Trinken bei diesen Gelegenheiten eine Ausnahme sei und sonst im Alltag bei ihm keine Rolle spiele.

Im ehelichen Zusammenleben fiel mir dann allerdings schnell auf, wie häufig und gierig er trank. Er nahm gern Einladungen an, bei denen Alkohol ausgeschenkt wurde. Wir arbeiteten beide in der Touristikbranche, in derselben Firma. Veranstaltungen von Fluggesellschaften, Reedereien und Reiseunternehmen gehörten mehrmals wöchentlich zum Programm, das man mit Kollegen absolvierte. König Alkohol war immer präsent und eine Selbstverständlichkeit. Ich konnte keinen Fingerhut voll vertragen und mache mir bis heute nichts aus diesem Stoff. Mein Mann vertrug ihn, so schien es jedenfalls. Er war mit und ohne Alkohol gesprächig und kontaktfreudig. In seinem Schreibtisch entdeckte ich eines Tages zufällig, bei der Suche nach einem Lineal, zahlreiche leere Bierflaschen. Ich war entsetzt. Aber er beruhigte mich: „Das ist eine Ansammlung über Monate. Ich muss sie demnächst mal wegbringen. Bisher fehlte mir einfach die Zeit." Das hörte ich nur zu gerne. Ich wollte beruhigt sein.

Alle Sorgen konnte ich diesem außergewöhnlichen Arzt mitteilen. Ich hatte bis dahin nicht einmal mit meiner besten Freundin darüber gesprochen. Durch Dr. Brukers behutsame und kluge Gesprächsführung, Hinweise auf hilfreiche, weiterführende Literatur, Besprechen der Träume und immer wieder Fragen und Antworten, begriff ich allmählich, dass mein Mann und ich bereits problembeladen in die Ehe geschliddert waren. Als wir heirateten, war er 25, ich 22 Jahre alt. Jetzt fiel mir die besorgt klingende Frage meiner Mutter wieder ein: „Warum willst du denn schon heiraten? Du hast doch noch Zeit."

Mein Mann und ich sahen dagegen die Lösung aller Probleme in einer gemeinsamen Zukunft. Wir wollten alles besser machen als unsere Eltern. Seine lebten getrennt, meine hatten sich scheiden lassen. Unsere Ehe sollte es nun richten. Das konnte nicht funktionieren. Die Hintergründe und Ursachen meiner Krankheiten wurden mir immer klarer. Ich arbeitete während des Klinikaufenthaltes wie besessen an einer Lösung. Jede angebotene Hilfe ergriff ich wie einen Strohhalm. Alle von Dr. Bruker empfohlenen Bücher las ich sofort. Neue Fragen erforderten immer neue Antworten. Ich erhielt sie. Es musste unbedingt auch Klärung für unsere kleine Familie und auch für die früheren und noch bestehenden Probleme meines Mannes geben, über die er nicht sprach. Dr. Bruker bestellte meinen Mann zu einem Gespräch. Ich war nicht dabei. Es verlief offensichtlich positiv. Wir freuten uns auf eine neue gemeinsame Zukunft, denn wir liebten uns ja.

Den Aufenthalt in der Klinik musste ich vorzeitig abbrechen. „Das ist schade. Noch vier Wochen wären gut für Sie", sagte der Arzt. Doch mein Mann Wolfgang berichtete mir, wie unser Sohn mich vermissen würde, seine Schulleistungen ließen plötzlich nach. Tatsächlich fehlte Martin ebenso der immer abwesende, heimlich trinkende Vater. In Wahrheit fehlte meinem Mann auch die „bemutternde Frau am Herd". Wie auch immer, ich musste und wollte nach Hause.

Am Entlassungstag versprach ich Dr. Bruker, das bei ihm erlernte Wissen und die daraus gewonnenen Erkenntnisse mitzunehmen und für deren Verbreitung zu sorgen: „Und wenn ich dafür mit einem Bauchladen durch die Bundesrepublik ziehen muss. Es ist unverantwortlich, dass Menschen in Not dieses Wissen über Krankheitsursachen vorenthalten wird. Wie viel Elend könnte verhindert werden. Ich werde Ihnen helfen, so gut ich kann." Es sollte mehr als ein Bauchladen werden. Doch davon später.

Neue Wege

Zu Hause setzte ich das Erlernte konsequent um. Meine Familie machte klaglos mit. Einfach war es für beide Männer sicher nicht. Meine in zehn Wochen gespeicherte Energie, das neue Wissen, mein besserer Gesundheitszustand und die neue Lust am Leben waren für Mann und Sohn gewöhnungsbedürftig. So motiviert hatten sie mich lange nicht erlebt. Dazu das „neue Essen", andere Rezepte. Damals gab es ja so gut wie keine hilfreichen Vollwert-Kochbücher. Jeder Tag wurde zum individuellen Koch- und Ess-Abenteuer. Aber Mann und Sohn schlugen sich wacker mit Frischkost, Frischkorngericht, selbst gebackenem Brot und mir herum.

Heute würde ich vieles anders machen. Den Vollwert-Speiseplan würde ich zunächst nur für mich einhalten. Schließlich war ich krank und nicht die anderen (meinten sie damals jedenfalls). Ich würde mir das Essen so farbenfroh und lecker wie möglich zubereiten. Als Augenweide. Wenn ihnen der Anblick gefiel, würde ich sie nur ab und zu auf deren ausdrücklichen Wunsch von dem „Neuen" probieren lassen – in der Hoffnung, dass beide mit der Zeit Geschmack daran fänden.

Die Sicherheit, jeden Tag etwas Richtiges für das Voranschreiten der Gesundheit tun zu können, beflügelte mich. Natürlich gab es auch Rückfälle. Die Herzrhythmusstörungen traten noch jeden Tag auf, aber mit der Zeit seltener. Auch ängstigten sie mich nicht mehr so stark. Durchfälle und Bauchbeschwerden hatten schon während des Klinikaufenthalts nachgelassen und wurden allmählich zur Ausnahme.

Kleine „Ernährungsfehler" merkte ich meistens sofort. Zum Beispiel konnte ich mir nicht erlauben, nach der Mahlzeit (Frischkost voraus, dann etwas Gekochtes) frisches Obst als Nachspeise zu essen. Sofort reagierte ich mit Aufstoßen, Bauchschmerzen und Rumoren im Verdauungstrakt. Das hatte ich zwar von Dr. Bruker gehört und in seinen Büchern gelesen, aber offensichtlich macht erst die Erfahrung klug. Bei Beschwerden erinnerte ich mich an die gegebene Erklärung der „Heilungsprozesse". Das ließ mich alles ertragen. Manchmal war ich natürlich auch mutlos und dachte: „Jetzt geht alles wieder von vorne los."

Aber Dr. Brukers Prognosen waren keine leeren Versprechungen, sondern beruhten auf jahrzehntelangen klinischen Erfahrungen. Immerhin praktizierte er seit 1946 (in Eben-Ezer) als Klinikchef und schon vor dem Krieg als Oberarzt in einem großen Bremer Krankenhaus. Der Mann strahlte Besonnenheit und Sicherheit aus. Er sagte einmal: „Meine Patienten waren meine größten Lehrmeister." In seiner Bescheidenheit fügte er nicht hinzu, dass er über umfassendes Wissen, Erfahrung und eine ausgezeichnete Beobachtungsgabe verfügte.

Mein Befinden besserte sich sichtbar und spürbar. Im Notfall konnte ich ja zu jeder Zeit in die Sprechstunde fahren. Das gab mir ein sicheres Gefühl. In Bad Salzuflen war ich eine seiner letzten Patientinnen gewesen. Im Frühjahr 1977 ging Dr. Bruker nach Lahnstein bei Koblenz. Dort sollte und wollte er den Aufbau eines Krankenhauses für Ganzheitsmedizin mit 200 Betten für einige Zeit übernehmen. Endlich ein Krankenhaus mit der vitalstoffreichen Vollwertkost als Basistherapie und allen bewährten Naturheilverfahren in eigener Regie! Das ließ sein Herz höher schlagen. Dass aus dieser Aufbauphase fast 25 Jahre intensivsten Wirkens im Bereich der Prophylaxe werden sollten, ahnte er damals nicht. Sein Wohnort blieb Lemgo. „Na, auch Lahnstein ist nicht aus der Welt", hatte er bei meiner Entlassung tröstend gesagt. „Wenn etwas ist, kommen Sie eben nach dort."

Nach diesen umwälzenden Erfahrungen bei Dr. Bruker ging ich mit klareren Augen und Sinnen als früher durch die Welt. Das tat auch weh. Ich nahm natürlich die Ecken und Kanten unseres eingefahrenen kranken Familiensystems wahr. Oft hatte ich das Gefühl, mein Mann sehnte sich nach meinem „Krankenstand" zurück. Mit Fieber und bettlägerig war ich als Partnerin gewissermaßen pflegeleicht gewesen, und mein Mann hatte seinen ersehnten Freiraum. Fast jeden Abend machte er eine Radtour. Mal eine Stunde, mal zwei oder länger. Als ich krank und bettlägerig war, erzählte er mir am nächsten Tag von seinen Beobachtungen in freier Natur. Meistens schlief ich schon, wenn er spät nach Hause kam. Doch jetzt redete ich mir nicht mehr alles rosa, sondern nahm wahr, dass er diese Abende mit seinem „Freund" Alkohol verbrachte, in wechselnden Kneipen. Ich roch es an seiner Kleidung, seinen Haaren. Der typische Kneipengeruch von kaltem Zigarettenrauch und schalem Bier. Darauf angesprochen beschwichtigte er alles. „Ich brauche das zum Abschalten von der Firma. Ein Bier ist doch nichts Schlimmes. Ich könnte es jederzeit lassen. Aber warum?"

Ich wusste damals zu wenig über die Folgen des Wohlstandsalkoholismus. Ich wollte meinen Mann ja nicht kontrollieren, ahnte aber, dass ich nicht länger die abhängige Co-Partnerin sein durfte. Doch bis zur Ablösung sollte es noch ein langer und steiniger Weg sein. So viel stand fest: Mein Mann hatte Sorgen am Arbeitsplatz. Immer wieder. Außerdem klagte er über Magenbeschwerden und Druckgefühl im Oberbauch. Dies führte er auf beruflichen Ärger zurück. Dagegen trank er „Underberg"! Unsere Hausärztin äußerte sich eines Tages besorgt über seine Leberwerte. 1978 stimmte er auf mein Drängen schließlich einem Klinik-aufenthalt bei Dr. Bruker in Lahnstein zu. Eine Mitpatien-tin erzählte mir Jahre später, er sei auch dort jeden Tag Gast in einer benachbarten Kneipe gewesen. In der Visite brach-te er das Thema natürlich nicht ehrlich zur Sprache. Auf Befragen von Dr. Bruker sagte er, dass er nur gelegentlich ein Bier trinke und es ganz lassen könne. Er lutschte Pas-tillen gegen verräterischen Mundgeruch, lüftete seine Klei-dung und das Zimmer gründlich. Seine begeisterten Schil-derungen am Telefon und in Briefen hörte ich nur zu gerne. Also wurde doch noch alles gut?

1979 wechselte mein Mann wieder einmal seinen Arbeits-platz. Mehrmals war er in leitender Position tätig gewesen. Nach relativ kurzer Zeit gab es auch im neuen Betrieb alte Probleme. Das machte mir diesmal reale Existenzsorgen. Wohin sollte der ständige Wechsel führen? Dass dies mit sei-nen nicht bewältigten früheren Lebensproblemen zu tun hat-te, sollte ich in vollem Umfang erst Jahre später begreifen. Er ersäufte seine Sorgen im Alkohol, statt darüber zu sprechen. Aber, wie Heinz Rühmann bereits richtig erkannte: „Sorgen ertrinken nicht im Alkohol. Sie können schwimmen."

Mir ging es trotz dieser nagenden Unsicherheit weiterhin besser. Optimismus und Lebensfreude kehrten zurück. Ei-nes Tages bat unsere Hausärztin mich doch tatsächlich, am sprechstundenfreien Mittwochnachmittag in ihrem War-tezimmer vor interessierten Patienten einen Vortrag über Vollwertkost zu halten. Es wurde ein so guter Erfolg, dass der Raum bald nicht mehr reichte. Ich fand danach einen Aufenthaltsraum im „Seniorentreff" der Stadt, den ich nut-zen durfte. Auch dort wurde es bald zu eng. Danach bot ich mehrmals sechswöchige Kurse an der Volkshochschule an. Sie waren stets ausgebucht.

„Frühlingstipps": Die AOK zieht mit!

Freunde rieten mir, mich mit dem damaligen Geschäftsführer der örtlichen AOK, Herrn Kulaczewski, in Verbindung zu setzen. Er sei sehr aufgeschlossen und interessiert an Gesundheitsfragen. Der Tipp war gut. Telefonisch vereinbarten wir einen Gesprächstermin in der AOK-Geschäftsstelle. Nebenbei erfuhr ich bei diesem Telefonat, dass meine Mutter ihn auf die Welt geholt hatte. Bei dem persönlichen Kennenlernen war zu meiner Überraschung der Vorstand ebenfalls anwesend. Man forderte mich auf, über meine Pläne zu berichten. Das tat ich. Danach baten Vorstand und Geschäftsführung mich um Zusammenarbeit. Sie zogen sogar den Bau einer eigenen AOK-Lehrküche in Erwägung.

Als erste Aktion gab diese AOK in Uelzen für ihre Versicherten geheftete, von mir gelieferte Vollwert-Rezepte unter dem Titel „Fit und schlank in den Frühling" heraus. Die Nachfrage war so stark, dass die „Frühlingstipps" bis in den Winter hinein mehrmals nachgedruckt wurden. Als ich daraus die Broschüre „Vollwertkost zum Kennenlernen" machte, gab die AOK sie – mit ihrem Eindruck versehen – weiterhin aus. Die ersten Reaktionen der finanzstarken Uelzener Zuckerindustrie sollten bald folgen. Deren Mitarbeiter waren bei der AOK versichert. Unmissverständlich gab man dem AOK-Geschäftsführer zu verstehen, dass es genügend andere Krankenkassen gebe, wenn meine Aktivitäten nicht gebremst würden.

Dennoch fragte die AOK mich anlässlich einer bevorstehenden Landwirtschaftsausstellung, ob ich für sie einen Informationsstand „Ernährung" betreuen würde. Ich sagte zu und schlug einen „Brotstand" mit Kostproben vor. Das wurde akzeptiert. Auch dabei lief alles prächtig. Zahllose Besucher kosteten begeistert das frisch gebackene Vollkornbrot. Ich gab ihnen entsprechende Rezepte und Beratung über eine vollwertige Ernährung.

Die AOK schickte mir nun gezielt Patienten in die Kurse und zur Beratung. Die von den Versicherten geschilderten Erfolge wurden von einem AOK-Mitarbeiter in einer gesonderten Datei erfasst. Die positiven Ergebnisse nahm man mit Freude zur Kenntnis und berichtete sie der Hauptverwaltung.

Diese AOK Uelzen war die erste Krankenkasse, die die Erkenntnisse von Dr. Bruker aufgriff und versichertenfreundlich umsetzte. Sie stellte bei den betreffenden Mitgliedern, die meine Kurse besuchten, besseres Befinden und eine deutliche Verringerung der bisherigen Arztkosten fest und somit auch der Verordnungen. Und heute? Die Spitzenverbände der Krankenkassen lehnen das kostensenkende und bewährte Konzept Brukers ab. Doch damit greife ich vor.

ALLGEMEINE ORTSKRANKENKASSE UELZEN

GESCHÄFTSFÜHRUNG

Uelzen, den o9.12.1982

Frau
Ilse Gutjahr
Hohenrhein 85

542o Lahnstein

Sehr verehrte Frau Gutjahr,

vielen Dank für Ihre freundlichen Zeilen. Sehr gern hätte ich
mich zum Abschied noch einmal mit Ihnen persönlich unterhalten.
So bleibt mir nichts anderes, als Ihnen auf diesem Wege zu
danken für das gute Einvernehmen, das uns bei vielen gemeinsamen Aktivitäten verbunden hat. Ich bedauere sehr, daß Sie
Uelzen gerade zu einem Zeitpunkt verlassen, in dem die Orts-
krankenkassen ganz allgemein ihre Anstrengungen verstärken,
Angebote zur Gesundheitssicherung ihrer Mitglieder zu machen.
Vorne an steht dabei selbstverständlich die Ernährungsberatung.
Dies gibt auch mir die Hoffnung, daß wir später vielleicht doch
noch einmal wieder zu einem gemeinsamen Projekt in Sachen
Gesundheit finden. Aber auch wenn dies nicht möglich sein sollte,
verdanken wir Ihnen doch viele Anregungen, die ganz sicher in
unserer Einstellung und Arbeit fortwirken werden. Dafür nochmals ein herzliches Dankeschön.

Ich wünsche Ihnen und Ihrer Familie alles Gute, eine besinnliche
Weihnachtszeit und ein erfolgreiches 1983.

Mit freundlichen Grüßen
Ihr

(Kulaczewski)

SCHILLERSTR. 29 · 3110 UELZEN 1 · TELEFON 0581 - 17061

 **informiert**

Wir freuen uns, daß Sie sich die "frischen Frühlingstips der AOK" ins Haus geholt haben, denn wir wollen, daß Sie gesund bleiben bzw. gesund werden.

Viele von Ihnen hören vielleicht zum ersten Mal etwas von einer Vollwerternährung. Deshalb dazu einige Erklärungen:

Vollwertkost ist keine Diät!

Eine Diät soll immer irgendein Organ "schonen". Lebenswichtige Organe müssen aber trainiert werden, wenn sie richtig arbeiten sollen. Das ist genau wie im Sport. Wer sich schont, bringt keine Leistung.

Die natürliche Vollwerternährung bewirkt, daß die Organe die richtigen Stoffe zum Arbeiten erhalten - gefordert werden. Sie baut Ihre Gesundheit auf und unterstützt andererseits jede Therapie.

Bei der Vollwerternährung können Sie das Kalorienzählen vergessen und essen, so lange Sie Hunger haben. Aber es muß das Richtige gegessen werden.

Eine Vollwertkost enthält alle Vitalstoffe (vita = lateinisch: das Leben), die zur Erhaltung oder Wiedererlangung der Gesundheit notwendig sind.
Sie beugen damit den ernährungsbedingten Krankheiten vor - den sogenannten Zivilisationskrankheiten.
Das sind z.B. Gebißverfall, Verdauungsstörungen, Stoffwechsel-störungen, Leber- und Gallekrankheiten, Fettsucht und Magersucht, rheumatische Erkrankungen, Zuckerkrankheit, manche Hautkrankheit, viele Herz- und Kreislauferkrankungen und besonders die soge-nannten nervösen Störungen.

Für den Einstieg in die Praxis haben wir Ihnen einige Rezept-vorschläge zusammengestellt.

Sie werden feststellen, daß wir mit Honig süßen.

Weißmehl (Auszugsmehl) und alle daraus hergestellten Produkte ersetzen wir durch Vollkornmehl (Type 1700) und daraus herge-stellte Lebensmittel. Es gibt Vollkornnudeln, Vollreis und leckeren Vollkornkuchen.

Statt Brötchen, Weißbrot, Graubrot, Toastbrot sollten Sie Vollkornbrötchen, Vollkornbrot oder Vollkorntoast essen.

Viele Frischsalate vor den Hauptmahlzeiten sind wichtig!

Vielleicht versuchen Sie mal den Einstieg mit einem leckeren Frischkornbrei zum Frühstück! Das Rezept finden Sie auf der nächsten Seite.

Ja, und dann sollten Sie noch die richtigen Fette essen. Das sind Butter, Sahne und naturbelassene (kalt gepreßte) Öle!

So einfach ist die Sache.

Und nun viel Spaß beim Start in den Frühling und in die Gesundheit!

Ihre AOK

Allgemeine Ortskrankenkasse, Schillerstr. 29 , 3110 Uelzen 1, Tel. 0581 / 17061

Naturkostladen und Lehrküche,
Umzug nach Lahnstein

Inzwischen hatte ich in meinem Wohnort ein kleines Haus gemietet und richtete dort eine Lehrküche für Praxis-Kurse sowie einen Naturkostladen ein. Ein auf „echtes" Vollkornbrot umgestellter Bäcker lieferte Backwaren aus frisch gemahlenem Vollkornmehl, ein Biobauer wöchentlich Gemüsekisten mit Produkten aus eigener Ernte. Die Kunden stellten sich rasch darauf ein, das zu verarbeiten, was gerade wuchs. Allmählich musste ich meine Aktivitäten drosseln oder eine Hilfe einstellen – der Laden mitsamt den Kursen florierte bestens. (Dabei war mir von manchen misstrauischen Dorfbewohnern doch prophezeit worden, meine „Bio-Quelle" würde ganz schnell Pleite gehen!)

Wolfgang sah meine Aktivitäten mit einem lachenden und einem weinenden Auge. Sein neuer Arbeitsplatz gefiel ihm nicht. Es gab erneut Ärger mit Kollegen und Vorgesetzten. Das war auch bei vorherigen Stellen so gewesen. Hatte er denn bei dem Aufenthalt in der Klinik von Dr. Bruker nicht gelernt, wie er sein Leben anpacken musste? Hatte er die Chance nicht genutzt, Probleme zu besprechen und in Ordnung zu bringen? Es war doch so einfach, die Aufgaben so wunderbar vielfältig. Warum sah er das nicht? Als es zu spät war (nach weiteren zehn Jahren), verstand ich erst, dass er das richtige Leben und seine vielfältigen Möglichkeiten und Angebote noch nie mit beiden Händen hatte ergreifen können. Den Alkohol als berauschenden „Tröster", so erzählte er mir wenige Tage vor seinem Tod, hatte er zum ersten Mal schon mit 12 Jahren erlebt.

Nach außen und vor anderen hatte Wolfgang stets kontaktfreudig und strahlend aktiv gewirkt. Er war ein liebenswerter, kluger und kreativer Mensch. Er sprühte vor Ideen. Jetzt war es umgekehrt. Je besser es mir ging, umso schlechter lief es bei ihm. Sein Wesen änderte sich. Früher ging es ihm anscheinend besonders gut, wenn er mich krankes Huhn umsorgen konnte. Da war ich bedürftig und wirkte wenig entscheidungsfähig. Er war der Starke, zumindest nach außen. Wie es in ihm aussah, gab er nicht preis. Aus Gesprächsbrocken wusste ich lediglich, dass er bereits seit seiner Kindheit tiefliegende Probleme hatte.

Ich versuchte, Bilanz zu ziehen: Wo steckte der Wurm in unserer Beziehung? Warum trank mein Mann immer noch? Ich hatte naiv gehofft, in der Ehe würde sich das geben. Wir hatten doch gemeinsame Visionen, als wir heirateten. Oder doch nicht? Wie sah eigentlich unser Lebensentwurf aus? Wie sehr Drogen, und dazu gehört Alkohol, den Betroffenen im Griff haben, verstand ich erst, als es zu spät war.

Als meine Mutter noch lebte, waren wir von der Großstadt Hannover wieder zurück aufs Land in mein Elternhaus gezogen. Das Haus wurde ausgebaut. Wir hatten eine sonnige Wohnung mit großem Balkon, großem Garten, Kinderspielplatz. Alles schien wunderbar. Aber es war in Wirklichkeit nicht so. Ich begriff im Nachhinein, dass die notwendige, aber nie wirklich vollzogene Ablösung von unseren beiden Müttern zu dieser Flucht „Heim ins Nest" geführt hatte. Mein Mann war von seiner Mutter nicht abgenabelt und hing nach wie vor an ihrem Gefühls- und Meinungstropf. Ich hatte mich ebenfalls nicht gelöst. Der plötzliche Unfalltod meiner Mutter hatte mich schließlich brutal ins Leben gestoßen.

Wir waren beide wie ein Rohr im Wind und klammerten uns aneinander. Wir hätten uns vor der Ehe – jeder für sich – noch einige Zeit in Freiheit den Wind um die Ohren wehen lassen sollen. Wir hätten uns in Selbstständigkeit, Eigenverantwortung und Lebensbewältigung üben müssen. Wer weiß, vielleicht wären wir damals gar nicht mehr am Heiraten interessiert gewesen, weil uns andere Pläne wichtiger waren. Nun saßen wir fest. Jeder offensichtlich mit anderen Zukunftsvisionen, anderen Lebensentwürfen. Was würde aus uns, unserer Familie, unserem Sohn werden?

Im Rückblick kann ich jedem nur raten, sich im Zusammenleben mit einem Alkoholkranken nicht immer wieder selbst zu belügen, nichts zu beschönigen. Die Situation muss klar und wahrhaftig in aller Konsequenz mit dem Partner besprochen werden. Geschieht dies nicht, hofft der Co-Partner stillschweigend weiterhin auf Besserung und heuchelt „Heile Welt". Damit treibt er den Alkoholkranken nur noch tiefer in sein Elend. Er gibt ihm damit den Freifahrtschein zum Trinken, also in die Ausweglosigkeit, denn der Co-Partner spiegelt ihn ja. Heute gibt es in jedem größeren Ort „Anonyme Alkoholiker"-Gruppen. Hilfe ist möglich. Für jeden Betroffenen bei AA, für den Co-Partner in der Selbsthilfegruppe Al-Anon, sogar für Kinder in Al-Ateen. Gehen muss diesen steinigen Weg aber letzlich jeder selbst. Auch ich ging damals zu Al-Anon.

Mein Mann arbeitete nun seit 1981 für die GGB in Lahnstein, und für uns als Familie stand eine wegweisende Entscheidung an. Mein Steuerberater war sprachlos, als ich ihm eines Tages mitteilte, dass ich den supergut gehenden Laden und die Lehrküche aus familiären Gründen verkaufen wollte. „Das habe ich noch nicht erlebt, dass jemand so konsequent ist. Der Betrieb läuft doch so gut. Überlegen Sie sich das doch noch einmal." Ich ließ mich nicht umstimmen, denn ich sah die einzige Rettung unseres Familienlebens nicht in Wochenendbeziehungen wie bisher, sondern im richtigen Zusammenleben. Da mein Mann in Lahnstein bleiben wollte, zogen wir 1982 endgültig dorthin um, nachdem wir vorher über zwei Jahre das „Probewohnen" sporadisch getestet hatten.

Besonders unser Sohn war vom neuen Wohnort und der Gegend begeistert. Um in seiner Entscheidung ganz sicher zu sein, absolvierte er ein vierwöchiges stationäres Praktikum in der Klinik Lahnhöhe. Hätten ihm die Menschen und die Umgebung nicht zugesagt, wären wir in Norddeutschland geblieben.

Im Rückblick kann ich jedem nur raten, sich im Zusammenleben mit einem Alkoholkranken nicht immer wieder selbst zu belügen, nichts zu beschönigen.

Ilse Gutjahr

Die Gründung der GGB

1978 gründete Dr. M. O. Bruker in Lahnstein die Gesellschaft für Gesundheitsberatung GGB e. V.. In einem Alter, in dem andere den Ruhestand genießen, erfüllte er sich damit seinen Traum: die Aufklärung der Bevölkerung über Krankheitsursachen und deren Verhütung. Paragraph 2 der Satzung macht dies deutlich:

Zweck und Ziel
Die GGB ist parteipolitisch und konfessionell neutral und wirtschaftlich unabhängig.

Der Verein setzt sich zum Ziel, die Allgemeinheit über die Gefahren falscher, hauptsächlich zivilisationsbedingter Lebensweise, insbesondere auf den Gebieten von Ernährung, Bekleidung, Wohnen zu informieren, Wege zu deren Eindämmung und zur Rückkehr zu einer naturgerechten Lebensführung und damit zur Wiederherstellung und Erhaltung der Gesundheit aufzuzeigen sowie an geeigneten Maßnahmen zu deren Verwirklichung mitzuwirken.
Hierzu soll die unlösbare Einbeziehung des menschlichen Lebens in die Naturzusammenhänge wieder ins Bewusstsein der Bevölkerung zurückgerufen und die Verantwortlichkeit des Einzelnen für die eigene Gesundheit und das eigene Leben deutlich gemacht werden. Dabei sind die Grundsätze der Ganzheitsmedizin auf der Basis wissenschaftlich gesicherter Erkenntnisse darzustellen. Auf dem Gebiet der Ernährung sind die wissenschaftlichen Erkenntnisse, ärztlichen Erfahrungen und die daraus gezogenen Lehren von Bircher-Benner, Kollath, Bruker Grundlage der GGB.

Einschlägige wissenschaftliche Erkenntnisse werden der Bevölkerung zugänglich gemacht, indem interessierte Personen zu Gesundheitsberatern ausgebildet werden, die sich ihrerseits in Beratungen, Vorträgen, Kursen usw. an die Allgemeinheit wenden. Dabei wird die Zusammenarbeit mit Ärzten und anderen Angehörigen der Heilberufe sowie der Pflege- und Erziehungsberufe, Krankenkassen, Universitäten, Volkshochschulen, Familienbildungsstätten, Schulen und Kindergärten angestrebt.

Eine Gesellschaft oder einen Verein mit ähnlicher klarer Zielsetzung gab es bis zu dem Zeitpunkt nicht. Finanziert werden sollte die GGB über Mitgliedsbeiträge und Seminargebühren. Interessierte Menschen hatten die Möglichkeit, sich in einenhalb bis zwei Jahren in mehrwöchigen Seminaren zu „ärztlich geprüften Gesundheitsberatern GGB" ausbilden zu lassen. Das Gedankengut des Gründers Dr. Max Otto Bruker wird anhand dieses Ausbildungskonzepts bis heute im Lahnsteiner Dr.-Max-Otto-Bruker-Haus allen daran Interessierten vermittelt. Subventionen, Spenden von Firmen und Geldzuwendungen, die die Unabhängigkeit der GGB hätten fragwürdig erscheinen lassen, lehnte Dr. Bruker kategorisch ab. Parteipolitisch und konfessionell war und ist die GGB neutral. Zu den Gründungsmitgliedern gehörten damals auf Wunsch von Dr. Bruker auch Oecotrophologen (Karl W. von Koerber, Thomas Männle, Elmar Schropp, H. G. Borowski).

Diese Entscheidung hatte eine besondere Geschichte. Während seiner ärztlichen Tätigkeit in den Kliniken am Burggraben in Bad Salzuflen betreute Dr. Bruker ein Ehepaar, das unheilbar erkrankt war. Diese Patienten erzählten ihm, dass ihr Sohn an der Universität Gießen Oecotrophologie studiere. Von der modernen Ernährungslehre, wie sie

Dr. Bruker praktiziere, habe er dort noch nie etwas gehört. Sie fragten, ob er die Arbeit in der Klinik kennenlernen dürfe. Dr. Bruker stimmte zu, war es ihm doch wichtig, dieses Wissen auch an die Universitäten zu bringen. Der Student Karl von Koerber bat darum, seinen ebenfalls interessierten Kommilitonen Thomas Männle mitbringen zu dürfen. Auch das war Dr. M. O. Bruker recht. Von Koerber bewarb sich im November, Männle im Dezember 1975. Im Januar 1976 teilten die Kliniken ihnen mit, dass, „nach Rücksprache mit Herrn Dr. Bruker, einem unentgeltlichen Praktikum in der Zeit vom 12. 7. bis 7. 8. 1976 nichts im Wege steht."

Die Studiosi kamen in die „Kliniken am Burggraben" in Bad Salzuflen und staunten. Etwa 70 Patienten betreute Dr. Bruker. Übergewichtige Patienten nahmen ab, Untergewichtige nahmen zu, obwohl keine Kalorien berechnet wurden. Allein das morgendliche Frischkorngericht lag kalorisch – je nach verzehrter Menge – über dem üblichen Limit. Dazu Mittags- und Abendmahlzeiten, ebenfalls ohne Kalorienberechnung. Einheitliche Mahlzeiten für alle Patienten, ob dick oder dünn. Das schien ihnen suspekt. Dass die Qualität der Nahrung entscheidend ist, der Vollwert der Nahrung, und nicht die Quantität, war den Studenten ebenfalls in dieser Form an der Uni bisher nicht vermittelt worden und für sie vollkommenes Neuland. Von den Ernährungspionieren Bircher-Benner, Kollath, Roos, Price, Cleave, Campbell, Yudkin, Bernàsek und anderen Wissenschaftlern hörten Sie hier bei Bruker zum ersten Mal. Diese Namen waren während des Studiums nicht erwähnt worden. Dr. Brukers Kollegin, die Oberärztin Dr. med. Eleonore Krahn (1914 – 2008), erinnerte sich noch gut an die „Lehrzeit" der Studenten, die sie in Bad Salzuflen verbrachten. Dr. Bruker begleitete und beriet sie offen und zugewandt bei der Erstellung ihrer Diplomarbeit. Frau

Dr. Krahn betreute sie ebenfalls liebevoll und geduldig. Sie berichtete mir darüber ausführlich.

Nach Abschluss ihres Examens schrieben die Kommilitonen an Dr. Bruker:

Herrn Dr. Bruker

zum

70. Geburtstag

GUTSCHEIN

für ein Exemplar
unseres bald erscheinenden
Buches über Ernährung
(die überarbeitete Fassung
unserer Diplomarbeit)

b.w.

Auf diese Weise wollen wir uns bei Ihnen ganz herzlich für Ihre großzügige Unterstützung bei unseren Studien und Aktivitäten, insbesondere bei der Anfertigung der Diplomarbeit, bedanken.

Wir wünschen Ihnen für die kommenden Jahrzehnte die beste Gesundheit und langgewohnte Frische bei Ihrem unermüdlichen Einsatz für das Wohlergehen der Mitmenschen!

Ihre "Mitstreiter"
Karl v. Koerber

Auf Wunsch von Dr. Bruker gehörten diese Oecotrophologen 1978 zu den Gründungsmitgliedern der GGB. Er hatte ihnen geholfen, sie als interessiert erlebt, und glaubte nun, durch sie könnte sich das Ernährungswissen auch an der Universität verbreiten. Ein Geschäftsführer wurde eingesetzt. Die ersten Ausbildungsseminare zu ärztlich geprüften Gesundheitsberatern GGB begannen 1979. Der Unterricht wurde von Dr. Bruker, Ärzten des Krankenhauses Lahnhöhe und Oecotrophologen gestaltet. Die Nachfrage war durch die Popularität Dr. Brukers gewährleistet, denn während hunderter außerordentlich gut besuchter Vorträge im gesamten Bundesgebiet und im deutschsprachigen Ausland machte er Werbung für die GGB. In der Nibelungenhalle in Passau fesselte er zum Beispiel über 4000 Zuhörer, in der Meistersingerhalle in Nürnberg 2100.

Bereits ein Jahr nach dem verheißungsvollen Start kam es aber zum Eklat. Im Juli 1979 legte Dr. Bruker sein Vorstandsamt nieder, da es zu einem unüberbrückbaren Vertrauensbruch mit dem damaligen Geschäftsführer und Vorstand gekommen war. Trotz mehrfacher Anfragen hatte Dr. Bruker über 13 Monate keinerlei Informationen über den finanziellen Stand der GGB von ihm erhalten. Über 37 000,– D-Mark Schulden hatte der Geschäftsführer – mit Wissen des Vorstands – in kürzester Zeit angehäuft. Dr. Bruker wurde mit der Tatsache erst konfrontiert, als der Karren aussichtslos festgefahren war. Unseriöse Handlungsweisen der dafür Verantwortlichen führten zum endgültigen Bruch. Zum Eklat führte unter anderem, dass die GGB-Geschäftsführung mit Wissen des Vorstands, also auch der Oecotrophologen, die Prüfungsurkunden für DM 500,– verkaufte, ohne die Betreffenden überhaupt einer Prüfung unterzogen zu haben. Dr. Bruker erfuhr dies schließlich von Empfängern dieser „Zertifikate". Das war skandalös.

Neben vielen anderen intriganten Vorgängen (u. a. Auswechseln der Türschlösser, so dass Dr. Bruker im „eigenen" Haus keinen Zugang zum GGB-Büro hatte) war dies der Tropfen, der das Fass zum Überlaufen brachte.

Über Geschäftsabläufe und interne Vorgänge war Dr. Bruker von Anfang an nicht auf dem Laufenden gehalten worden. Man wollte ihn zwar als „Zugpferd", bootete ihn aber intern aus und informierte ihn nicht über Pläne, Vorgänge und finanzielle Belange. Die Ziele von Geschäftsführung und übrigem Vorstand entsprachen nicht mehr denen von Dr. M. O. Bruker. Er wollte die wirtschaftliche Unabhängigkeit der GGB gewährleistet sehen und war nicht bereit, Gelder von Firmen anzunehmen. Das übrige „Gremium" war anderer Ansicht. Wie schon so oft, war Dr. Bruker ohne Argwohn, hoffnungslos vertrauensvoll, um nicht zu sagen vertrauensselig an diese Aufgabe und die „Mitarbeiter" herangegangen. Eine Portion gesundes Misstrauen hätte ihn vor manchen Überraschungen bewahren können. Aber da fehlte ihm offensichtlich ein „Gen". Er konnte es kaum fassen, vom Geschäftsführer so benutzt und hintergangen zu werden. Am 23. 1. 1980 ernannten sich die Herren Dr. Geißler, Männle und Hörler zum vorläufigen, provisorischen Vorstand.

Ein Weiterbestehen der GGB war so nicht möglich, eine unabhängige Arbeit im ursprünglichen Sinn schon gar nicht. Dr. Bruker handelte entschlossen. Er mobilisierte alle GGB-Mitglieder. Am 30. Mai 1980 fand im damaligen DORINT-Hotel in Lahnstein eine außerordentliche Mitgliederversammlung statt. Auch mein Mann und ich nahmen teil. Vorstand und Geschäftsführer waren nicht bereit und nicht in der Lage, die verursachten Schulden zu begleichen. Sie traten zurück. Es erfolgten Neuwahlen. Dr. Bruker wurde wieder zum 1. Vorsitzenden gewählt.

Niemand der bei dieser außerordentlichen Versammlung anwesenden Mitglieder wollte die Geschäftsführung und damit die Verantwortung für den abgewirtschafteten Verein übernehmen. Mein Mann als gelernter Werbefachmann erklärte sich schließlich bereit, ein erfolgreiches Konzept zu entwickeln und stellte sich für den „Wiederaufbau" zur Verfügung. Er dachte an eine begrenzte Zeit, um danach wieder in seinen alten Beruf in der Touristikbranche zurückzukehren. Am 28. Juli 1980 traten die Oecotrophologen von Koerber, Männle, Schropp und Borowski aus der GGB aus.

Mein Mann bemühte sich in den folgenden Jahren als Geschäftsführer der GGB immer wieder um Kontakte zu ihnen. Die Spannungen, zum Teil ständig von anderer Seite neu erzeugt, waren jedoch nicht aus der Welt zu schaffen, die Gräben unüberbrückbar. Die Oecotrophologen gründeten 1982 in Gießen unter der Schirmherrschaft von Prof. Leitzmann einen eigenen Verband, den „UGB". Das Kürzel steht absurderweise für „Unabhängige Gesundheitsberater". Dr. Bruker galt in deren Augen fortan als „unwissenschaftlich". Sie selbst hingegen waren sehr um eine Anerkennung durch die Deutsche Gesellschaft für Ernährung (DGE) bemüht, deren Präsidium Leitzmann angehörte. Doch dazu später mehr.

Mit großem Engagement und vielen neuen Ideen baute Wolfgang Gutjahr in der Folgezeit die GGB auf. Er arbeitete das erste halbe Jahr ehrenamtlich. Es gelang ihm, über das Arbeitsamt eine Mitfinanzierung seines Arbeitsplatzes von 60 % zu erreichen. Das war für die GGB eine große und willkommene Entlastung.

Dr. Bruker stand nun mit frischer und ansteckender Begeisterung an jedem Seminartag von 9 bis 13 Uhr kostenlos als Referent zur Verfügung. Es war eine großartige Leistung, das havarierte GGB-Schiff wieder flott zu machen. Mein Mann konnte als Geschäftsführer fest eingestellt werden, ebenso nach einiger Zeit die erste Sachbearbeiterin. Ich selbst war von Anfang an ehrenamtlich dabei. Es folgte eine blühende Aufbauphase, der wir uns mit Begeisterung widmeten. Nach gut einem Jahr war es uns gelungen, die Schulden abzutragen.

Mein Dank gilt an dieser Stelle auch dem damaligen Geschäftsführer der Klinik Lahnhöhe, sowie den Ärzten, die in den GGB-Seminaren kostenlos Referate hielten.

Die Gründung der GGB war damals eine notwendige Entscheidung. Vielleicht die wichtigste in meinem Leben. Es war nötig, ein Verbraucherforum zu schaffen, in dem unabhängig von wirtschaftlichen Interessengruppen klare Informationen über Krankheitsursachen vermittelt werden. Es gibt inzwischen zahlreiche Nachahmer dieses Modells „Gesundheitsberatung", aber in erster Linie wurde von den anderen nur die Bezeichnung übernommen. Bei genauerem Hinsehen hat kein einziger Verband die Geradlinigkeit der GGB und deren umfassenden, ganzheitlichen Ansatz. Vor allen Dingen entpuppen sich diejenigen, die sich unabhängig nennen, als ausgesprochen abhängig von Meinungen. Aus wirtschaftlichen Gründen.
Dr. M. O. Bruker

Der lange Weg

Von 1980 bis 1982 fuhr ich an vielen Wochenenden die rund 500 km nach Lahnstein, um meinem Mann Wolfgang zu helfen. Schließlich, im Sommer 1982, zog auch ich mit Martin endgültig um.

Die ersten fünf Jahre der GGB arbeitete ich ehrenamtlich mit. Anfangs war gar nicht daran zu denken, weitere Mitarbeiter einzustellen. Zunächst einmal mussten die Schulden, die der vorherige Vorstand und Geschäftsführer hinterlassen hatten, abbezahlt werden. Das erste GGB-Büro im Krankenhaus Lahnhöhe war knapp 10 m² groß. Es hatte zwei Türen und an der Schmalseite ein großes Fenster mit Blick auf Wiese und Wald. Eine Wand bestückten wir mit einfachsten Regalen, um Ordner unterzubringen. Zwei über Eck stehende kleine Schreibtische und zwei Stühle füllten den Raum, mehr passte nicht hinein. Dieses winzige Büro und die Möglichkeit, das Grundlagen-, Aufbau- und Schluss-Seminar in der Klinik gegen geringe Mietkosten durchführen zu können, bildeten das Startkapital der GGB. Und natürlich die Hauptperson, Dr. Max Otto Bruker. Er stellte sich der GGB mit all seinem Wissen und seiner Begeisterungsfähigkeit bis zum Ende seines Lebens kostenlos zur Verfügung.

1983 konnte für ein bescheidenes Gehalt die erste Mitarbeiterin, Karin Fuß, eingestellt werden. Eine fleißige Biene, die in einer Vollwertpension in Bayern bereits Erfahrungen „in Sachen Vollwertkost" gesammelt hatte. Mit Geduld, Charme und dazu ihrem herzlichen bayerischen Dialekt besänftigte sie manchen ungeduldigen Anrufer, der am liebsten alle Seminare sofort und in kürzester Zeit absolviert hätte. Gern erinnere ich mich an die Zusammenarbeit mit ihr. Überstunden – natürlich unbezahlt – waren für uns eine Selbstverständlichkeit. Wir waren begeistert von der Sache und vom Einsatz unseres „Seniors", wie wir ihn liebevoll nannten.

Die Seminare fanden im so genannten Clubraum statt. Eine Bestuhlung fehlte. Die erste GGB-Anschaffung waren 30 harte, aber solide Holzstühle. Darauf ließ es sich nicht gerade bequem sitzen, aber für feudalere, gepolsterte Sitzgelegenheiten war nun mal kein Geld da. Genörgelt hat darüber niemand. Alle Teilnehmer waren froh, dass es diese fantastische Möglichkeit überhaupt gab, von einem so bekannten Arzt über Gesundheitsfragen informiert und ausgebildet zu werden. Wenn heute Dr. Birmanns und Dr. Jung ihre wöchentlichen Vorträge im Bruker-Haus halten und sich die Zuhörer drängen, müssen einige dieser alten „Brettstühle" immer noch als Notsitze herhalten.

Als ich 1979 meine GGB-Ausbildung in diesem Clubraum absolvierte, dachte ich noch nicht im Traum daran, meinen Wohnort im niedersächsischen Uelzen zu verlassen. Unvergesslich ist mir das Abschluss-Seminar, gemeinsam mit Helma Danner. 1979 erschien ihr erstes Vollwert-Kochbuch „Biologisch kochen und backen" – bis heute ein Bestseller, dem später noch weitere Titel folgen sollten. Es gab zwar auch zu der Zeit schon einige alternative Rezepthefte und Kochbücher, aber so komplett, mit allem Drum und Dran, vollwertig vom Frühstück bis zur Festtagstafel, war bisher kein Buch veröffentlicht worden.

Helma Danner ist dafür verantwortlich, dass der GGB-Vorstand mir die Geschäftsführung der GGB anbot. Und das kam so: Nach den ersten Jahren erfolgreicher Aufbauarbeit wollte mein Mann in seinen alten Beruf zurück. Er war, wie bereits gesagt, im Grunde seines Herzens Touristik- und Werbefachmann und sehnte sich nach dieser Welt. Wir mussten also das Problem der Weiterführung der GGB lösen. Der Vorstand (sieben Personen, dazu gehörten Helma Danner und ich) diskutierte, wo, wie und in welcher Form Anzeigen für einen männlichen Nachfolger geschaltet werden sollten. Aus heiterem Himmel bemerkte Frau Danner: „Warum zerbrechen wir uns eigentlich darüber den Kopf? Wir haben doch Frau Gutjahr. Es läuft durch ihren Einsatz seit langem hervorragend. Wozu brauchen wir einen neuen Geschäftsführer?" Ich war zunächst sprachlos und wusste nicht recht, wie mir geschah. Doch Dr. Bruker und alle anderen Vorstandsmitglieder stimmten nachdrücklich Helma Danners Vorschlag zu.

Hätte ich gewusst, wie hart die nächsten Jahrzehnte werden sollten, wäre ich dann auch noch so optimistisch an die Aufgabe herangegangen?

Zu sagen, es gab sehr viel zu tun, ist wohl eine schamlose Untertreibung. Alle schriftlichen Arbeiten erledigten wir auf einer alten mechanischen Schreibmaschine – mit zweifachem Durchschlag per Kohlepapier. Karin Fuß war hauptsächlich für die Seminarbelegung zuständig und hatte damit voll zu tun. Ich erledigte die Korrespondenz, Seminarplanungen, Kontakte, PR-Arbeit und die Finanzen.

Die Zusammenarbeit mit Dr. Bruker war wunderbar. Er war ja nach wie vor als ärztlicher Leiter der Klinik Lahnhöhe, noch dazu mit eigener Station und Sprechstunde, voll in den Krankenhausbetrieb eingebunden. Dennoch nahm er täglich Anteil an unserer Arbeit. Alle heiklen Anfragen besprachen wir mit ihm. Lag eine komplizierte Anfrage vor, die den ärztlichen Bereich berührte, baten wir Dr. Bruker um Rat. „Mw – mW – mW", sagte er lachend. Wir: „Was heißt das denn?" Er: „Machen wir mit Wonne, meine Weibchen." Wir hatten oft Gelegenheit, über seinen Humor zu lachen.

Wir waren beflügelt von den zunehmenden Seminaranfragen, den Zielen und Aufgaben der GGB. Die Post stapelte sich aus Platzmangel mittlerweile auf dem Fußboden. Die Zustände waren unvorstellbar beengt. Aber die Freude an der Arbeit und der Humor gingen uns dabei nicht verloren. Wenn Dr. Bruker vormittags von 9 bis 13 Uhr im Seminar Vorträge hielt, packte ich die Post in einen Wäschekorb und trug sie in sein Sprechzimmer, um dort übersichtlicher auf dem Fußboden und der Patientenliege arbeiten zu können. Wenn „der Senior" um 15 Uhr – er konnte Unpünktlichkeit nicht leiden – mit der Patientensprechstunde begann, musste alles wieder geräumt und blitzsauber sein. Am späten Abend, wenn die Sprechstunde beendet war, wiederholte sich der Vorgang. Zwischen Büro und Sprechzimmer war eine Verbindungstür, der Weg also nicht weit.

Als ich Karin 30 Jahre später einmal traf, sagte sie: „Das war meine schönste Zeit." Das konnte ich voll bestätigen, galt es doch auch für mich. Aus der Hoffnungslosigkeit jahrelanger Erkrankung heraus in diese produktive, sinnerfüllte Lebensarbeit einzutreten – mein damaliges Glücksgefühl ist kaum in Worte zu fassen.

In dieser „Klinik-Zeit" entstanden die Bücher „Biologischer Ratgeber für Mutter und Kind" und „Vorsicht Fluor" (s. S. 170, 187), außerdem die erste Mini-Zeitung „Der Gesundheitsberater", mit exakt vier Seiten! (s. S. 212 ff.). Der Aufruhr, den diese beiden Bücher verursachten, war unglaublich. Mit stoischer Gelassenheit reagierte Dr. Bruker auf alle Angriffe. Ich besuchte verschiedene Organisationen und Zeitschriftenredaktionen – sogar den „Stern" in Hamburg –, immer in der Hoffnung, dort Unterstützung gegen die damals massiv vorangetriebenen offiziellen

Fluor-Aktionen zu finden. Letztendlich schreckten alle vor diesem heißen Thema zurück, selbst der BUND in Bonn. Sie alle hielten unsere Darstellung dieses Medizinskandals für übertrieben.

Eines Tages lud uns die Ärztekammer Koblenz zu einem „Fluor-Fachgespräch" ein. Dr. Bruker war verhindert, also fuhr ich allein in die Höhle des Löwen. Ich sah mich etwa zehn Medizinern gegenüber, die durchweg alle Fluoraktionen befürworteten. Es wurde ein heißer Abend. Die Fetzen flogen – auch das Wort Scharlatanerie gegen uns. Dennoch konnte keiner der „Experten" die von mir vorgetragenen Fakten widerlegen. Zum Beispiel war diesen Ärzten nicht bekannt, dass sämtliche bis dato vorgelegten wissenschaftlichen Arbeiten zur Trinkwasserfluoridierung in Kassel nachweislich fehlerhaft waren. (Das Trinkwasser war u. a. in einem anderen Stadtteil als angegeben mit Fluor versetzt worden!) Die angeblichen Erfolge gab es gar nicht. Keiner dieser Fachleute hatte sich die Mühe gemacht, sich die Pro-Fluor-Studien einmal genauer anzusehen. Einer hatte also diese „Erfolgsmeldungen" lediglich vom anderen abgeschrieben. Mein Dank gilt dem Ingenieur Rudolf Ziegelbecker (1924–2009) aus Graz in Österreich. Er war ausgewiesener Fachmann für das Fluor-Thema und lieferte als Co-Autor von „Vorsicht Fluor" zahllose Studien und Hintergrundmaterial. Mittlerweile setzt sein Sohn Rudolf Ziegelbecker diese Arbeit mit großem Engagement fort.

In dieser harten Zeit lernte ich, wie wichtig eine wissenschaftliche Stoffsammlung ist, ein Archiv. Nachts und an den Wochenenden konnte ich ungestört arbeiten. Dann hatte ich die nötige Ruhe und ordnete die wesentlichen Daten und Informationen. Wie einfach haben wir es dagegen heute! Ein Knopfdruck, und der Computer spuckt aus, was wir wissen wollen. Aber er kann eben nur das beantworten, was wir fragen. Die Intensität und Fülle von Wissen, das wir durch das „analoge" Lesen von Büchern und Abhandlungen erfahren, bieten die digitalen Informationsberge des Internet meines Erachtens nicht.

Dr. Bruker hatte seit Jahren Informationen zum Thema Fluor/Fluorid gesammelt. Rudolf Ziegelbecker fütterte uns per Post und Telefon laufend mit den neuesten Nachrichten aus dem In- und Ausland. Als in Koblenz am 6. 7. 1984 eine öffentliche Pro- und Contra-Fluor-Diskussion stattfand, reiste er aus Graz an und stand uns zur Seite. Er konfrontierte die „Expertenrunde" auf dem Podium, dazu gehörte u. a. Prof. Bergmann vom Bundesgesundheitsamt Berlin, mit unbequemen Fragen.

Dr. Bruker konnte es schlicht nicht ertragen, dass die Bevölkerung von offizieller Seite nicht aufgeklärt, sondern verdummt wurde. In zahlreichen Vorträgen und mit Flugblättern informierten wir interessierte Menschen bundesweit über dieses Thema und die wirtschaftspolitischen Hintergründe der Fluor-Betreiber. Das waren aufreibende und ruhelose Jahre. Aber der Erfolg machte uns immer wieder Mut. Das endgültige Aus für die Pro-Fluor-Aktionen setzte letzlich die Sendung MONITOR am 1. 1. 1985 (s. S. 1875 ff.). Wir hatten gewonnen!

Durch die ärztliche Leitung der Behindertenanstalt Eben-Ezer in Lemgo war Dr. Bruker als Spezialist für die Behandlung von Epileptikern bekannt. Wie oft erlebte ich, dass Betroffene aus dem Ausland anreisten, um Hilfe von ihm zu bekommen. Eines Tages war er durch eine Notfallaufnahme verhindert und konnte einen Vortrag im „Borghaus" der Alsterdorfer Anstalten in Hamburg nicht wahrnehmen. „Fahren Sie doch bitte hin", sagte er mir. „Und was soll ich denen sagen?" „Sprechen Sie über Vollwerternährung. Das können Sie genauso gut wie ich." Das war natürlich stark übertrieben. Ich ließ im Büro alles stehen und liegen und stieg mit Herzklopfen in den nächsten Zug Richtung Hansestadt und genauso aufgeregt am Ziel wieder aus. Was erwarten die Menschen dort von mir? Werde ich ihnen überhaupt gerecht? Sind sie nicht enttäuscht, dass nur ich komme und nicht der Chef? Dieser Tag ist mir bis heute unvergesslich. Ich wusste nicht, dass im „Borghaus" die geistig und körperlich Schwerstbehinderten lebten.

Als ich das Haus betrat, traf mich der erste Schock. Der helle, freundliche Empfangsraum war überall an den Wänden mit Kot beschmiert. Es roch entsprechend. Die Toilette, die ich aufsuchen wollte, sah noch schlimmer aus. Die Mitarbeiterin, die mich begrüßte, erklärte mir, das komme leider öfter vor.

Sie zeigte mir alle Räume. Und ich sah die dort wohnenden behinderten Kinder. Ein Kind lag angeschnallt im Bett, allerdings nur für kurze Zeit. Es musste vor sich selbst geschützt werden, weil es die Neigung hatte, den Kopf mit voller Wucht an die Wände zu schlagen. Unglücklicherweise steckte in einer Schrankwand noch der Schlüssel. Sonst wurden alle Schlüssel vorsichtshalber entfernt. Das Kind rammte sich den Schlüssel in den Kopf und wurde schwer verletzt.

Bei der gemeinsam eingenommenen Mittagsmahlzeit sah ich, dass bei einem der Kinder kein Gedeck, sondern eine große Schüssel stand, angefüllt mir Eintopf. Es tauchte den Kopf bis über den Haaransatz hinaus in die Schüssel, um zu essen. Die Hände benutzte es dafür nicht.

Die Betreuer gingen liebevoll und geduldig mit den Kindern um. Die Leiterin erzählte mir, dass sie alle seit Jahren mit diesen Schwerstbehinderten leben und arbeiten. Ein einziges Mal schied eine Mitarbeiterin aus. Sie konnte die Zustände nicht ertragen. Sie sagte mir auch, dass die Angehörigen so gut wie nie zu Besuch kämen. Die meisten hielten den Anblick der Kinder nicht aus.

Am Abend stand ich weinend am Hamburger Hauptbahnhof. Mich ließ das Erlebte nicht los. Ich verpasste vor lauter Nachdenken den nächsten Zug nach Koblenz.

Ach ja, mein Vortrag mit anschließender Fragestunde war gut angekommen. Einige Monate nach meinem Besuch schrieb die Leiterin, dass die Infektanfälligkeit bei den Kindern nachgelassen hatte. Vorher war es so, dass – wenn ein Kind mit Fieber und Erkältung im Bett lag – alle Kinder vorsorglich ebenfalls Antibiotika erhielten. Wie erleichtert waren die Mitarbeiter nun, dass die Infekte seltener wurden. Und das schon nach so kurzer Zeit der Ernährungsumstellung.

Über das Kind Doris – es konnte nicht sprechen – schrieb sie: „Wenn der Frischkornbrei nicht auf dem Tisch steht, reagiert Doris verärgert und mit einer deutlichen Handbewegung. Sie wischt alles, was in ihrer Nähe erreichbar ist, vom Tisch.

Wir hatten noch längere Zeit Kontakt zum „Borghaus". Als das Frauenhaus wegen der guten Erfolge auch auf Vollwerternährung umstellen wollte, lehnte die Anstaltsleitung dies ab. Es sei zu aufwendig. Das übliche Essen sollte beibehalten werden …

Bis 1986 war die GGB in der Klinik Lahnhöhe beheimatet. In dieser Zeit des ersten GGB-Wachstums erlebten wir, wie viel Kraft positive Gedanken geben können – und Dr. Bruker war auch in dieser Hinsicht beispielhaft. Über andere Menschen hörten wir von ihm nicht ein einziges Mal eine negative Bemerkung. Es lag nicht in seinem Wesen, andere zu be- oder verurteilen. Selbst als die Spannungen von Seiten seiner Söhne zunahmen (die als Chefärzte ebenfalls in der Klinik Lahnhöhe arbeiteten), was letztendlich zum Hinauswurf des Vaters aus der von ihm aufgebauten Klinik führte (s. S. 252), hörten wir vom „Senior" nicht ein negatives oder boshaftes Wort. Er hielt einfach die andere Wange hin. Neben humanistisch-christlichen Idealen zählten schließlich auch Gandhi und Albert Schweitzer zu seinen Vorbildern.

Ich erinnere mich an eine Begebenheit während meiner Zeit als Patientin in Bad Salzuflen. Einmal in der Woche wurden alle Patienten gewogen. Nach langen Wochen hatte ich endlich 100 Gramm (!!!) zugenommen und stieg erfreut in den Fahrstuhl. Die trockenen Begrüßungsworte einer mitfahrenden Patientin: „Sie sehen aber elend aus." Diese Bemerkung baute mich nicht gerade auf, und ich berichtete darüber deprimiert bei der nächsten Visite. Im folgenden „Mittwochvortrag" nahm Dr. Bruker dies zum Anlass, darauf hinzuweisen, dass bei den gemeinsamen Mahlzeiten die Unterhaltung über Krankheiten unterbleiben sollte. Ebenso mahnte er an, doch nicht immer andere Menschen nach ihrem Aussehen zu beurteilen: „Heute sehen Sie aber gut aus – heißt das etwa, dass der Betreffende sonst immer miserabel aussieht? Lassen Sie doch diese Bemerkungen." Mir selbst riet er, bei ähnlichen Vorkommnissen schlagfertig zu reagieren: „Sagen Sie zum Beispiel: Meine Güte, Sie haben ja ganz gelbe Augen! Das sieht aber gefährlich aus. Sie sollten sofort zum Arzt gehen!"

Was die Verbreitung seiner Bücher und sonstigen Schriften anging, war Dr. Bruker geradezu naiv idealistisch: Er freute sich, dass seine Beiträge von anderen gedruckt und verkauf wurden und damit in Umlauf kamen. Dass auch Missbrauch damit betrieben werden konnte, hielt er nicht für möglich.

Als dann unvermeidlich die gerichtlichen Auseinandersetzungen mit dem bisherigen Verleger anstanden (dieser hatte nicht nur Dr. Bruker, sondern auch zahlreiche andere gutgläubige Menschen betrogen), hatte Dr. Bruker die Nase voll. Die Zusammenarbeit mit zwei Verlegern war gescheitert, beiden hatte er vertraut. Es stellte sich die Frage: Suchen wir wieder einen neuen Verlag oder versuchen wir selbst, die Bücher herauszugeben? Nun, ich überredete ihn zu einem dritten Start – mit einem eigenen Verlag! Er lachte zunächst über meine Idee, stimmte aber dann zu. Also gründeten Dr. Bruker und ich 1984 den emu-Verlag – der Name stand programmatisch für **E**rnährung, **M**edizin und **U**mwelt. (s. S. 202 ff.). Zunächst dachten wir dabei an nichts Großes, sondern lediglich daran, Dr. Brukers Kleinschriften selbst herauszugeben. Schnell wurde mir klar, dass es dabei nicht bleiben würde. Schließlich gab es ja schon eine Reihe von Bruker-Ratgebern, nach denen auch rege Nachfrage bestand.

Als Neulinge im Buchgeschäft erfuhren wir: Wer im Buchhandel präsent sein will, braucht Vertreter, die das Verlagsprogramm dem Buchhändler präsentieren. Die hatten wir natürlich nicht. Ich suchte und fand einen Verlag, der bereit war, unser Programm mit auf Vertreterreise zu nehmen. Nach der ersten Anlaufzeit nahmen wir dann die Regie selbst in die Hand. Die Vertreter blieben uns treu, denn Bruker-Bücher waren gefragt. Zweimal jährlich besuchten sie die größeren Buchhandlungen und erhielten für ihre abgeschlossenen Bestellungen eine Provision. Das lohnte sich auch für die Vertreter, denn immerhin präsentierten wir im Startjahr 1986 neun attraktive Titel auf einen

Schlag. Das hatten sie selbst bei größeren Verlagen noch nicht erlebt.

Lange konnten wir uns auf unseren Lorbeeren nicht ausruhen. Die Vertreter drängelten: „Wir können nicht immer nur mit denselben Titeln reisen. Der Buchhandel verlangt jedes Jahr etwas Neues." So entstand ein Buch nach dem anderen. Wir orientierten uns dabei an brandaktuellen Themen. Ob Diabetes, Allergien, Fasten oder Cholesterin – Dr. Bruker konnte aus dem Fundus seiner jahrzehntelangen ärztlichen Erfahrungen schöpfen. Er hatte die Fähigkeit, die kompliziertesten Vorgänge in einer für jeden verständlichen Sprache logisch darzustellen. Zwischen der theorielastigen Wissenschaft, die sich vorwiegend auf Labordaten stützt, und der Erfahrungswissenschaft aus der ärztlichen Praxis liegen Welten. Mit verkopften Konstrukten ist gewöhnlich weder Patient noch Verbraucher zu überzeugen (s. S. 124 ff., Schriftwechsel Leitzmann).

Als der „Biologische Ratgeber für Mutter und Kind" und später das Buch „Allergien müssen nicht sein" herauskamen, traten wir damit eine Lawine los. Die Nachfrage von Eltern mit hautkranken Kindern stieg in Klinik und Sprechstunde sprunghaft an. Auch bei der GGB traf eine Flut von entsprechenden Anfragen ein. Dadurch entstand später das „Eltern-Kind-Seminar" bzw. der „Elternsprechtag" im Dr.-Max-Otto-Bruker-Haus, den es auch heute noch gibt.

Ungefähr zur selben Zeit veröffentlichte damals der „Playboy" eine Pressenotiz mit der Botschaft „Vollwertkost macht potent". Die Zeitschrift verwies doch tatsächlich auf Dr. Brukers Standardwerk „Unsere Nahrung – unser Schicksal" – woraufhin das Buch wegging wie warme Semmeln. Seitdem Mathias Jung davon hörte, amüsiert er die Seminarteilnehmer mit dem Spruch: „Hast du Körner in der Blutbahn, bist du sexy wie ein Truthahn."

Der Alltag bestand leider aus ernsteren Themen. Dr. Bruker wurde nicht nur von Hautkranken aufgesucht, sondern ebenfalls von Kollegen, die sich mit ihm austauschen wollten – zum Beispiel über die Behandlung von sogenannten Allergien und Neurodermitis. So kam auch Prof. Dr. Stemmann aus Gelsenkirchen zu einem Gespräch nach Lahnstein. Er war der Befürworter einer konsequenten Haltung der Eltern gegenüber dem hautkranken Kind. Wenn „Neurodermitismütter" das Kind beim ersten Schrei nachts aus dem Bett nehmen und es zur Beruhigung stundenlang durch die Wohnung tragen, gewöhnt es sich daran und entwickelt sich – um mit Jirina Prekop zu sprechen – zum „kleinen Tyrannen". Es lässt die Mutter nicht mehr in Ruhe, sondern erzwingt ihre Aufmerksamkeit rund um die Uhr. Dies ist für die ganze Familie, aber auch für das Kind qualvoll und unzumutbar.

Dr. Bruker bejahte in diesem Punkt Stemmanns Haltung, betonte aber, die Leidenszeit werde drastisch abgekürzt und beendet, wenn die Ernährung sofort und konsequent auf eine tiereiweißfreie Vollwertkost umgestellt wird. Prof. Stemmann legte den Schwerpunkt jedoch weiterhin auf das Verhalten der Eltern, das heißt die Beendigung der Co-Abhängigkeit dem Kind gegenüber. In der Ernährung machte er leider falsche Zugeständnisse.

In den Achtzigerjahren lag eine wenige Wochen alte kleine Patientin auf Dr. Brukers Station mit einem extrem nässenden, juckenden, den ganzen Körper bedeckenden roten Hautausschlag. Begleitet wurde die Kleine – nennen wir sie Viktoria – von ihrer Mutter. Die Jäckchen und Windeln klebten am Körper und konnten nur mühsam und vorsichtig unter Jammern des Kindes gewechselt werden. Die Mutter war „Mit den Nerven am Ende". Ihr 24-Stunden-Einsatz überforderte sie maßlos.

Dr. Bruker erklärte ihr die Zusammenhänge geduldig. Viktoria musste sofort anders ernährt werden. Bisher bekam sie Sojamilch. Der behandelnde Arzt zu Hause hatte gesagt: „Zu Bruker wollen Sie? Bei dessen Ernährung stirbt Ihr Kind an Eiweißmangel."

Der Chef tauchte anschließend im GGB-Büro auf und sagte zu mir: „Jetzt zeigen Sie mal, was Sie in der Praxis können. Die Schwestern auf meiner Station haben noch nie Frischkornmilch für Säuglinge gemacht." Gesagt, getan. In der Lehrküche der Klinik bereitete ich im Handumdrehen diesen großartigen Ersatz für Muttermilch zu. Grundlage war feinst gemahlenes Getreide – einige Stunden in Wasser eingeweicht (wie im Buch „Biologischer Ratgeber für Mutter und Kind" beschrieben), ein Stückchen reife Banane, Erdbeeren (es war gerade Erdbeerzeit) und süße Sahne. Alles noch einmal durch den Mixer – fertig. Alle Schwestern auf der Station probierten und waren begeistert. Viktoria offensichtlich auch. Der Ausschlag besserte sich zusehends.

Einige Tage später verschlechterte sich der Zustand der Haut seltsamerweise wieder. Dr. Bruker stand vor einem Rätsel, doch das löste sich bald. Schwester Agnes hatte mit Argusaugen beobachtet, was die Mutter mit dem Kind machte. Sie bemerkte, dass sie heimlich Sojamilch zufütterte. Die alte Angst vor dem angeblichen Eiweißmangel hatte sie wieder eingeholt. So fest können negative Prophezeiungen trotz vorzeigbarer und selbst erlebter Erfolge sitzen, dass sie einen Menschen wieder zutiefst verunsichern. Aber Dr. Bruker schaffte es, der Mutter die Sorgen erneut zu nehmen. Viktoria gedieh und wurde schließlich gesund nach Hause entlassen. Etwa zwanzig Jahre später schrieb die Mutter noch einen Dankesbrief. Die Tochter war inzwischen im Studium. Es ging ihr gut.

Übrigens – die Lehrküche für Klinikpatienten war auch so eine geniale Idee von Dr. Bruker. Er wollte, dass alle Patienten in der Vollwerternährung praktisch angelernt werden, damit sie nach der Entlassung zu Hause das entsprechende Wissen problemlos umsetzen können. Die Lehrküche gibt es auch heute noch in der Klinik Lahnhöhe.

In Vertretung unterrichtete ich selbst dort einmal vier Wochen lang Theorie und Praxis in Sachen Vollwertkost. Patienten, die vor der Entlassung standen, kamen mehrmals für je eine Stunde in die Lehrküche. Diese knappe Stunde musste gut genutzt werden, denn es kam ja anschließend – nach kurzer Pause, um alles neu herzurichten – eine andere Gruppe. Ich erklärte Rezepte und stellte die Gerichte mit ihnen gemeinsam her. Der Frischkornbrei war natürlich immer dabei, aber auch Suppen, Kuchen und Salate oder andere schnelle und einfache Speisen, zum Beispiel Backkartoffeln vom Blech. Einmal gab es Brennnesselsuppe. Ich hatte das „Unkraut" bzw. Heilkraut in der Mittagspause frisch gesammelt. Die Suppe schmeckte allen Patienten gut. Anschließend durften sie raten, was sie gegessen hatten. Keiner kam darauf.

Eines Tages erlebte ich etwas ganz Besonderes. Der berühmte Dirigent Sergiu Celibidache (1912–1996) kam in die Lehrküche. Er war Patient auf Dr. Brukers Station. Nun stand der weißhaarige Charakterkopf leibhaftig vor mir. Ich hatte einige Wochen vorher ein Konzert mit ihm im Fernsehen erlebt und war begeistert. Er sagte vor der Gruppe, er habe schweres Rheuma und wisse nicht, ob und wie er die Ernährung auf seinen Konzertreisen überhaupt durchführen und durchhalten könne. Das war vor 30 Jahren ungleich schwieriger als heute. Das Thema ging alle an – auch ohne

Konzertreisen, und so gab es eine lebhafte Gesprächsrunde mit handfesten Fragen und ebensolchen Antworten, Tipps und Tricks, von denen alle profitierten.

Celibidache imponierte mir in seiner bescheidenen, liebenswerten Art. Ganz nebenbei erfuhr ich, dass er einer schwerkranken Frau – sie starb kurze Zeit später – einen sehnlichen Wunsch erfüllte. Sie wollte so gern Klavier spielen, traute sich aber nicht. Im Fernsehraum der Klinik stand ein Flügel. Der weltberühmte Dirigent gab ihr in seiner freien Zeit Unterricht. Die Patientin sagte mir: „Das waren die glücklichsten Stunden meines Lebens."

Die erste Tagung

Die ersten GGB-Tagungen fanden nach der Mitgliederversammlung im so genannten Fernsehraum der Klinik Lahnhöhe statt. Zu den ersten Referenten zählte Barbara Rütting. Thema: Tierschutz und Tierversuche. Alle Teilnehmer waren tief beeindruckt. Dieser Erfolg machte mir Mut, auch in Zukunft weitere Themen anlässlich der jährlich stattfindenden Mitgliederversammlung anzubieten. Das war der bescheidene Einstieg in die von da an regelmäßig stattfindenden GGB-Tagungen.

Als der Raum in der Klinik wegen des starken Andrangs zu klein wurde – er fasste etwa 100 Teilnehmer –, verlegten wir die Tagung in das naheliegende Dorint-Hotel, im Kurpark auf der Lahnhöhe. Die Teilnehmerzahlen wuchsen jedoch von Jahr zu Jahr. Das Hotel musste den Saal jedes Mal stärker bestuhlen, bis die maximale Auslastung von 650 Plätzen erreicht war. Was nun? Sollten wir den Sprung in die Lahnsteiner Stadthalle wagen? Saßen wir dann eventuell in einem halbvollen Saal? Konnten wir dann überhaupt noch kostendeckend arbeiten? Dann brauchten wir auch mehr Personal. Vergessen Sie nicht, liebe Leser, wir waren ein Minibetrieb, der Erstaunliches leistete. Dieser Schritt wollte gut überlegt sein.

1987 fand die erste Tagung in der Stadthalle statt. Ein voller Erfolg mit 1200 Teilnehmern.

Seitdem gibt es zwei Tagungen jährlich – die Frühjahrstagung Ende März und die Herbsttagung Ende Oktober – mit jeweils rund 1000 Teilnehmern und insgesamt hunderten von hochqualifizierten Referenten, vom bekannten

Fernsehjournalisten Dr. Franz Alt über Dr. Eugen Drewermann, Prof. Dr. Erwin Ringel, Dr. Wolfgang Schmidtbauer, Dr. Elisabeth Kübler-Ross, Prof. Dr. Gerald Hüther, Prof. Dr. Julius Hackethal, Prof. Dr. Erwin Ringel, Prof. Dr. Otmar Wassermann, Barbara Rütting, die Medizinjournalisten Jörg Blech und Hans Weiß und vielen anderen mehr. Aus Platzgründen ist es leider nicht möglich, sie alle hier aufzuzählen. Allen sei an dieser Stelle für ihr Engagement und ihre Unterstützung gedankt.

Möchten Sie wissen, wie wir zum Beispiel an Dr. Drewermann gerieten? Während der Fahrt nach Lemgo hörten Dr. Bruker und ich regelmäßig auf Tonkassetten die Vorträge des bekannten Theologen, die er damals im Paderborner Goerdeler-Gymnasium hielt. Wir waren begeistert. Ich sagte: „Dr. Bruker, wollen wir nicht mal einen Abstecher nach Paderborn machen und ihn fragen, ob er bei unserer nächsten Tagung spricht? Das liegt doch auf dem Weg." Dr. Bruker lachte – und war natürlich Feuer und Flamme, wie so oft bei solch spontanen Ideen. Kurz entschlossen überfiel ich Dr. Drewermann unangemeldet in seiner Wohnung. Er trug es mit Fassung, holte seinen Terminkalender und gab mir spontan eine Zusage. Dabei kannte er die GBB doch gar nicht! Dass ich ihm vor Freude um den Hals fiel, können Sie sich denken. Seitdem spricht er regelmäßig bei den Tagungen in Lahnstein vor einem begeisterten Publikum.

Damals stand Eugen Drewermann in heftigen Auseinandersetzungen mit der Katholischen Kirche. Sein ultrakonservativer Erzbischof Degenhardt, (tatsächlich der Bruder des legendären kritisch-freigeistigen Liedermachers!), suspendierte den kritischen Theologen. Eugen Drewermann erreicht dennoch bis heute Millionen von Lesern und Zuhörern mit seiner Frohbotschaft und seinen sensiblen tiefenpsychologischen Bibel- und Märchendeutungen. Als in

Paderborn praktizierender Psychotherapeut hilft er vielen Menschen in Not.

Wie wir es wiederholt in der Lahnsteiner Stadthalle erlebten, ist Drewermann ein hinreißender und „druckreif" sprechender Referent. Er spricht ohne Manuskript. Versprecher und Auslasser sind ihm fremd. Bei der anschließenden Fragestunde sammelt er, ohne sich Notizen zu machen, rund ein Dutzend Fragen, um sie dann in der genauen Reihenfolge zu beantworten.

Lange vor den öffentlich gewordenen Missbrauchsskandalen in der Katholischen Kirche warnte der gebildete Theologe in seinem mehr als 1000-seitigen soziologischen und tiefenpsychologischen Standardwerk „Die Kleriker" vor der Widernatürlichkeit des Zwangszölibats und der damit verbundenen Infantilisierung und seelischen Unfreiheit vieler Pfarrer, Ordensbrüder und Ordensschwestern. Als ich mich damals in unserer Zeitschrift „Der Gesundheitsberater" hinter Eugen Drewermann und gegen die „Lehrzuchtmaßnahmen" seiner Kirche stellte, erhielt ich böse Briefe. Ein Leser äußerte seinen Wunsch nach Wiedereinführung der Guillotine – mein Kopf sollte dann als erster rollen …

Das Organisieren der Referenten und des Programmablaufs machte mir immer besonderen Spaß. Immer auf der Lauer nach Anregungen und guten Referenten hielt ich Augen und Ohren offen. Auch die Leser des „Gesundheitsberater" gaben uns Tipps. Als ich ein Buch der Schweizer Ärztin und Sterbeforscherin Dr. Elisabeth Kübler-Ross (1926–2004) las, stand für mich fest: Diese Frau müssen wir bei einer unserer Tagungen erleben. Telefonisch erreichte ich ihre Schwester in der Schweiz. Sie wollte klären, wann die in Amerika lebende Ärztin wieder einmal zu Besuch käme und ob sie für einen Vortrag bei uns zu gewinnen sei. Kübler-Ross war zu dieser Zeit unglaublich populär, ein Tagungstermin schien zunächst wenig realistisch.

Irgendwann waren dennoch die Bedingungen ausgehandelt, das Okay lag schriftlich vor. Wir kündigten voller Vorfreude ihren Vortrag an. Daraufhin bestürmten uns religiöse Fanatiker, eine so unchristliche Frau dürfe bei der GGB nicht sprechen. Ich fiel aus allen Wolken. Aber auch das standen wir in langen, geduldigen, zeitraubenden Telefonaten mit den Kritikern durch.

Die Tagung fand dann auch noch ausgerechnet im Pilgerzelt der Pallottiner des Klosters Vallendar statt, weil die Stadthalle in Lahnstein zu klein war. Es hatten sich über 3500 Menschen angemeldet! Mir wurde bange ums Herz. Aber es klappte alles gut. Wir wurden durch nichts enttäuscht. Dr. Kübler-Ross berichtete bewegend von ihrer Arbeit mit krebskranken Kindern. Kein Teilnehmer blieb unberührt. Alle waren von ihrer natürlichen und mitreißenden Art fasziniert – selbst die fanatischen Vorab-Kritiker.

Nach der Veranstaltung saßen Dr. Bruker und ich noch mit Dr. Kübler-Ross im kleinen emu-Verlag und redeten bis 4 Uhr morgens. Sie war die erste Ärztin, die über den Umgang mit Sterbenden an die Öffentlichkeit ging. Das war unglaublich mutig und bewundernswert.

Der GGB und Dr. Bruker war es stets ein Anliegen, möglichst viele Menschen zu informieren. Darin liegt schließlich der Gedanke der Gemeinnützigkeit. Jeder sollte Zugang zu wichtigen Informationen und Erkenntnissen haben, die unsere Gesundheit betreffen. Der Preis für unsere dreitägigen Tagungen war und ist extrem niedrig (zurzeit 90,– Euro, bzw. 80,– für GGB-Mitglieder). Von den Einnahmen müssen nicht nur Referentenhonorare, deren Fahrt- und Übernachtungskosten sowie Spesen bezahlt werden, sondern auch die Miete der Stadthalle, samt Technik und vorausgegangener Werbung. Der Restbetrag bildet, zusammen mit den Seminargebühren, einen finanziellen Grundstock, um die Arbeit der GGB ganzjährig gewährleisten zu können.

Es ärgert mich – nein, es kränkt mich, dass es immer wieder Kritiker aus den eigenen Reihen gibt (es sind zwar nur wenige, aber doch immer wieder), die meinen, unsere Tagungen seien zu teuer und müssten sowieso für Mitglieder kostenlos sein, schließlich zahle man ja Beiträge. Ähnliche erfolgreiche Tagungen dieser Qualität und zu dem Preis sind mir bundesweit und im angrenzenden Ausland nicht bekannt. Bekannt sind mir aber Tagungen mit esoterischem Einschlag und Engel-Themen, die mehr als 300,– Euro kosten. Deren Preis wird auch von manchen GGB-Mitgliedern ohne Murren hingeblättert. Es ist nicht immer leicht, dabei noch gut gelaunt zu bleiben, denn in den Tagungsvorbereitungen stecken Mühe, Arbeit und Schweiß von allen Mitarbeitern, damit auch ja alles gut gelingt.

Doch angesichts der zahllosen freundlichen und herzlichen Menschen, die die GGB bevölkern oder uns bei unserer Arbeit sonst begegnen, verfliegt mein Groll im Nu. Wie sagte der alte Konrad Adenauer einmal treffend: „Wir müssen die Menschen nehmen, wie sie sind. Andere gibt es nicht." Und, etwas drastischer: „Die einen kennen mich, die anderen können mich."

Doch zurück zur GGB-Arbeit mit Dr. Bruker. Wenn „normale" Menschen Feierabend machten, begann unsere Nachtarbeit. Selten war ich vor Mitternacht zu Hause. Wenn mir schon die Augen zufielen, sagte der muntere Doktor: „Ach, diesen Stapel erledigen wir noch." Wer mochte ihm das abschlagen? Da er mit der Zeit immer schlechter sehen konnte, las ich ihm die Briefe vor, und er sprach die Antworten sofort ins Diktiergerät. Es handelte sich nicht immer um freundliche Anfragen. Manchmal waren haarige Angriffe und Meckereien dabei. Dann ließ ich meinen Frust schon mal darüber aus. Der „Senior" aber meinte humorvoll: „Dem soll der Hintern zuwachsen. Na ja, der halbe reicht auch. Los, weitermachen, Ablage … Ärgern wir uns über den Nächsten." Für ihn war die Sache damit wirklich erledigt. Ich kaute oft noch länger darauf herum.

Oft betonte Dr. Bruker, dass man andere Menschen nicht ändern kann, sehr wohl aber seine eigene Einstellung ihnen gegenüber. „So wie in vielen Beziehungen", sagte er. „Da glaubt jemand, einen starken Löwen geheiratet zu haben, und dann entpuppt der sich als kleine Blaumeise. Darauf muss der andere sich einstellen. Aus der Blaumeise wird niemals ein Löwe, und wenn er noch so lange wartet."

An den Wochenenden fuhr ich Dr. Bruker nach Hause in das etwa 350 km entfernte Lemgo in Ost-Westfalen/Lippe. Wegen seines Augenleidens wurden die Fahrten mit der Bahn für ihn immer riskanter, also begleitete ich ihn. Mein mit Arbeit vollgepackter Rucksack war stets dabei, denn während der Bahnfahrt wurde natürlich – na, was wohl? – gearbeitet. Doch der Fahrplan der Bundesbahn kam meiner ständigen Zeitnot und der auf mich wartenden Büroarbeit in Lahnstein nicht gerade entgegen. Also beschlossen wir eines Tages, die Fahrten mit dem Auto zu machen. Freitags nach der Visite oder – wenn Seminare stattfanden – nach seinem Seminarvortrag brachte ich ihn in seinem alten roten Mercedes nach Lemgo – und fuhr anschließend sofort zurück. Am Sonntagnachmittag holte ich ihn dann wieder ab. Diese wöchentlichen 1400 km gehörten zehn Jahre zu meinem festen Programm, ob Regen, Sonne oder Schnee.

Als mich kürzlich jemand fragte, ob ich in meinem Leben viel unterwegs gewesen sei, verneinte ich dies. Erst mein

Mann Mathias Jung erinnerte mich und machte mir bewusst, dass ich lange Jahre mit dem Auto Hunderttausende Kilometer unterwegs gewesen war. Auch die Vortragsreisen, die Dr. Bruker noch bis ins hohe Alter unternahm, absolvierten wir per Auto und kamen meist erst nach Mitternacht zurück.

Das Diktiergerät nahmen wir auf Reisen immer mit. Wir brüteten unterwegs manche Buchidee, viele Artikel für die Zeitschrift „Der Gesundheitsberater", Tagungsthemen und andere spannende Sachen aus. Es gab nicht eine Minute Langeweile, der Stoff ging uns nie aus. Frau Bruker sagte einmal lachend: „Sie sind beide aus demselben Holz geschnitzt." Das stimmte wohl.

Manchmal waren die Fahrten zugegebenermaßen auch sehr riskant. Eine ganz besonders. Ich fuhr wieder einmal total übermüdet zurück nach Lahnstein. Am nächsten Rastplatz wollte ich eine Ruhepause einlegen. Doch innerhalb von Sekunden muss ich am Steuer eingeschlafen sein und wurde von dem gewaltigen, dröhnenden, ununterbrochenen Hupen eines rechts neben mir fahrenden LKW-Fahrers geweckt. In letzter Sekunde konnte ich das Steuer herumreißen. Von der linken Leitplanke war ich keine 20 cm entfernt. Dem aufmerksamen Fahrer konnte ich nur durch kräftiges Hupen aus vollem Herzen danken. Wenn es denn Schutzengel gibt, dann war dieser LKW-Fahrer einer davon.

Nach diesen zehn Autobahnjahren stieg Mathias Jung als Fahrer mit ein (s. S. 281 f.). Wenn wir in Lemgo ankamen, fanden wir jedes Mal einen von Frau Bruker liebevoll gerichteten Imbiss zur Stärkung vor. Beim Fahren wechselten wir uns also künftig ab. Das war eine Erleichterung.

Das Leben zeigte mir noch öfter rote Warnsignale. Unter ständigem Stress, der mir schon zur Gewohnheit geworden war, erlebte ich einige Unfälle, dazu gehörten mehrere Treppenstürze mit schweren Knochenbrüchen und damit verbundene Operationen. Aber Knochen heilen ja wieder zusammen. Ich hakte sie ab.

Es sollte noch Jahre dauern, bis ich aus diesem Dauereinsatz regelrecht herauskatapultiert und gezwungen wurde, mich endlich auch einmal um mich selbst zu kümmern: 2008 landete ich auf der Intensivstation wegen massiver Herzbeschwerden und völliger Erschöpfung.

Über lange Jahre hatte ich praktisch kein Privatleben. Die Arbeit war quasi auch noch zu meinem Hobby geworden. An eine Entlastung durch verantwortungsbewusste Mitarbeiter, auf deren Schultern ich etwas hätte abladen können, war in den ersten Jahren aus finanziellen Gründen ohnehin nicht zu denken. Erst später konnten wir uns Einstellungen leisten. Dabei traf ich leider auch manche Fehlentscheidung. Der ständige Arbeitsdruck und die täglich neu auf uns einprasselnden Themen erlaubten es mir einfach nicht, Mitarbeiter kontinuierlich und längere Zeit zu begleiten oder die ausgeführten Arbeiten zu kontrollieren. Manche merkten das und nutzten mich und die Situation aus. So stapelte zum Beispiel eine gelernte Buchhalterin – sie war den Umgang mit Zahlen und Geld gewohnt – über lange Wochen die per Scheck und Bargeld geleisteten Anzahlungen von Seminarteilnehmern, ohne sie zu bearbeiten. Als mir der schwächelnde Zahlungseingang auffiel, sprach ich sie an, erhielt aber keine schlüssige Antwort. Durch Zufall entdeckte ich schließlich das Desaster – in ihrem Schreibtisch. Das Arbeitsverhältnis flog auf. Wochen später reichte sie Schecks nach, die sie „aus Versehen" mit nach Hause genommen hatte. Die finanziellen Differenzen, die ungeklärt blieben, legte ich aus eigener Tasche zu. Eigentlich wäre eine Anzeige wegen Veruntreuung angebracht gewesen. Es traf mich wie ein Schlag, dass eine damalige Mitarbeiterin ihr zum Abgang demonstrativ einen Blumenstrauß als Trostpflaster schenkte. Hier war kein Trost angebracht, sondern konsequentes und für die GGB verantwortbares Handeln. Die illoyale Haltung der „Blumenstrauß-Mitarbeiterin" wiederum zog sich wie ein roter Faden durch deren Arbeitsjahre bis zu ihrem eigenen Weggang.

Gutes Personal zu finden, das die Arbeit im Bruker-Haus nicht nur als angenehmen und interessanten Job sieht, sondern sich leidenschaftlich für die Sache einsetzt, war und ist nicht einfach. Wenn ich Versäumnisse im Arbeitsalltag bemerkte, zog ich gewöhnlich nicht die angemessenen Konsequenzen, sondern übernahm die unerledigte Arbeit kurzerhand selbst. Dr. Bruker bemerkte oft zu meiner Schufterei: „Das Leben wird Ihnen dafür noch einmal die Quittung ausstellen." Das war gut gemeint, aber eine entlastende Lösung hatte er auch nicht parat – auch er war ja auf meine „Verfügbarkeit" angewiesen. Also ackerte ich weiter. Das war ich von Kindheit an gewohnt und empfand es daher gar nicht als extrem.

In der Seminartätigkeit konnten wir allmählich Abhilfe schaffen, indem wir auch externe Referenten gewannen. Für die Bürosituation überzeugte ich die tüchtige Mitarbeiterin Gisela Hahn davon, mir als rechte Hand zur Seite zu stehen. Sie war die ideale Chefsekretärin und kümmerte sich um alle Termine, erledigte Korrespondenzen, regelte Computer- und Personalprobleme, kurzum – sie engagierte sich in allem, als wäre die GGB ihr eigener Betrieb. Doch eines Tages erlitt sie einen schweren Autounfall. Nach diesem Ereignis signalisierte sie mir, dass sie aussteigen wollte. Das musste ich schweren Herzens akzeptieren. Sie zog mit ihrem Mann in eine andere Stadt, denn er war beruflich versetzt worden. Nun ging die Suche nach zuverlässigen Mitarbeitern von vorne los.

Inzwischen – seit 1994 – lebten wir im Bruker-Haus mit allem, was dort neu zu bedenken war. Das Haus war wunderschön geworden, wir empfingen jeden mit offenen Armen. Leider wurde das auch von manchen Dieben schamlos ausgenutzt. Schon nach dem Richtfest ging es los. Über Nacht verschwanden aus der Eingangshalle fünf übermannshohe Yucca-Palmen! Die dreisten Palmen-Liebhaber hatten sie klammheimlich mit einem LKW abtransportiert. Niemand hatte es bemerkt.

Später schafften wir wunderschöne Wolldecken für die Wochenendseminare an – 16 Stück. Innerhalb kurzer Zeit schrumpfte der Bestand auf die Hälfte zusammen. Mit Geschirr, Bestecken, Kerzenhaltern, Werkzeug, Gartengeräten und anderen Utensilien ging es uns ebenso. Ein großer Sack Haselnüsse verschwand spurlos aus den Lagerräumen der Lehrküche. Manch ein Besucher dachte offenbar, er sei bei Millionären abgestiegen. Dass wir schwer arbeiten und rechnen müssen, um alles erhalten und zusammenhalten zu können, wissen viele bis heute nicht.

Zurück zur Personalfrage: Es war ja nicht nur die Arbeitsaufteilung bei der GGB zu bedenken, sondern auch der Service, z.B. Reinigungskräfte im neuen Haus und die Lehrküche. Beim emu-Verlag lief – bis auf wenige Ausnahmen – personell alles rund. Zwei Mitarbeiterinnen, Stephanie Equit und Frauke Strack, sind bei Entstehen dieses Buches bereits seit 25 Jahren mit Herzblut und Engagement dabei. Unsere tüchtige Finanzkraft (Buchhalterin und Prokuristin) Petra Arens geht mittlerweile ins zwölfte Arbeitsjahr.

Die Lehrküche hingegen war immer und von Anfang an ein heißes Pflaster. Erika Richter, Köchin und natürlich auch Gesundheitsberaterin GGB, führte 18 Jahre lang die Praxis-Seminare erfolgreich durch. Die ersten zwei Jahre in der Miniküche im Ferienpark Rhein-Lahn, danach im Dr.-Max-Otto-Bruker-Haus. 2010 schied sie auf eigenen Wunsch aus Altersgründen aus – mit 76 Jahren! Mit ihr konnte man Pferde stehlen. Manch ein Teilnehmer musste sich erst an ihre handfeste Art und ihren Humor gewöhnen, doch alle sagen übereinstimmend, dass sie undendlich viel Küchenpraxis von ihr gelernt haben. Vorausschauend suchte sie selbst eine geeignete gute Nachfolgerin und lernte sie über zwei Jahre erfolgreich an.

Es geht aber in der Lehrküche nicht nur um Praxis-Seminare. Ebenso müssen hier die Teilnehmer der Ausbildungs- und Wochenendseminare verpflegt werden. Da die Seminare jedoch nicht durchgehend das ganze Jahr über stattfinden, können immer nur zeitlich begrenzte Verträge mit den Küchenkräften abgeschlossen oder Jobs auf 400,- Euro-Basis vergeben werden. Ideal klappt es gewöhnlich, wenn Freiberufler dabei sind, die ihre Termine rechtzeitig mit uns abstimmen.

Ein gelernter Koch sagte mir einmal aus den Erfahrungen in der von ihm geleiteten Großküche: „Köche sind wie Autoreifen. Immer aufgeblasen und stets bereit zu platzen." Wenn das ein Koch über seine Kollegen sagt, könnte vielleicht ein Fünkchen Wahrheit drinstecken, die für alle Betriebsküchen gilt. Küche bedeutet Stress, vor allem, wenn nicht alles gut organisiert abläuft. In unserer Küche im Bruker-Haus muss zum Beispiel das Mittagessen für die Seminarteilnehmer pünktlich um 13 Uhr auf dem Tisch stehen. Die Pause ist sonst zu kurz, denn der Unterricht geht um 15 Uhr weiter. Ein gutes Team schafft das mit Freude reibungslos. Bummelt jemand herum, schwätzt viel und weiß alles besser – kurz: „schafft" nicht richtig –, ist die Stimmung und der gesamte Ablauf gestört. Das können wir uns gar nicht leisten. Mitarbeiter des Bruker-Hauses, die eifersüchtig auf Kollegen waren oder rücksichtslos ihre Selbstdarstellungen pflegten, gingen meist irgendwann von allein.

Mir ging es vermutlich wie vielen Chefs in anderen Betrieben. Wenn ich unbequeme Personalentscheidungen treffen oder Kündigungen aussprechen musste – wer macht das schon gern –, wurde ich prompt aus den GGB-Reihen heftig angegriffen. Bei Rückfragen stellte ich jedes Mal fest, dass nicht ein Einziger Kenntnisse über die wirkliche Situation hatte. Der Spruch von Dr. Bruker half mir oft über derartige Zeiten hinweg: „Liebe Frau Gutjahr, wir müssen und werden unseren Weg gehen. Unbeirrt."

Ich könnte noch vieles aus diesen wunderbaren, anstrengenden, fröhlichen, ereignisreichen, prall gefüllten Jahren berichten. Es waren die spannendsten meines Lebens. Über Jahrzehnte war die Arbeit der zentrale Lebensinhalt für mich. Die Wertschätzung von Dr. Bruker war mir für viele Lebenswunden ein heilsames Pflaster. Der Mann hatte Charisma. Er konnte andere Menschen mitreißen, mitbegeistern, ganz besonders mich. Ohne ihn hätte ich auch meinen jetzigen Mann Mathias Jung nicht kennengelernt. Wir – Dr. Bruker, Mathias und ich – waren ein fest zusammengeschweißtes Trio. Wie oft übernahm Mathias die abendliche Poststunde und die nachfolgende Bettlektüre. Unter anderem las er dem „Senior", oft noch bis nach Mitternacht, den mehr als 1000-seitigen „Zauberberg" von Thomas Mann vor.

Aus der langjährigen fesselnden Zusammenarbeit zwischen Mathias und mir wurde Liebe. Als er mich 2001 während eines Spaziergangs in der Mittagspause fragte, ob wir nicht heiraten sollten – er war dafür extra auf einen Baumstumpf geklettert –, musste ich laut lachen. Ich konnte mich gar nicht wieder einkriegen. Er sah mich fragend an. „So einen Paradiesvogel wie dich heiratet man doch nicht", erklärte ich ihm meine vielleicht etwas unerwartete Reaktion. Dabei hatte er doch schon einen festen Hochzeitstermin zwischen all seinen vielen Vorträgen ausgeguckt! Also sagte ich zu, nicht ohne ihn an Dr. Brukers mahnende Worte zu erinnern, wenn wir uns einmal gekabbelt hatten: „Kinder, vertragt euch doch."

Dr. Bruker begeisterte sich für fremde Länder und Menschen. Bis zu seinem 85. Lebensjahr machten wir mit ihm mehrfach Kreuzfahrten, für die er als Referent eingeladen wurde. So erlebten wir Ägypten, Griechenland, Malta, Ibiza, Skandinavien, Danzig, Königsberg, St. Petersburg, Teneriffa, Brasilien, die Karibik, Marokko und vieles mehr. Mit den Honoraren, die der Veranstalter als Spende an die Bruker-Stiftung überwies, finanzierten wir einen Teil des damals entstehenden Gesundheits- und Seminarzentrums – das Dr.-Max-Otto-Bruker-Haus.

Dr. Bruker besaß ein kleines Ferienhaus am Lago Maggiore. Dort verbrachte er seinen Urlaub am liebsten. 1984 fragte er Karin Fuß und mich, ob wir ihn einmal dort hinfahren würden, um nach dem Rechten zu sehen. Das machten wir gern. Daraus wurden fünf wunderbare Urlaubstage. Das Haus war längere Zeit nicht benutzt worden, der Garten tropisch verwildert. Wir räumten zu Dritt auf und kamen braun gebrannt und erholt zurück. Diesmal hatten wir ausnahmsweise keine Büroarbeit mitgenommen. Ich glaube, es war allerdings das einzige Mal.

Diese Fahrten wiederholten wir fast jedes Jahr mit unserem Senior und Mitarbeitern. Später, mit Mathias, fuhren wir als Trio regelmäßig hin. Die ersten Bücher hatte Dr. Bruker dort schon in den Sechzigerjahren diktiert. Diese Arbeitsgewohnheit behielt er bis zum Ende seines Lebens bei. Mathias setzt sie dort bis heute fort. Der Film „Unbeirrbar" – ein Portrait über Dr. Bruker – wurde zum Teil in diesem Feriendomizil gedreht.

Den letzten Aufenthalt mit unserem verehrten Senor verbrachten wir am Lago im September 1999. Wir ahnten, dass es der letzte Urlaub mit ihm sein würde. Das Wetter war wunderschön. Die meiste Zeit hielten wir uns mit ihm im Garten auf – die Arbeit im Grünen war sein liebstes Hobby. Ich erinnere mich, dass wir in diesen Tagen den riesigen haushohen Lorbeerbusch vor der Haustür zurückschnitten. Dr. Bruker zupfte die Blätter ab, die wir nach Lahnstein mitnahmen.

Als Dr. Bruker merkte, dass es Zeit war, sich von dieser Welt zu verabschieden, zog er sich in den letzten neun Monaten seines Lebens in seine Wohnung zurück. Seltsam, dachte ich später – eine Schwangerschaft dauert ja auch so lange. Geburt und Tod, wie nah liegen sie beieinander.

Ich verlegte meine Arbeit in die Wohnung vom „Senior", die er sich mit Mathias Jung teilte. Wir ließen ihn nicht allein, sondern waren Tag und Nacht abwechselnd bei ihm. Bis zum letzten Lebenstag nahm Dr. Bruker Anteil an allem. Einen Tag vor seinem Tod segnete er noch einen Artikel für den „Gesundheitsberater" ab. Gern hörte er Vorträge von Eugen Drewermann im Wechsel mit Musik von seinem geliebten Mozart. Wir versuchten bis zum Schluss, ihm jeden Wunsch von den Augen abzulesen.

Den am Lago geernteten Lorbeer gaben wir ihm mit auf die letzte Reise.

Wenn ich abends noch einmal eine Runde durchs Haus gehe, danke ich diesem großartigen, tapferen Mann. Ohne ihn gäbe es das Bruker-Haus mit dem wunderschönen Kräutergarten nicht, aber auch nicht die Klinik Lahnhöhe, die GGB, den emu-Verlag, die Lehrküche, die Bruker-Stiftung.

Und mich gäbe es wohl auch schon seit über 30 Jahren nicht mehr.

2010 brannte unser Firmenwagen auf der Autobahn aus, als Mathias und ich unterwegs zu einem Vortrag in Norddeutschland waren. Wir konnten in letzter Minute aus dem lichterloh brennenden Auto springen. Die Handtasche zu meinen Füßen war bereits verkohlt. Das sahen wir als nochmaligen Fingerzeig an, mit uns achtsamer umzugehen. Meine letzte Mahnung hatte ich erst 2008 mit dem langen Krankenhausaufenthalt erhalten. Daraufhin gab ich die Geschäftsführung der GGB ab. Jetzt zog auch Mathias Bilanz. Der „Autobahnbrand" steckte ihm noch lange in den Knochen. Er drosselte die anstrengenden Vorträge außer Haus drastisch.

Wir lernen täglich neu, dass wir ein Recht haben, auf dieser Welt zu sein, aber auch die Verpflichtung, mit uns und uns Anvertrautem gut umzugehen.

Lachen ist die beste Medizin

Dr. Bruker hatte das, was man trockenen Humor nennt. Eine Gesundheitsberaterin GGB notierte während ihrer Ausbildung einige seiner humorvollen Bemerkungen, andere sind mündlich überliefert. Manche der folgenden Fragen stellten Seminarteilnehmer und auch Besucher seiner beliebten offenen Sprechstunde „Ärztlicher Rat aus ganzheitlicher Sicht". Natürlich erhielten alle fundierte Antworten, aber manchmal konnte „unser Senior" sich Randbemerkungen nicht verkneifen. Hier einige Kostproben, die uns eine ehemalige Patientin zusandte:

Können im Reis auch Kornkäfer vorkommen?
Ja, das kann schon sein.
Und woran erkenne ich die?
An den Schlitzaugen.

Meine ungesunden Nahrungsmittel habe ich einer Nachbarin geben.
Lebt die noch?

Wegen eines Hautausschlags hat der Arzt bei einer Bekannten deren Blut untersucht und gesagt, es sei zu viel Obst drin. Was sagen Sie dazu?
Da muss man natürlich differenzieren, ob es Himbeeren sind oder anderes Obst.

Der Hautarzt hat mir gesagt, dass es jetzt auch im Kopf anfängt.
Was – beim Hautarzt?

Die allgemeine Empfehlung ist, Fleisch müsse gegessen werden, um den Eiweißbedarf zu decken. Wenn überhaupt, gelingt dies nur mit rohem Fleisch. Da ein Ochse zu groß ist, empfehle ich zum Frühstück drei kleine Mäuse oder eine Ratte. Aber roh und ganz. Auch mit Schwanz und Hirn und Fell und Knochen und Blut und Leber und allem.

Verzehrt ein Säugetier Milch einer anderen Art? Dann müsste ja der Löwe mit der Milchkanne bei der Giraffe Milch holen, die Giraffe beim Elefanten und der Elefant, weiß der Kuckuck, vom Känguru oder von der Maus ... Aber wir Menschen hängen nach dem Abstillen an der Kuh. Ich sage oft zu Müttern: Was haben Sie für ein nettes Kind. Schade, dass Sie es wie ein Kalb behandeln.

Die H-Milch ist wie eine Leiche, die sicherheitshalber noch einmal erschossen wurde. Wenn die Milchwirtschaftler sagen, diese Milch sei noch wertvoll, sollen sie doch mal ihre Finger (oder ihren Hintern) auf eine 150 Grad heiße Herdplatte legen und sehen, ob das dann danach noch wertvoll aussieht.

Heutzutage hat ja jeder eine Allergie. Wehe, wenn er keine hat. Der kann ja gar nicht mitreden!

Bakterien sind Gesundheitserreger. Sie sind notwendig. Wenn man Speichel mal unters Dunkelfeldmikroskop legt, sieht man, wie die sich alle bewegen. Das ist ein Gewimmel, da ist ein volles Aquarium nichts dagegen.

Man muss sagen, dass Infektionskrankheiten Gott sei Dank trotz ärztlicher Behandlung nach gewisser Zeit ausheilen.

Bei der Untersuchung einer Patientin sagte diese: „Herr Doktor, Sie haben ja ein wunderbares Gebiss."
Dr. Bruker: „Sie sollen mir nicht *ins* Maul schauen, sondern *aufs* Maul und zuhören, was ich Ihnen zu sagen habe."

Pia Purr, langjährige Sekretärin und Sprechstundenhilfe von Dr. Bruker (seit 30 Jahren Schatzmeisterin der GGB und Kuratoriumsmitglied der Bruker-Stiftung) berichtete:
„In den Achtzigerjahren kam ein Scheich zur stationären Behandlung. Für ihn und sein Gefolge mietete er eine ganze Etage in der Klinik Lahnhöhe. Als er die erste Sprechstunde aufsuchte und sofort gehört werden wollte, bat Dr. Bruker zuerst die Patientin herein, die schon vorher da war und lange gewartet hatte. Mit Geld konnte man unseren Senior nicht beeindrucken."

Wer war Dr. med. Max Otto Bruker?

In Dr. Brukers privaten Unterlagen fand sich ein von ihm verfasster Originallebenslauf, den er einst für eine Bewerbung angefertigt hatte.

Lebenslauf
Dr. med. M. O. Bruker, ARZT
Anstalt Eben-Ezer, Lemgo, den 25.3.1948

Am 16. November 1909 bin ich, Max Otto Bruker, als Sohn des Präzeptors Max Bruker und seiner Ehefrau Berta in Reutlingen/Württemberg geboren. Ich bin evangelischer Konfession.

Nach Erlangung der Reifeprüfung am Gymnasium in Esslingen am Neckar begann ich im Frühjahr 1927 das Studium der Medizin: 6 Semester verbrachte ich in Tübingen, 2 in München, 2 in Berlin und 1 in Wien. Am 12.12.1932 bestand ich das medizinische Staatsexamen mit der Note sehr gut.

Anschließend promovierte ich bei Herrn Prof. Stock an der Augen-Klinik Tübingen mit der Note gut.*

Einen Teil meiner Medizinalpraktikantenzeit war ich am Pathologischen Institut der Universität Tübingen bei Herrn Prof. Dr. Dietrich tätig und anschließend auf der Inneren Abteilung des Städt. Krankenhauses Esslingen a. N. bei Herrn Prof. Dr. Niekau.

---

* Promotionsthema: „Ein Fall von metastatischem Karzinom der Iris, des Corpus ciliare und der Chorioidea bei latentem Primärtumor"

Nach Erlangen der Approbation im Dezember 1933 blieb ich weiter bis Juli 1935 als Assistent auf der Inneren Abteilung bei Herrn Prof. Dr. Niekau, wo ich auf Männer- und Frauenstation, auf Infektions-, Haut- und Geschlechtskrankenabteilung und Tuberkulosestation und durch die Tätigkeit in der Tuberkulosefürsorge eine vielseitige internistische Ausbildung genoss.

Chirurgische Ausbildung genoss ich auf der chirurgischen Station des Evangelischen Krankenhauses Schwerte/Ruhr vom Juli 1935 bis Januar 1936.

Zur Vervollständigung der fachinternistischen Ausbildung und mit der Absicht, auch die naturheilerische und homöopathische Richtung in der Medizin in gründlicher klinisch-wissenschaftlicher Unterbauung und Kritik kennenzulernen, ging ich am 1.3.1936 in die von Dr. Schlütz, Facharzt für innere Krankheiten, geleitete homöopathisch-biologische Klinik der Krankenanstalten Bremen. Hier erhielt ich bis Herbst 1938 die geplante weitere besonders gründliche klinische Durchbildung. Als 1. Assistent (Oberarzt) der Klinik hatte ich Gelegenheit, völlig selbstständig klinische Abteilungen zu führen und mit allen Teilen der Diagnostik und Therapie der inneren Medizin (Röntgenologie, Elektrokardiographie, Endoskopie, Laboratoriumsarbeiten, Lungen-Tbc, physikalische und diätetische Therapie nach dem Stand der neuesten wissenschaftlichen Erkenntnisse, vor allem Hydrotherapie und auch Homöotherapie, völlig vertraut zu werden.

Die Abhandlung „Biologische Behandlung chronischer Ekzeme" ist ein Ausdruck meiner wissenschaftlichen Tätigkeit (erschienen 1938 im Hippokrates). Diese Arbeit ist zugleich ein Zeugnis für die Pionierarbeit dieser Klinik auf dem Gebiet der modernen Medizin.

1937 hatte ich meine internistische Ausbildung beendet,

blieb aber weiter an der Klinik. Auf Grund der Ausbildung wurde mir die Anerkennung als Facharzt für innere Krankheiten erteilt.

1938 ließ ich mich in Bremen in freier Praxis nieder.

1939 heiratete ich. Gleich mit Kriegsbeginn wurde ich zum Militärdienst eingezogen. Nach Beendigung der militärischen Grundausbildung wurde ich 1940 in Paris an einem Kriegslazarett für Haut- und Geschlechtskrankheiten unter Priv.-Doz. Dr. Vohwinkel (Universität Tübingen) als Unterarzt eingesetzt.

Sämtliche übrigen Kriegsjahre war ich Leitender Arzt an Inneren Abteilungen mehrerer Kriegslazarette in Lappland und Norwegen.

Nach Rückkehr aus Kriegsgefangenschaft November 1945 fand ich meine Praxis und Wohnung in Bremen vollständig zerstört, meine Frau mit den 3 während des Kriegs geborenen Kindern waren seit 1943 nach Lemgo/Lippe evakuiert.

Wegen der Zerstörungen in Bremen war eine Rückkehr dorthin zunächst nicht möglich. Ich übernahm daher am 1.1.1946 als Anstaltsarzt die ärztliche Leitung der Heilerziehungs- und Pflegeanstalt für Schwachsinnige und Epileptiker, Eben-Ezer in Lemgo/Lippe. Mit dem angegliederten Altersheim von ca. 200 Betten und einer Krankenstation von ca. 50 Betten umfasst die Anstalt z. Zt. 650 Betten.

Im Frühjahr 1946 bekam ich von der Lippischen Ärztekammer die Zulassungsgenehmigung für freie Praxis ohne Kassen neben der Arbeit als Anstaltsarzt. Zur Zeit bin ich hier in ungekündigter Stellung tätig.

Ich war nicht Mitglied der NSDAP; für irgendwelche politische Betätigung ließ mir meine stets intensive ärztliche Arbeit keinen Raum.

In Dr. Brukers persönlichen Unterlagen fand sich auch folgendes Dokument:

(Entnommen dem „Fragebogen des Military Government of Germany", 3.12.1946)

Chronologische Aufzählung jeglicher Hauptanstellungen und des Militärdienstes seit dem 1. Januar 1931 bis Kriegsende.

1.1.31 bis 12.32	Student
15.4.33 bis 31.12.33	Krankenhaus Esslingen Medizinalpraktikant
1.1.34 bis 15.7.35	Krankenhaus Esslingen Assistenzarzt
15.7.35 bis 22.1.36	Krankenhaus Schwerte Assistenzarzt
1.3.36 bis 30.9.38	Krankenanstalt Bremen 1. Assistenzarzt
1.10.38 bis 30.5.39	selbstständig als Facharzt für innere Krankheiten
1.6.39 bis 1.8.39	Sanitäts-Soldat
3.12.39 bis Jan. 41	Unterarzt Kriegslazarett Paris
Febr. 41 bis Mai 42	Assistenzarzt Kriegslazarett Kemi
Juni 42 bis Sept. 44	Oberarzt Leichtkrankenhaus Kurkijärvi
Sept. 44 bis Febr. 45	Stabsarzt Krankentransport-Abt.
Febr. 45 bis Okt. 45	Stabsarzt Kriegslazarett Voss

Entlassung aus der Wehrmacht ohne „militärische Orden oder andere militärische Ehrenauszeichnungen".

Dr. M. O. Bruker und die Politik

Als ich den Arzt Dr. M. O. Bruker 1976 kennenlernte, munkelte man, er sei ein Linksradikaler, der Gelder aus dem Osten bekäme. Das sollte sich bald ändern.

Vom 30. September bis 4. Oktober 1981 fand in Hamburg der zweite alternative Gesundheitstag statt (1980 der erste in Berlin). Dr. Bruker war eingeladen, am Samstag von 16–18 Uhr im Audimax II über das Thema „Ursächliche Heilbehandlung statt symptomatischer Linderungsbehandlung" vor 600 Zuhörern zu sprechen.

Am 25.9.1981 erhielt er unpersönlich, per Presserundschreiben (datiert am 17.9.81) davon Kenntnis, dass er wegen angeblicher Kontakte zu rechtsradikalen Kreisen ausgeladen war.

Am 27.9.1981 schrieb Dr. Bruker an die Veranstalter (ebenfalls ohne Anrede):

Dies ist eine Antwort auf Ihr Schreiben vom 17.9.81. Es ist bedauerlich, dass Sie die faustdicken Lügen und frei erfundenen Hirngespinste eines wahrscheinlich kranken Gehirns glauben und verbreiten. Glaubhafter wäre es, Sie würden sagen, ich sei ein Duzfreund von Stalin gewesen, wurde von ihm ins Eismeer gefeuert, tauchte in Afghanistan auf und wurde dort nach kurzer Innenministertätigkeit bei Hitler Präsident der Vereinigten Staaten. Vielleicht erfindet Ihr Gewährsmann noch etwas Blöderes. Infolge Gehirnerweichung werde ich selbstverständlich den vielfach drängenden Bitten, auf dem Gesundheitstag zu sprechen, nicht nachkommen.   *Der im Briefkopf Genannte*

Als daraufhin ein Sprecher des Gesundheitstags anrief, sagte Bruker – immer noch wütend: „Ja, ja, morgen fliege ich nach Moskau und treffe Chruschtschow." Dann knallte er den Hörer auf. Er ärgerte sich maßlos darüber, dass man ihn nie persönlich zu den Vorwürfen befragt hatte. Was warfen ihm diese Veranstalter sowie andere, die sich bis heute in Nachrede üben, also vor?

Er sei im wissenschaftlichen Beirat der „Gesellschaft für biologische Anthropologie, Eugenik und Verhaltensforschung" aufgeführt. Als ich damals deren Zeitschrift durchblätterte, entdeckte ich im Impressum tatsächlich Dr. Brukers Namen im Beirat, neben anderen namhaften Persönlichkeiten. Mit einem Artikel oder in irgendeiner anderen Form hat er sich darin nie geäußert.

Wie kam es zu dieser Benennung? Dr. Bruker hatte einen Autounfall, an dem ein Herr Weis von der oben genannten Gesellschaft beteiligt war. Er erfuhr von Dr. Brukers Anti-Atom-Aktivitäten und führte ihn später namentlich im wissenschaftlichen Beirat der Zeitschrift ‚Neue Anthropologie' auf. Als Dr. Bruker die Rechtslastigkeit der Zeitschrift bewusst wurde – die er bis dahin nicht ein einziges Mal gelesen hatte – ließ er seinen Namen sofort streichen.

Dr. Bruker kümmerte sich leider nicht um die Anliegen anderer, die ihn für ihre Interessen nutzten und missbrauchten. Diese Naivität kann man ihm vorwerfen, mehr nicht.

Während ich mich anlässlich dieses Buches im Keller durch hunderte Ordner, tausende Schriftsätze und Artikel von Dr. Bruker durcharbeite, frage ich mich, wann er das alles geschrieben hat. Er war doch in seinem Beruf buchstäblich Tag und Nacht im Einsatz! Kleine Rückblende: Als ich Patientin in Bad Salzuflen war, konnte ich oft nicht schlafen und wanderte herum. Morgens gegen vier Uhr stand sein roter Mercedes noch auf dem Parkplatz. Als ich die Oberschwester danach fragte, sagte sie, der Doktor hielte nachts Sprechstunde für die Patienten, die von weiter auswärts gekommen waren und für die die normale Sprechstundenzeit nicht gereicht hatte. „Machen Sie sich darum keine Sorgen. Das macht er schon seit fünfundzwanzig Jahren so."

Immer wieder tauch(e) der Vorwurf auf, er habe sich im rechtslastigen Internationalen Weltbund zum Schutze des Lebens (WSL) als Präsident engagiert. Über diesen Vorwurf muss ich heute noch staunen. Ich selbst war drei Jahre Mitglied im WSL, von Dr. Bruker unter dem Aspekt der Anti-Atom-Bewegung dafür geworben. Die WSL-Zeitung informierte lediglich über die Gefahren durch Atomkraft sowie über biologischen Landbau.

1979 besuchte ich ein Wochenendseminar des WSL in Vlotho. Theorie und Praxis des biologischen Gartenbaus waren Schwerpunkte dieses Seminars. Dazu gehörten die unter Anleitung selbst zubereiteten Mahlzeiten. Das Seminar war völlig frei von irgendwelchen Ideologien.

Bereits seit den Sechzigerjahren engagierte Dr. Bruker sich leidenschaftlich gegen den Bau von Atomkraftwerken. Er schloss sich dabei zahlreichen Organisationen an, von denen er sich mehr Durchsetzung versprach, als er sie als Einzelner erreichen konnte. Dazu gehörte auch der WSL. Dort leitete er den Arbeitskreis Atom und wurde zum Vizepräsidenten, später Präsidenten gewählt. In diese Zeit fiel auch seine Klage gegen das Atomkraftwerk Würgassen.

Die Gründerbewegung der Anti-Atom-Politik wurde, wie man weiß, auch von konservativen Kräften, wie zum Beispiel dem CDU-Bundestagsabgeordneten Herbert Gruhl, initiiert.

Ab 1978 führte Dr. Bruker seine WSL-Arbeit von Lahnstein aus durch. Der Sitz des WSL war jedoch im 350 km entfernten Vlotho im „Collegium Humanum", das wiederum vom Ehepaar Ursula und Werner Georg Haverbeck geleitet wurde.

Dr. Bruker hatte keine Ahnung, dass unter deren Leitung rechtsradikale Veranstaltungen abgehalten wurden und persönliche Rechtslastigkeit vorlag. Wie auch – sein Anliegen im WSL war der Kampf gegen die Atomkraft, anderes interessierte ihn nicht! Erst der neue Geschäftsführer Joachim Hartenstein informierte ihn über die politischen Interna. Dr. Bruker trat daraufhin umgehend von der Präsidentschaft zurück. Er machte eine neue Kandidatur davon abhängig, dass „eine hundertprozentige Säuberung von NS-Tendenzen im WSL" erfolgen müsse.

Der nachfolgende Bericht im Vlothoer Tageblatt/Westfalen-Blatt (Nr. 280 vom 4. 12. 1982) macht die damalige Situation deutlich.

Dr. Bruker handelt aus Solidarität:

»Totale Trennung vom Collegium Humanum«

Zurückgetreten

Vlothoer Tageblatt: Dr. Bruker, Sie haben von einem Tag auf den anderen Ihre Präsidentschaft im Weltbund zum Schutze des Lebens niedergelegt. Aus welchem Grund?

Dr. Bruker: Man hat mir meine »rechte Hand«, Herrn Hartenstein genommen. Ohne ihn als Geschäftsführer des WSL sehe ich keine Möglichkeit mehr, meine Ziele durchzusetzen.

VT: Wie kam es zu der Suspendierung von Joachim Hartenstein?

Dr. Bruker: Gegen Herrn Hartenstein wurden unhaltbare Vorwürfe erhoben, die keiner Prüfung standhalten würden. Herr Hartenstein hat unter meiner Präsidentschaft eine tadellose Arbeit geleistet; wer sich ein Minimum an Anständigkeit bewahrt hat, der muß in einer solchen Situation Solidarität üben. Ich habe das getan.

VT: Ihnen ist bekannt, daß besonders in jüngerer Vergangenheit massive Vorwürfe in der Öffentlichkeit laut geworden sind, nach denen im WSL nationalsozialistisches Gedankengut gepflegt wird. Trifft diese Anschuldigung zu?

Dr. Bruker: Leider, so betone ich, mußte ich mich davon überzeugen, daß diese Vorwürfe in gewissem Maße berechtigt sind. Allerdings trifft dies nicht für den WSL zu, vielmehr für das Collegium Humanum, mit dem es ja bestimmte Verbindungen gibt.

VT: Das Collegium Humanum wird von dem Ehepaar Haverbeck geleitet, das auch im WSL mitarbeitet. Professor Werner Georg Haverbeck war über viele Jahre Präsident des WSL.

Dr. Bruker: Das ist richtig und gleichzeitig der Grund für das Bestreben unserer Organisation, sich vollkommen vom Collegium Humanum und den hier nach meinem Dafürhalten erkennbar gewordenen NS-Tendenzen zu trennen.

VT: Werden Sie wieder für die Präsidentschaft im WSL kandidieren?

Dr. Bruker: Aber selbstverständlich. Es ist nämlich nicht so, daß ich aus Arbeitsüberlastung zurückgetreten bin, sondern aus den vorgenannten Gründen. Allerdings werde ich eine neuerliche Präsidentschaft von Bedingungen abhängig machen.

VT: Von welchen Bedingungen?

Dr. Bruker: Nun, zunächst muß mir der Landesverbandsvorstand das volle Vertrauen aussprechen. Und dann muß eine hundertprozentige Säuberung von NS-Tendenzen im WSL, die Trennung vom Collegium Humanum, erfolgen. Ich wiederhole: Es gibt keine Ruhe im Weltbund zum Schutze des Lebens, wenn er sich nicht klar vom Collegium Humanum abgrenzt.

Dr. Max Otto Bruker ist Leiter der Klinik Lahnhöhe (Lahnstein). Er hat sich insbesondere als Ernährungswissenschaftler sowie als Autor mehrerer Bücher einen Namen gemacht. Der heute 73jährige Mediziner – mit einem Wohnsitz in Lemgo – war nicht nur viele Jahre Vizepräsident des Weltbundes zum Schutze des Lebens, sondern von 1974 bis 1976 auch dessen achter Präsident. Das Amt des Interims-Präsidenten übernahm Dr. Bruker, der als Mitbegründer der WSL-Landesverbände gilt, im April dieses Jahres. Als im vergangenen Oktober der WSL-Geschäftsführer, Jugendbuchautor Joachim Hartenstein aus Vlotho, kurzfristig vom Dienst suspendiert wurde, legte Dr. Bruker sein Amt nieder. Aus Solidarität mit Hartenstein.

97

Daraufhin wurde Dr. Bruker von Ursula Haverbeck wegen Verleumdung verklagt. Aus heutiger Sicht ereignete sich nun ein zweiter Skandal: Dr. Bruker verlor den Prozess! Warum? Das Gericht befand, er habe keine ausreichenden Beweise für die neonazistischen Aktivitäten des „Collegium Humanum" vorgelegt. Tatsächlich hatten zahlreiche Mitglieder genau wegen dieser Naziaktivitäten des Ehepaar Haverbeck ihre Mitgliedschaft im WSL gekündigt.

Dr. Bruker konnte nicht mehr erleben, was 26 Jahre später geschah und ihm posthum Recht gab: Im Mai 2008 verbot Bundesinnenminister Schäuble (CDU) auf Antrag der Bundesfraktion DIE GRÜNEN Haverbecks Collegium Humanum als verfassungswidrig! Der Beweis für Dr. Brukers scharfe Distanzierung von der rechtsradikalen Fraktion des WSL hätte nicht besser belegt werden können.

Vereinsverbot bestätigt – Das Bundesverwaltungsgericht hat das Verbot des rechtsextremen Vereins „Internationales Studentenwerk Collegium Humanum" und der „Bauernhilfe" als Teilorganisation dieses Vereins bestätigt. Das Bundesinnenministerium habe im Mai 2008 das Verbot zu Recht ausgesprochen, weil das im nordrhein-westfälischen Vlotho ansässige „Collegium Humanum" seinen Zwecken und seiner Tätigkeit nach den Strafgesetzen zuwiderlaufe und sich gegen die verfassungsmäßige Ordnung richte. So sei in zahlreichen Beiträgen der Vereinszeitschrift der Holocaust geleugnet oder jedenfalls verharmlost worden; auch weise der Verein eine Wesensverwandtschaft mit dem Nationalsozialismus auf, etwa würden Vertreter des Regimes glorifiziert. Die „Bauernhilfe" sei mit dem „Collegium" verbunden und daher vom Verbot umfasst (Aktenzeichen BVerwG 6 A 2.08 und 6 A 3.08). Beide Vereine wurden seit Jahren vom Verfassungsschutz beobachtet. (frs.)

FAZ, 7.8.2009

Immer wieder taucht in Anti-Bruker-Kampagnen auch der Vorwurf auf, er sei Kuratoriumsmitglied der „Bruderschaft Salem" gewesen. Was ist die Wahrheit? Gottfried Müller, dessen neonazistische Gesinnung sich später herausstellte, gründete das „Kinder- und Jugendwerk Salem" in Stadtsteinach. Da den Kindern in Salem weder Fleisch noch Wurst angeboten wurde, griffen ihn die Gesundheitsbehörden heftig an und drohten mit Schließung des Kinderdorfs. Müller bat Dr. Bruker mehrfach um Rat in Ernährungsfragen. Dr. Bruker entkräftete die Vorwürfe schriftlich. Die Kinder erhielten daraufhin weiterhin eine vegetarische Ernährung.

Die politischen Motive Müllers waren auch hier Bruker unbekannt. Was man Bruker auch hier vorwerfen kann, war seine Naivität in politischen Dingen.

Die Journalistin Jutta Ditfurth überschüttete Dr. Bruker mit Hasstiraden, die nicht mehr zu überbieten waren. Bruker verklagte sie und gewann den Prozess. Ditfurth erhob Gegenklage – und gewann ebenfalls. Laut Richterspruch habe sie als Journalistin das Recht auf freie Meinungsbildung. Die von Dr. Brukers Anwalt zusammengetragenen Akten bedachte der vorsitzende Richter zu Beginn der Verhandlung lediglich mit der Äußerung, man könne sich ja wohl nicht Urlaub nehmen, um den Berg durchzuarbeiten.

Die „Antifa"-Gruppen um Jutta Ditfurth bezeichneten Bruker als „Ökofaschisten". Wie verträgt sich dieser Vorwurf mit seinem leidenschaftlichen Einsatz für die geistig behinderten Bewohner der Pflegeanstalt Eben-Ezer? (s. S. 107) Als er sie Jahre nach seinem Ausscheiden wieder besuchte, empfingen ihn diese Ex-Patienten mit den rührenden Worten: „Onkel Max Otto, bist du endlich wieder da?" Sie umringten ihn und streichelten ihn zärtlich. Dr. Bruker war sichtlich bewegt. Er gestand mir: „Diese Menschen waren mir die liebsten Patienten." „Warum?", fragte ich. Seine Antwort: „Weil sie ohne Falsch sind."

Im Übrigen war er bundesweit von ähnlichen Einrichtungen als Experte für körperlich und geistig Behinderte und Epileptiker gefragt. Er hielt dort wiederholt Mitarbeiterschulungen ab, unter anderem in den Alsterdorfer Anstalten in Hamburg und in den Heimen Scheuern bei Nassau.

Dr. Bruker, den ich 25 Jahre als Arzt und engagierten Kämpfer für Demokratie und Lebensschutz erleben durfte, war von einem unbeirrbaren Glauben an das Gute im Menschen beseelt. In dieser Hinsicht war er liebenswert, aber auch – wie ich meine – hoffnungslos gutgläubig und kindlich naiv. Dazu kam seine zunehmende Sehbehinderung, die in den letzten Lebensjahren zur Blindheit führte. Ein schweres Handicap für jeden Menschen. Für einen Arzt, der in großer Verantwortung steht, ganz besonders. Als ihm unterstellt wurde, er habe einen Aufruf „Ausländer Stopp" unterschrieben, bestritt er dies von Anfang an vehement:

„Falls meine Unterschrift unter dem Aufruf ‚Ausländer Stop' vorliegt, ist sie unter Vorspiegelung von Falschaussagen erschlichen worden. Ich distanziere mich zum wiederholten Male von allen Aktionen dieser Art. Wie stellen Sie sich vor, daß ich als Präsident des internationalen Weltbundes zum Schutze des Lebens (WSL) hätte ausländerfeindlich sein sollen? Ich hoffe, Sie erkennen das Groteske dieser Anschuldigung. Seit mehr als 40 Jahren habe ich Schriften und Bücher veröffentlicht, die jedermann und jederzeit zugänglich sind. Wenn Sie darin und in meinen ca. 5000 gehaltenen Vorträgen einen einzigen Satz finden, der rechtsradikal ist, werfen Sie den ersten Stein. (…) Geben Sie bitte bei der Diskussion um meine Person den Anklägern bekannt, daß ich meine frühere ärztliche Praxis in Bremen von einem jüdischen Kollegen übernahm. In der Folge war ich behandelnder Arzt jüdischer Patienten. Ich habe ihnen in der ‚Kristallnacht' und auch anschließend Schutz gewährt und war einigen bei der Flucht nach England behilflich. (…) Da ich mich dem hippokratischen Eid bis heute verpflichtet fühle, habe ich Jahrzehnte Hilfe und Aufklärung betrieben ohne Ansehen der Person, der Religion, der politischen Gesinnung, der Hautfarbe, der Rasse." (aus: DER GESUNDHEITSBERATER, 9/1990)

Der Vorwurf der Ausländerfeindlichkeit gegen Dr. Bruker konnte absurder nicht sein. Jeder, der ihn als Arzt, Vortragsredner und Autor kennenlernte, wusste, dass er Menschen jeder Hautfarbe, jedes Bildungsgrades, jeder Religion und jeder Lebensweise, ob homosexuell oder heterosexuell, Fleischesser oder Vegetarier, Raucher oder Nichtraucher, schätzte und respektierte. Er behandelte tausende inländische und ausländische Patienten, die in seine Sprechstunde oder Klinik kamen, mit gleichbleibender Zuwendung. Der Humanist Bruker war von einer selbstverständlichen Toleranz.

Ich erinnere mich in diesem Zusammenhang an ein markantes Beispiel seiner Unvoreingenommenheit. 1976 war ich seine Patientin in den „Kliniken am Burggraben" in Bad Salzuflen. Mein 18-jähriger Zimmernachbar Horst vertraute mir eines Tages an, er sei homosexuell. Er wage aber nicht, dies dem Chefarzt Dr. Bruker zu offenbaren. Wie Sie, liebe Leser, sich erinnern werden, galt damals Homosexualität immer noch als skandalös und war bis 1969 ein Straftatbestand. Erst 1994 wurde der §175 abgeschafft.

Bei der nächsten Visite erzählte ich Dr. Bruker von den Ängsten des Patienten Horst. Dr. Bruker erwiderte lachend: „Na und? Was ist dabei? Seine Homosexualität kann er mir doch erzählen! Hauptsache, ich muss es nicht auch werden."

Mein Dank geht an dieser Stelle an den Journalisten Siegfried Pater, Kenner der alternativen Szene und rechter Tendenzen gänzlich unverdächtig. Pater widmete sich ausführlich der politischen Thematik in seinem Buch „Dr. med. Max Otto Bruker – Der Gesundheitsarzt" (RETAP Verlag). Das Buch ist jedem, der an Dr. Brukers Lebenswerk interessiert ist, zu empfehlen. Es ist selbstverständlich auch über den emu-Verlag zu beziehen. Pater schreibt:

Nach intensivem Studium aller verfügbaren Quellen über Anschuldigungen gegen Dr. Bruker ergibt sich folgendes Bild: Teile der antifaschistischen und autonomen Gruppen und deren Zeitschriften und Verlage sowie die Wortführerin Jutta Ditfurth wiederholen ständig die gleichen Vorwürfe. Dabei zitieren sie sich gegenseitig. So ist ein riesiger Berg von Flugblättern, Zeitungs- und Buchausschnitten entstanden, von dem, kürzt man die Wiederholungen und die offensichtlich bösartigen Verleumdungen, die jeder Logik entbehren, heraus, so wenige Punkte übrig bleiben, dass diese auf einem Blatt notiert werden können. Zuerst einige Kostproben der bösartigen Verleumdungen aus den Flugblättern und anderen Schriften, die dem Autor vorliegen. Sie zeigen, auf welch primitive Ebene sich die Schreiberlinge der selbst ernannten Richter begeben haben.

„Bruker hatte als Stabsarzt in Lappland gearbeitet. Da es keine Front gab, hat er wohl Menschenversuche gemacht."

„Der Öko-Bäcker E. aus Bremen machte Katzenversuche, an denen Bruker interessiert ist."

„Über Bruker lässt sich noch kein schlüssiges Bild zeich-

nen: Aber alles passt zusammen (Katzenversuche, Abwehr der Kritiker, Zuckerabwehr = Verschwörungstheorie). Irgendwo sind Ansätze einer Fortsetzung dessen zu erkennen, was die Nazis angefangen haben."

"Bruker hat in der Anstalt Eben-Ezer Menschenversuche durchgeführt, da er den Behinderten Müsli zu essen gegeben hat und die Ergebnisse auf die Gesundheit ausgeweitet hat."

"Es steht zu vermuten, dass bei den Kuren in der Bruker-Klinik ein Zusammenhang mit diesen Ideen besteht. Dies ist schwer zu beweisen."

Was bleibt? Abschreiberei, Geschwätz und Rufmord, auf alle Zeiten im Internet gespeichert und verbreitet.

Auf den tausenden Seiten seiner Bücher und aus den hunderten Vortragskassetten ist keine rechtslastige Aussage, keine braune Ideologie und kein Wort Rassismus zu finden. Hier jedoch ist der wahre Dr. Bruker zu entdecken: ein Humanist, Menschenfreund und verantwortungsvoller Arzt.

Als ich Dr. Bruker 1994 einmal fragte, warum er sich auf so viele, zum Teil fragwürdige Organisationen, Personen und Ämter eingelassen habe, sagte er:

„Als unverbesserlicher Idealist habe ich lange Zeit dem Phantom nachgejagt, man könnte die zahlreichen Organisationen und Gruppen, die sich um gesundheitliche Fragen bemühen und die vielseitige Zerstörung unserer Umwelt erkannt haben und etwas dagegen unternehmen – man könnte diese Gruppen unter einen Hut bringen. Dies war früher lange Zeit mein ideelles Ziel als Präsident des Weltbundes zum Schutze des Lebens und als 1. Vorsitzender des Deutschen Naturheilbundes. Lange Zeit redigierte ich die Zeitschrift des letzteren, ‚Der Naturarzt'. Da aber die einzelnen verantwortlichen Leiter dieser Organisationen meist Persönlichkeiten waren, stellte es sich nicht nur als schwierig, sondern sogar als unmöglich heraus, diese eigenwilligen Persönlichkeiten unter ein Dach zu bringen.

So habe ich relativ bald erkannt, dass die Schaffung einer solchen Dachorganisation praktisch nicht durchführbar war. Trotzdem hielt ich lange an diesem Ziel fest, weil ich glaubte, dass durch Vereinigung zahlreicher relativ kleiner und machtloser Gruppen zu einer zusammenfassenden Großorganisation auf politischer Ebene mehr erreichbar wäre. Ich musste aber erkennen, dass dies eine Illusion ist, da die einzelnen Persönlichkeiten natürlich nicht bereit waren, sich der Gefahr auszusetzen, etwas von ihrem persönlichen, durch Ehrgeiz bestimmten Status zu verlieren. Dies führte schließlich zur Schaffung der GGB, die unter meiner Führung an den verschiedenartigsten Problemlösungen arbeitet. Damit steht mir endlich ein von wirtschaftlichen Interessengruppen unabhängiges Organ, DER GESUNDHEITSBERATER, zur Verfügung.

Der WSL erwies sich aber aus verschiedenen Gründen nicht geeignet für diese Aufgaben. Es kamen dort sogar rechtsradikale Tendenzen auf, weshalb ich in dieser Organisation nicht mehr mitarbeiten konnte und mich distanzierte." (s. S. 96)

Jutta Ditfurths Weltbild: *von Mathias Jung*

Jutta Ditfurths Weltbild ist, so scheint mir, wenn ich ihr Buch *Entspannt in die Barbarei. Esoterik, (Öko) Faschismus und Biozentrismus* (Hamburg 2011, 4. Auflage) lese, paranoisch, das heißt von einer Form von Verfolgungsfurcht geprägt. So schreibt sie (S. 184): „Während ein Teil des Bürgertums aufgibt und damit den Kampf um ein wenig bürgerliche Liberalität gleich auch verliert, öffnen sich große Teile des Bürgertums nach rechts. Sie entdecken Nationalismus und deutsche Mythen und finden endlich ihr ‚Selbst‘: ein germanisch-esoterisches Schreckgespenst mit furchtbarer Geschichte. In ihren Köpfen finden sich die alten esoterischen, rechtsextremen und faschistischen Volksgemeinschaftskonzepte und feiern mit den neuen Erscheinungsformen des Antihumanismus Brüderschaft.“ Damit meint Ditfurth auch die Gesundheits- und Ökobewegung um Dr. Bruker: „Um die rechten und faschistischen Gurus haben sich Massen von Menschen geschart, die früher fortschrittliche Positionen vertraten. Heute emanzipieren sie sich von ihrem Verstand und verblöden in rituellen Zuckungen. Ein solcher Zustand ist typisch für das Bewusstsein großer Teile der Mittelschichten in den kapitalistischen Zentren …“ (S. 185).

In diesem Sinn beschimpft die Journalistin denn auch nicht nur Dr. Bruker, ohne sich jemals selbst ein Bild von unserer Arbeit im Dr.-Bruker-Haus, der Ausbildung von Gesundheitsberatern GGB und unseren Tagungen gemacht zu haben, sondern schmäht auch unbedenklich engagierte Persönlichkeiten der Zeitgeschichte. Der frühere CDU-Bundestagsabgeordnete und einer der Urväter der Grünenbewegung Herbert Gruhl ist für sie „der Prototyp eines Ökofaschisten" (S. 32). Den leidenschaftlich engagierten Fernsehjournalisten („Report"), Antiatomkraftaktivisten und Verfechter erneuerbarer Energien („Die Sonne schickt uns keine Rechnung") Dr. Franz Alt ist bei ihr abwechselnd „der Antisemit Franz Alt" (S. 56), der „sanft lächelnde Antisemit" (S. 50), bald nennt sie ihn den „scheinheiligen Antisemiten Franz Alt" (S. 98). Der Arzt und große Tiefenpsychologe C. G. Jung ist für sie „der antisemitische Rassenpsychologe" (S. 56). Bruker fungierte nach Jutta Ditfurth als „Gastgeber und Mittler für den chronisch lächelnden Antisemiten Franz Alt, bei dessen Rede die allgegenwärtige Mitläuferin, Brotbäckerin und Tierschützerin Barbara Rütting von Anfang bis Ende vor Rührung weint" (S. 16). So ist, laut Ditfurth, „Barbara Rütting frei von jedem stringenten kritischen Gedanken" (S. 59).

Das Publikum auf den Frühjahrs- und Herbsttagungen der GGB schließlich ist nach der allwissenden Jutta Ditfurth ein egoistischer Jammerhaufen: „Bei den Veranstaltungen Dr. Max Otto Bruker trifft sich dieses gnadenlos nur an den eigenen Wehwehchen interessierte Bürgertum." Man möchte mit Martin Luthers Tischreden sagen: „Eine Lüge ist wie ein Schneeball; je länger man ihn wälzt, je größer er wird."

Eben-Ezer

Von 1946 bis 1974 war Dr. M. O. Bruker Arzt und später leitender Arzt der Anstalt Eben-Ezer für Geistesschwache und Epileptiker in Lemgo. Nachfolgende Auszüge stammen aus der Chronik „125 Jahre Stiftung Eben-Ezer":

Durch den plötzlichen Tod von Dr. Haberkant war die Anstalt seit 1944 ohne Arzt und blieb auch im Jahre 1945 infolge der Kriegsereignisse ohne geregelte ärztliche Versorgung. 1946 übernahm Dr. Max Otto Bruker die ärztliche Arbeit in der Anstalt Eben-Ezer und in den folgenden Jahren hat er diesen Bereich in eindrucksvoller Weise geprägt. Bis zum Ausbruch des Krieges hatte Dr. Bruker in der Homöopathisch-biologischen Klinik der Städtischen Krankenanstalten in Bremen gearbeitet, war dann als Sanitätsoffizier einberufen worden und kam 1945 nach Lemgo, wohin seine Familie evakuiert worden war. Es war das Bestreben Dr. Brukers, bei der ärztlichen Tätigkeit eine ganzheitliche Therapie durchzuführen, das heißt, alle Facetten der menschlichen Existenz bei der Behandlung zu berücksichtigen. Eine weitere Neuerung war die Behandlung mit homöopathischen Medikamenten und später, nachdem sich die Versorgung mit Lebensmitteln wieder normalisiert hatte, die Beschäftigung mit Fragen auf dem Gebiet der Ernährung.

Bei Beginn der Tätigkeit in Eben-Ezer galt es für Dr. Bruker aber zunächst, die akuten medizinischen Notstände zu beheben und, wenn dies möglich war, zumindest zu lindern.

Der Mangel an Lebensmitteln hatte, wie überall in der Bevölkerung, erhebliche Auswirkungen auf den Gesundheitszustand der Heimbewohner gehabt. Der Raummangel und damit einhergehend die schlechten hygienischen Verhältnisse förderten die Ausbreitung von ansteckenden Krankheiten; das Fehlen von Medikamenten und pflegerischen Hilfsmitteln erschwerte die ärztliche Arbeit zusätzlich.

Der große Flüchtlingsstrom brachte nicht nur ein sprunghaftes Ansteigen der zu Versorgenden mit sich (zeitweise 1200–1500 Pfleglinge, I. G.), sondern er ging auch mit einem großen Wechsel dieses Personenkreises einher. Heimatlos gewordene Menschen waren einige Wochen oder Monate in Eben-Ezer, zogen dann an einen anderen Ort, neue Flüchtlinge kamen, mussten behandelt und weiter betreut werden. Das Alten- und Flüchtlingsheim mit damals 150 Plätzen machte etwa ein Drittel der Gesamtbelegung aus, die ärztliche Versorgung dieser so schwer Betroffenen nahm aber einen viel größeren Anteil an Arbeit für sich in Anspruch. Daneben kam die Arbeit bei den geistig behinderten Menschen sowie bei den Anfallskranken nicht zu kurz. In Zusammenarbeit mit den im erzieherischen und pflegerischen Bereich Tätigen wurde jetzt versucht, die in den vergangenen Jahren notgedrungen ein wenig in den Hintergrund getretene Arbeit der Heilerziehung wieder zu aktivieren.

Relativ viele Heimbewohner waren an einer Lungentuberkulose erkrankt, so dass, um die Ansteckungsgefahr einzuschränken, eine Tuberkulosestation errichtet wurde. Gleichzeitig entstand die erste Krankenstation, damit eine geordnete ärztliche und pflegerische Versorgung der akut Erkrankten sichergestellt werden konnte. Überweisungen in das Kreiskrankenhaus wurden nun nur noch bei größeren operativen Eingriffen erforderlich, umgekehrt aber wurden in diesen Jahren laufend pflegebedürftige Schwerkranke aus dem Kreiskrankenhaus nach Eben-Ezer verlegt.

In seinem ersten Jahresbericht aus dem Jahre 1946 schildert Dr. Bruker die damaligen Verhältnisse unter anderem so:

„Bei der Übernahme der Arbeit hatte die Ausbreitung der Krätze trotz laufender Behandlung der Befallenen solche Ausmaße angenommen, dass nur ein kleiner Prozentsatz frei von Krätze war. Der Grund, weshalb die Krätze sich so seuchenhaft ausbreiten konnte, lag – neben dem engen Zusammenleben – in der Kohlenknappheit. Infolge des Kohlenmangels stand bei der Reinigung der Wäsche nicht der nötige Hitzegrad zur Verfügung, um Krätzemilben abzutöten. Erst durch die systematische Erfassung sämtlicher Krätzefälle zur gleichen Zeit und durch gleichzeitige gründliche Desinfektion der gesamten Bett- und Leibwäsche sowie durch unermüdlich laufende Reihenuntersuchungen gelang es dann, der Seuche Herr zu werden.

Ausreichende Krätzemittel waren kaum zu beschaffen. Welche Anforderungen an das Pflegepersonal gestellt wurden, ersehen wir daraus, dass der Aufenthalt in dem Raum, wo die Masseneinreibungen mit dem damals gelieferten Mittel 1215 vorgenommen wurden, nach einer Stunde bei den einreibenden Schwestern einen narkoseähnlichen Betäubungszustand hervorrief. Dabei half das Mittel nur wenig, so dass mancher Krätzekranke diese Kur drei- bis fünfmal durchmachen musste. Von dem Verbrauch an Salben und Verbandstoffen für die Furunkulosen, eine Folge der Krätze, ganz zu schweigen, da diese Mittel gar nicht zu beschaffen waren und noch aus alten Beständen bestritten werden mussten. Bedenken Sie bitte, was es für die Kranken und Pflegenden bedeutet, bei den tuberkulösen Endzuständen, die häufig mit unstillbaren Durchfällen einhergehen, ohne ein Opium-Präparat auskommen zu müssen, so dass der Kranke sich wochenlang alle paar Stunden beschmutzt, und das in einer Zeit der Seifenknappheit und des Mangels an Brennmaterial. Was bedeutet es für Arzt und Kranke, zu wissen, dass mit Atropin-Präparaten den Parkinson-Kranken eine große Erleichterung ihres Leidens zu verschaffen wäre, das Arzneimittel aber seit einem halben Jahr nicht zu erhalten ist."

In den folgenden Jahren kam es zu einer, wenn auch nur schrittweisen Verbesserung der Ernährungssituation, der hygienischen Verhältnisse und auch der medikamentösen Versorgung. Es konnten nun akute Krankheiten besser behandelt und chronische Leiden vermehrt gelindert werden. Auch die Anfälligkeit gegenüber Infektionskrankheiten hatte sich deutlich verringert.

Die tägliche Sprechstunde entsprach jetzt einer weitgefächerten Allgemeinpraxis, wo auch kleinere operative Eingriffe ausgeführt wurden. Daneben nahm die psychiatrische Tätigkeit und die Behandlung der Anfallskranken einen großen Raum ein. Bei vielen der zahlreichen neu aufgenommenen jugendlichen Heimbewohner war es aufgrund der Zeitläufe zu einer erheblichen Verwahrlosung mit massiven Verhaltensstörungen gekommen. Hier galt es in Zusammenarbeit mit den Pädagogen Wege zu finden, die den Einzelnen trotz der teilweise noch keineswegs guten Verhältnisse wieder in einer Gemeinschaft zurechtkommen ließ.

1949 wurde das Krankenhaus Eben-Ezer eingeweiht. Es war eine Innere Abteilung mit 45 Plätzen, die mit dem damals modernen Rüstzeug für Diagnose und Therapie ausgestattet war. Die alte Krankenstation im Frauenhaus verblieb für schwer pflegebedürftige Langzeitpatienten. Im ersten Stock des neuen Krankenhauses war zunächst das so genannte „Rentnerheim", eine Station für alte Menschen, die ihre Heimat verloren hatten, eingerichtet worden. Später, als hierfür kein Bedarf mehr bestand, konnten diese Räume mit in den Krankenhausbereich einbezogen und die Bettenzahl in den einzelnen Krankenzimmern etwas reduziert werden.

Das Krankenhaus Eben-Ezer erlangte durch die von Dr. Bruker vertretene biologische und psychosomatische Ganzheitsmedizin sehr rasch einen Ruf weit über Lemgo hinaus. Begriffe wie „ernährungsbedingte Zivilisationskrankheiten", „vitalstoffreiche Vollwertkost" oder auch das Erkennen von Zusammenhängen zwischen einer geistig-seelischen Belastung und einer körperlichen Erkrankung haben heute in den therapeutischen Bemühungen überall einen großen Stellenwert. In den fünfziger Jahren waren es Außenseitermethoden, die nicht selten verlacht wurden. Wasseranwendungen nach Kneipp oder auch die regelmäßigen Saunabesuche (Dr. Bruker hatte die Sauna während des Krieges in Finnland kennengelernt) waren zu dieser Zeit ebenfalls vielen Menschen fremd. Von einem „bisschen kalten Wasser" oder „viel heißer Luft" konnten sich Außenstehende nicht vorstellen, dass damit Krankheiten gebessert werden sollten.

Nicht nur zahlreiche junge Ärzte haben im Krankenhaus Eben-Ezer ihren Wissensstand erweitert, sondern die Erkenntnisse über eine gesunde Ernährung sind auch in den wirtschaftlichen Bereich der Anstalt übernommen worden. Frischkostgaben, Körnerfrühstück und dergleichen waren hier jederzeit bereit. In Lemgo berühmt war damals das „Eben-Ezer-Brot", ein Vollkornbrot „der ersten Stunde", das auch von vielen Außenstehenden – zunächst führte keine Bäckerei ein Vollkornbrot – gekauft wurde.

Am 31.12.1974 schloss das Krankenhaus, nachdem Dr. Bruker die Altersgrenze erreicht hatte, seine Pforten. Das Haus „auf der anderen Seite der Bahn" (die Bundesbahnstrecke Bielefeld–Hameln trennt dieses Gelände vom engeren Anstaltsbereich) wurde nun für akut erkrankte oder sehr pflegebedürftige Heimbewohner eingerichtet. Viele Patienten im gesamten Bundesgebiet werden sich dankbar an Eben-Ezer und an sein Krankenhaus mit Dr. Bruker erinnern.

(Verf. Inge Bauer, Klaus Berger,
Berend Groeneveld, Joachim P. Walter)

Dr. med. M. O. Bruker

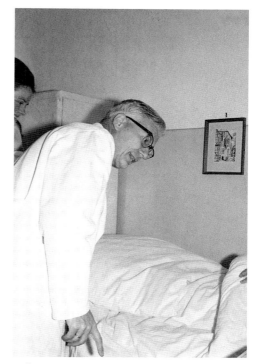

Auf Visite

Ärztliche Tätigkeit in Bremen ...

... und Eben-Ezer

Der Chefarzt 1986

Immer unterwegs ...

... selten sitzend

Bei der Ausbildung von Gesundheitsberatern GGB, anfangs noch in der Klinik Lahnhöhe

Die erste GGB-Mitarbeiterin Karin Fuß mit Ilse Gutjahr in Aktion

Die ersten ärztlich geprüften Gesundheitsberater GGB (1981)
1. Reihe von links nach rechts: Wolfgang Gutjahr, Dr. M. O. Bruker, Dr. Elenore Krahn,
Dr. Heinz Breidenbach; 2. Reihe, 6. v. rechts: Ilse Gutjahr

In dieser Mini-Küche im „Ferienpark Rhein-Lahn" versorgte Ilse Gutjahr zeitweise allein bis zu
90 Seminarteilnehmer mit Frühstück und Abendessen!

Große Aktionen auf kleinstem Raum: Gemeinsames Büro von Dr. M. O. Bruker und Ilse Gutjahr (1993)

„Der große Preis" im ZDF mit Wim Tölke, 12.11.1992

Zu Gast beim Saarländischen Rundfunk mit Moderator Dr. Albers

Ärztetagung im Krankenhaus Lahnhöhe. Die Kochbuchautorin und Gesundheitsberaterin GGB Helma Danner (3. von links) richtete das kalte Vollwertbuffet (1.10.1983)

Ilse Gutjahr und Dr. M. O. Bruker bei der Sichtung von Akten der Privatversicherungen

Es gab auch was zu lachen! Ilse Gutjahr, Dr. Bruker, Helma Danner und Tochter genießen einen Vortrag von Dr. Mathias Jung (GGB-Tagung, 1991)

Seit Jahren Referent bei den GGB-Tagungen: der geschätzte Dr. Eugen Drewermann

Packender Redner: Dr. Max Otto Bruker sagt, was er denkt

Stürmischer Flug zum Vortrag nach Salzburg

Urlaub und Lernen auf Teneriffa: GGB-Grundlagenseminar (1993). Mitte: Ilse Gutjahr, Dr. Bruker, Dr. Jung

… und die Erde war wüst und leer. Wir ahnten damals nicht, dass hier einmal das Bruker-Haus stehen würde

GGB-Seminar im FEPA Rhein-Lahn (ca. 1991)

Jetzt geht's los: Baubeginn und 1. Spatenstich! (1992)

Dr. Bruker und seine Frau Irmgard (Richtfest im Bruker-Haus 1993)

Ein Traum ist Wirklichkeit geworden

Dr. Bruker im Seminar – immer wieder spannend und lehrreich
(1994, im neuen Dr.-Max-Otto-Bruker-Haus)

Betriebsausflug ins Allgäu – mit der Druckerei Kösel barfuß durch die Hölle – in diesem Fall die Ostrach!

Einfach mal Seele und Füße baumeln lassen

Mit dem Chef gab's immer was zum Schmunzeln

Auch wenn uns das Wasser manchmal bis zum Hals stand – wir schwammen tapfer gegen den Strom

Arbeit, Arbeit, Arbeit! Im Dr.-Bruker-Haus am Schreibtisch (1997)

Krankenhaus Lahnhöhe

Nach dem Ausscheiden in Eben-Ezer übernahm Dr. M. O. Bruker 1975–1977 in den Kliniken am Burggraben in Bad Salzuflen eine Abteilung mit circa 70 Betten. Sein großes ärztliches Vorbild war ihm der Schweizer Arzt Bircher-Benner, dessen Buch „Vom Werden des neuen Arztes" er jedem Arzt und Patienten ans Herz legte. Die Durchführung einer vitalstoffreichen Vollwertkost war in Salzuflen jedoch erschwert und mit vielen Widerständen von Seiten der Verwaltung und Küchenleitung verbunden.

Als 1976 das Angebot an ihn herangetragen wurde, die ärztliche Leitung der Klinik Lahnhöhe (bis dahin eine Kurklinik) mit 220 Betten zu übernehmen, sagte er zu. Im Juli 1977 wurde das Krankenhaus eröffnet. Die langjährige klinische Erfahrung Dr. M. O. Brukers und sein ganzheitliches Konzept prägten das Haus. Vitalstoffreiche Vollwertkost, Naturheilkunde, Kneipp'sche Maßnahmen, der täglich zweimal verabreichte Heublumensack, Dauerbrause, Homöopathie und vor allen Dingen Lebensberatung waren die wesentlichen Elemente. In kurzer Zeit war das Haus komplett belegt.

Doch es herrschten karge Zeiten. Die finanziellen Mittel fehlten. Die „Sparsamkeit des Schwaben" kam daher sehr gelegen. Jahr um Jahr machte Dr. Bruker noch persönlich jeden Abend die Runde durchs Haus, um alle unnötigen Lichtquellen auszuschalten! Spritzen, die heute nach einmaligem Gebrauch weggeworfen werden, gab es damals nicht. Sie wurden immer wieder sterilisiert. Jede Anschaffung, die nicht zwingend notwendig war, musste zurückgestellt werden.

Das Küchenpersonal wies er in die für sie neue „Vollwert-Materie" ein. Dr. M. O. Bruker leistete Pionierarbeit. Es war das erste Krankenhaus dieser Art in der Bundesrepublik. Die Patienten waren begeistert – unsere späteren Seminarteilnehmer ebenfalls. Alle Teilnehmer des Grundlagenseminars wurden durch das Haus geführt, um von den dort durchgeführten vielfältigen Behandlungsmöglichkeiten einen Eindruck zu erhalten.

Am 3. Januar 1990 endete dort Dr. Brukers Tätigkeit. Seine beiden Söhne, die von ihm als Chefärzte eingesetzt waren, ließen ihm über den Verwaltungsdirektor mitteilen, dass seine Anwesenheit nicht mehr erwünscht sei. (s. S. 252)

Heiße Eisen anfassen – oder:
Ein Blick hinter die Kulissen

Um die Entwicklungsgeschichte und Bedeutung der Gesellschaft für Gesundheitsberatung GGB zu verstehen, ist es notwendig, sich etwas detaillierter mit den Aktivitäten Dr. Brukers sowie den Reaktionen seiner Gegner zu beschäftigen. Es ist nicht möglich, in diesem Buch Dr. Bruker in seiner Ganzheitlichkeit, seinem Engagement und seiner Herzensbildung gerecht zu werden. Ich hoffe dennoch, die hier präsentierten wenigen Beispiele seiner Arbeit – herausgezogen aus zahllosen Vorgängen – zeigen sein außergewöhnliches Profil.

Fabrikzucker? – Nein danke!

Im In- und Ausland wurde Dr. Bruker nicht nur durch seinen Kampf gegen Atomkraftwerke bekannt, sondern vor allem durch seine intensive Aufklärungsarbeit über die Gesundheitsschäden durch den Verzehr raffinierter Kohlenhydrate, speziell Fabrikzucker.

Mit allen ihm zur Verfügung stehenden Mitteln klärte er die Bevölkerung jahrzehntelang unermüdlich über die Gefährlichkeit dieser süßen Droge auf. Zahllose Schriftsätze schickte er an die Presse, an Kindergärten, Schulen, Kollegen und Politiker. Seine Vorträge waren im Kollegenkreis, aber auch bei Laien gefragt. Er scheute keine Zeit und keine Entfernung, um Gesundheitsaufklärung zu leisten.

Bereits 1960 kam es zu Prozessandrohungen der Zuckerindustrie, vertreten durch den Hamburger Rechtsanwalt Holste. Der unerschrockene Einzelkämpfer Bruker wehrte sich mit wissenschaftlich gesicherten Fakten in dem Buch „Krank durch Zucker – Der Zucker als pathogenetischer Faktor". Laut Gerichtsurteil des Hanseatischen Oberlandesgerichts Hamburg (A/3 U 11/87, 74 0 235/86) darf Fabrikzucker als „Schadstoff" bezeichnet werden.

Das Buch ist in überarbeiteter und stark erweiterter Form seit 1991 als „Zucker, Zucker – von süßen Gewohnheiten, dunklen Machenschaften und bösen Folgen für unsere Gesundheit" im emu-Verlag veröffentlicht worden (mittlerweile 9. Auflage, 2011). Es belegt detailliert: Bei dem süßen Stoff Fabrikzucker geht es elementar um wirtschaftliche, also gesundheitspolitische Themen.

Käte Strobel (1907–1996) amtierte von 1966 bis 1972

in Bonn als Bundesministerin für Gesundheitswesen (später Bundesministerin für Jugend, Familie und Gesundheit). Dr. Bruker besuchte sie. Er trug ihr sein Anliegen, die dringend notwendige Prophylaxe (Krankheitsvorbeugung), vor. Sie sagte: „Sie haben Recht. Aber wenn ich das offiziell vertrete, sitze ich morgen nicht mehr auf diesem Stuhl." Dr. Bruker nutzte diese Offenheit nie aus, aber er erhielt von ihr aus erster Hand Einblick in gesundheitspolitische Verflechtungen.

Josef Ertl (1925–2000) hingegen, selbst fehlernährt und übergewichtig, verbot als Bundesminister für Ernährung, Landwirtschaft und Forsten (1969–1983) der Verbraucherzentrale Hamburg allen Ernstes die Verbreitung des Aufklebers „Zucker macht zahnlos".

Prof. Volker Pudel (1944–2009) hatte, auch als Präsident der Deutschen Gesellschaft für Ernährung (DGE), einen guten Draht zur Industrie. Es gab Zeiten, in denen er regelmäßig Schecks von der Zuckerindustrie erhielt, wie mir ein Buchhalter glaubwürdig und unter dem Siegel der Verschwiegenheit versicherte. Pudels Engagement für Gummibärchen, Nahrungsergänzungsmittel und McDonald's (s. S. 224) sind mir besonders in Erinnerung.

Eine besondere Erkenntnis gewann Dr. Bruker während seiner klinischen Tätigkeit in Eben-Ezer – und bestätigte sie auch in späteren Kliniken: Der Verzehr von Fabrikzucker bzw. damit hergestellte Speisen sowie Säfte und gekochtes Obst können bei Einhaltung einer vitalstoffreichen Vollwertkost Unverträglichkeiten hervorrufen. Die Symptome zeigen sich in der Regel jedoch nicht sofort nach der Mahlzeit, sondern erst bis zu drei Tage später in Form von Sodbrennen, Aufstoßen, Rumoren im Bauch, Gasabgängen (Blähungen) und allgemeinem Unwohlsein im Magen-Darm-Trakt. Dadurch verbindet der Betroffene fälschlicherweise seine Beschwerden meist nicht mit dem Zuckerkonsum, sondern mit der vollwertigen Ernährung. Nach jahrzehntelanger Beobachtung am Patienten ging er damit an die Öffentlichkeit – und erntete erwartungsgemäß Kritik aus den Reihen der „etablierten" Ernährungswissenschaft.

Wie überrascht war er, als 1985 in der Apotheker-Zeitung „Intermezzo" plötzlich zu lesen war: „Jetzt fand Professor Dr. Claus Leitzmann heraus: Haushaltszucker und Apfelsaft machen Ballaststoffe – z. B. Vollkornbrot – besonders nachhaltig unverträglich." Der Name Bruker wurde nicht erwähnt.

Atomkraft ? – Nein danke!

Wer entscheidet eigentlich über unsere ganz persönliche Gesundheit und unser Leben? Etwa die Preußenelektra* oder die Politiker, die von unseren Stimmen leben? Deshalb: Atomkraft? – Nein, danke! Dr. M. O. Bruker

Mit der erstmaligen Großausführung eines Atomkraftwerks in Würgassen (670 MW el) wollten Politik und Stromkonzerne Erfahrungen sammeln. Am 19. 1. 1968 wurde der Genehmigungsbescheid KKW 7/1 erteilt. Erster Atomminister war seit 1955 der politische CSU-Hardliner Franz Josef Strauß.

Dr. M. O. Bruker war der erste Arzt, der in der Bundesrepublik gegen die Errichtung eines Atomkraftwerks, nämlich Würgassen, prozessierte. An freien Wochenenden zog er mit einem Megaphon auf die Straße, um die in Unkenntnis gehaltene Bevölkerung über die Gefahren durch Atomkraft aufzuklären. Er engagierte sich leidenschaftlich, gab Interviews, schrieb Leserbriefe, verfasste Flugblätter, bombardierte Bundeskanzler, Bundespräsident, Abgeordnete und Politiker der Wahlkreise mit Briefen. Er verfasste Infobroschüren und Memoranden („Weil du beim Reaktor wohnst, musst du früher sterben", „Ärztliches Memorandum zur industriellen Nutzung der Atomenergie" (beide emu-Verlag) und engagierte sich im IPPNW (International

---

* seit 2000 E.On Energie

119

GRUND-RECHT
auf Gesundheit und Unversehrtheit

Mitbürger,

ungeheuerlich ist, welche riesigen Gefahren uns Bewohnern des Ober-weser-Raumes weiterhin durch den Bau des Atomkraftwerkes Würgassen zugemutet werden. Trotz aller Warnungen qualifizierter, medizinischer und biologischer Fachexperten und vieler Experten für Umweltschutz und Gewässerkunde, und trotz der Warnungen von über 50 Ärzten aus dem Wesergebiet und aus Ostwestfalen, wird in Würgassen weitergebaut. Im Verein mit maßgebenden Ärzten, die sich mitverantwortlich fühlen für die Sicherheit und Gesundheit der heutigen Bevölkerung und der kommenden Generationen, muß jeder klardenkende und kritische Bürger mit uns seine warnende Stimme erheben gegen die drohenden gesundheitlichen Gefahren von Kernkraftwerken.

Die neuesten und alarmierenden wissenschaftlichen Ergebnisse über das starke Anwachsen der Krankheitsfälle von Krebs und Leukämie in der Umgebung von Kernkraftwerken in den USA zwingen uns geradezu diese Informationen in der hiesigen Bevölkerung zu verbreiten. Später könnte uns sonst mit Recht der Vorwurf des Schweigens wider besseres Wissen gemacht werden.

Wir fordern, daß der Bundeswissenschaftsminister Professor Leussink den Bau des Atomkraftwerkes Würgassen sofort stoppt und solange stillegt, bis durch den Abschluß umfangreicher und gezielter biologischer Forschungen auch mit **letzter Sicherheit** garantiert ist, daß das Kernkraftwerk Würgassen auf Mensch, Tier, Natur und Landschaft, keinerlei schädliche Einflüsse haben wird.

Wer entscheidet eigentlich über unsere ganz persönliche Gesundheit und unser Leben? Etwa die Preußenelektra oder die Politiker, die von unseren Stimmen leben?

Auf der einen Seite haben wir in Bonn ein Gesundheitsministerium, auf der anderen Seite läßt man trotzdem zu, daß Zehntausende von Bundesbürgern in einer ihre Gesundheit ernstlich bedrohenden, vielleicht sogar tödlichen Gefahr leben müssen! Es wird höchste Zeit, daß die Politiker und die Landesregierung, die von uns gewählt sind, hier **bald** und **energisch** eingreifen.

Chefarzt
Dr. med. M. O. Bruker
Lemgo, Krankenhaus Eben-Ezer

Chefarzt Dozent
Dr. med. Bodo Manstein
Detmold, Kreiskra nkenhaus

Facharzt Dr. med. Jobst von Wehren
Höxter

Herausgeber: Dr. von Wehren, Höxter - Ärztliche Interessengemeinschaft zum Schutze des Lebens gegen radioaktive Verseuchung
Druck: Huxaria Druckerei Höxter, Nr. 572

(Reproduktion von Original)

Physicians fort the Prevention of Nuclear War – Internationale Ärzte für die Verhütung des Atomkrieges).

Die in Düsseldorf erschienene links orientierte und pazifistische DEUTSCHE VOLKSZEITUNG (bei der in den 70er Jahren ein junger Journalist namens Mathias Jung arbeitete…) veröffentlichte bereits 1968 einen ganzseitigen atomkritischen Beitrag von Dr. M. O. Bruker, „Der Notstand der Demokratie – aufgezeigt am Atomkraftwerk Würgassen" (12. 7. 68).

Aus den zahlreichen „Atom-Ordnern" aus jener Zeit, die noch im Archiv des Bruker-Hauses stehen, lässt sich Brukers leidenschaftliches Engagement nachvollziehen. Er schloss sich Organisationen an, von denen er sich mehr Durchsetzung versprach, als er sie als Einzelner erreichen konnte. Dazu gehörte, wie beschrieben, auch der WSL (Weltbund zum Schutze des Lebens), in dem er den Arbeitskreis Atom leitete. Oftmals wurde sein Engagement missbraucht.

Dr. Bruker nahm Kontakt zu Atom-Experten im In- und Ausland auf – bereits Mitte der 50er Jahre gab es Briefwechsel mit dem Friedensnobelpreisträger und Atomkritiker Linus Pauling. Er flog in die USA, um sich mit Experten auszutauschen. Er rief die Bevölkerung zum Widerstand auf. Damals waren Demonstrationen etwas Ungeheuerliches.

Bruker wurde vom Verfassungsschutz registriert. In dieser Zeit gehörte das Durchsuchen seiner Privatwohnung durch die Kriminalpolizei ebenso zum Alltag wie anonyme Drohbriefe und Anrufe. Man munkelte, er sei Kommunist, der Gelder „aus dem Osten" bekomme. (Makabererweise soll, einer Aussage Brukers zufolge, ausgerechnet Hoimar von Ditfurth, Vater von Jutta Ditfurth und glühender Atombefürworter, ihm dies einst unterstellt haben.)

Das Atomkraftwerk Würgassen wurde 1999 stillgelegt.

Ebenfalls bekämpfte er das Atomkraftwerk Mülheim-

Kärlich am Stadtrand von Koblenz. Es wurde 2004 endgültig stillgelegt, nachdem es schon zu Brukers Lebzeiten nach jahrelangen Prozessen und Genehmigungsskandalen vom Netz genommen wurde.

Wie recht der engagierte Arzt Bruker hatte, bestätigen die AKW-Unfälle in Sellafield, Harrisburg, Tschernobyl und Fukushima sowie unzählige Störfälle, die von den Betreiberfirmen und politischen Befürwortern gebetsmühlenartig heruntergespielt werden. Neben den Risiken, die mit Uranabbau, Urantransport, Uranhandel und schließlich dem Betrieb von AKWs einhergehen, ist das Problem der Endlagerung des Atommülls bis heute nicht geklärt. All das reicht jedoch offensichtlich noch nicht aus, um den Atomwahn endlich weltweit zu beenden.

Die LVA-Schrift – oder:
Das Doppelspiel von Prof. Leitzmann

Im Dezember 1983 gab die LVA (Landesversicherungsanstalt) Berlin die Broschüre „Gesund durch richtige Ernährung" heraus – ein Heft unter 11 anderen aus der Schriftenreihe „Gesundheitserziehung der LVA Berlin". Deren damaliger Direktor Peter Neumann war während seines eigenen stationären Aufenthaltes als Patient in der Klinik Lahnhöhe begeistert von Dr. Brukers Therapiekonzept. Er bat ihn, für die LVA einen einfachen verständlichen Text zu schreiben, der im Rahmen der bestehenden Schriftenreihe erscheinen sollte.

Das 16 Seiten umfassende Heft erschien in einer Auflage von 20 000 Exemplaren und wurde Anfang 1984 von der LVA zügig an Versicherte verteilt. Vor allem erhielten die LVA-Kurkliniken diese Schrift.

Die Kritiker meldeten sich prompt. Auf dem Berliner Kongress „Gesundheit 84" sprach Prof. Leitzmann, zu dieser Zeit Präsidiumsmitglied der Deutschen Gesellschaft für Ernährung (DGE), LVA-Direktor Neumann an und monierte Dr. Brukers Text als „unwissenschaftlich". Außerdem stelle diese Schrift Leitzmanns eigene Reputation als Ernährungsphysiologe, der sich für die Vollwertkost einsetzt, bei Fachbereichskollegen in Frage.

Leitzmann musste also, um von seinen Kollegen nicht verstoßen zu werden, eine scharfe Abgrenzung vornehmen. Mit Dr. Bruker selbst hatte er in dieser Sache keinen Kontakt aufgenommen. Am 7.3.84 bat Dr. Bruker ihn schriftlich, seine Kritikpunkte mitzuteilen.

G – Gezielt
G – Gesund
B – Bleiben

Gesund
durch richtige Ernährung

von Dr. med. Max-Otto Bruker

Prof. Leitzmann antwortete am 16.4.1984 und führte auf, welche Punkte in der LVA-Schrift zu beanstanden seien. Nachfolgend der 18 Seiten umfassende Antwortbrief von Dr. Bruker. Die bestehende und zukünftige Problematik zwischen ihm, Prof. Leitzmann, der DGE und deren Interessenvertretern ist hier bereits offensichtlich.

Herrn
Prof. Dr. Claus Leitzmann
Institut für Ernährungswissenschaft
Wilhelmstraße 20
6300 Gießen

25.4.1984
Dr. MOB / ig

Sehr geehrter, lieber Herr Leitzmann,
ich bin Ihnen außerordentlich dankbar für Ihren Brief vom 16.04.84 und Ihre ausführliche kritische Darstellung der Punkte, die Ihnen in der LVA-Schrift nicht richtig erschienen. Ich bin Ihnen auch deshalb sehr dankbar, weil dadurch nochmals ganz besonders deutlich wurde, auf welch verschiedenen Ebenen wir arbeiten. Ich hatte zwar eine zeitlang geglaubt, unsere Standpunkte hätten sich etwas genähert. Dass dies aber nicht so ist, ist noch einmal ganz klar geworden.

Ehe ich auf Punkte im Einzelnen eingehe, möchte ich vorweg drei grundsätzliche Dinge darlegen.
Der wesentliche Punkt scheint mir der zu sein, dass Sie die Nahrungsfragen vom chemisch-analytischen Standpunkt aus sehen als „Nahrungsspezialist" und ich von einer völlig anderen Warte aus, nämlich von der des Arztes. Meine Ent-

wicklung begann vor etwa 50 Jahren, als ich mir Gedanken machte, wie es möglich war, dass es unter den Augen der Wissenschaft zu einem so katastrophalen Gesundheitsverfall gekommen ist. Vor 50 Jahren stand die Entwicklung der ernährungsbedingten Zivilisationskrankheiten am Anfang. Meine Beobachtungen ergaben, dass diese Katastrophe die Folge davon ist, dass die dogmatische Medizin auf dem Ernährungsgebiet ohne Kritik von ärztlicher Seite die Vorstellungen der etablierten Ernährungslehre übernahm. Im Prinzip hat sich da im Laufe der letzten 50 Jahre nichts geändert. Aus ärztlicher Sicht hat dies zu der Krise in der Medizin geführt. Die Medizin steckt in einer Sackgasse, ohne dass es ihr bewusst ist, wo die tieferen Gründe liegen.

Sie wissen, dass ich die Krankheiten in sogenannte ernährungsbedingte und lebensbedingte einteile. In der Diskussion mit Ihnen geht es natürlich nur um die ernährungsbedingten. Um sich der Tragweite dieser ärztlichen Versäumnisse auf dem Ernährungsgebiet bewusst zu werden, braucht man nur in der Bilanz der Krankheitsstatistik zu lesen. In der Bundesrepublik hat das System folgendes fertig gebracht:

- 18 Millionen Rheumakranke
- 3 Millionen Diabetiker
- ca. 300 000 Herz- und Kreislauftote pro Jahr (= 48 % aller Sterbefälle)
- 150 000 Krebstote pro Jahr und 240 000 Neuerkrankungen
- 240 000 Tonnen Übergewicht bei 14,5 Millionen Übergewichtigen
- Ausgaben für Krankheiten pro Einwohner im Jahr 1979: 1807,20 DM

(Quelle: Statistisches Amt der EG)

Schon diese kleine Auswahl berechtigt, von einem katastrophalen Gesundheitszustand der zivilisierten Menschen zu sprechen, und hier sind wir bei meinem Lebenswerk, das dem Problem gewidmet ist, wo die Ursachen liegen und wie sie zu beseitigen wären.

Es ist nun ein hartes Urteil, wenn ich auf Grund meiner jetzt genau 50-jährigen Erfahrungen in Klinik und Praxis zu dem Schluss gekommen bin: Die Gründe für diese Katastrophe liegen in den Vorstellungen der etablierten Ernährungslehre, die eben von einer rein chemisch-analytischen Denkweise ausgeht.

Schon Hahnemann sagte im Organon vor 150 Jahren: „Die einzige Aufgabe des Arztes ist es, zu heilen". Ich müsste es heute ergänzen und sagen „und Krankheiten zu verhüten." Wenn man als Arzt nach dem Motto arbeitet: „Wer heilt, hat recht", dann ergibt sich in der Praxis, dass wir auf dem Ernährungsgebiet Ratschläge geben müssen, um Krankheiten zu verhüten und zu heilen, die in vielen Punkten im Widerspruch stehen zu dem, was heute noch in der etablierten Ernährungslehre als richtig angesehen wird.

Als ich Ihnen zum ersten Mal in Bad Salzuflen mit Oecotrophologiestudenten begegnete, machte ich Sie schon damals auf die großen Aufgaben der Universität aufmerksam, den Ursachen nachzugehen, weshalb zwischen der Lehre und Wirklichkeit solche Diskrepanzen bestehen, dass eine Bevölkerung, die nach den Richtlinien der Ärzte sich ernährt, zwangsläufig krank wird. Professor Kollath hat eigentlich das Geheimnis schon gelüftet, indem er die rein chemisch-analytische Forschung erweiterte durch lebensgesetzliche Gesichtspunkte, indem er z. B. den Begriff Lebensmittel und Nahrungsmittel wieder einführte und den

Begriff der Lebendigkeit der Nahrung formatierte. Für den chemischen Analytiker muss so etwas ein Gräuel sein, da man das Leben eben nicht im Labor erfassen und mit chemischen und physikalischen Daten definieren kann. Nach den alten Vorstellungen war dies das Verlassen der exakten Wissenschaft, die eben nur als Naturwissenschaft das anerkennt, was physikalisch und chemisch fassbar ist. Vom geisteswissenschaftlichen Standpunkt aus ist diese Teilbetrachtung aber eine Pseudowissenschaft.

Ein zweiter wesentlicher Punkt beruht auf der Verwechslung der Wahrheit mit den Richtigkeiten. In der Wissenschaft geht es um Richtigkeiten, im Lebendigen, das auch die Religion mit einschließt, geht es um die Wahrheit. Allerdings sind manche Philosophien, mit besonderer Färbung seit Hegel, der Ansicht, Wahrheit sei relativer und somit wandelbar. Richtigkeiten sind wandelbar, Wahrheit nicht. Auf der Wandelbarkeit von bloßen Richtigkeiten beruht der Fortschritt der modernen Wissenschaft. Wahrheit ist etwas über aller Wissenschaft stehendes. Die Tatsache „Leben (Gott) ist die Wahrheit" ist mit Wissenschaft nicht erfassbar, wie alles Wesentliche unseres Daseins. Wegen der Wissenschaft ist es schwer geworden, sokratisch weise zu sein, weil man heute viel mehr wissen muss, bis man weiß, dass man nichts weiß. Wissenschaftliche Richtigkeiten sind systemimmanente Konstruktionen des menschlichen Denkens. Innerhalb eines Denksystems dürfen sich die Richtigkeiten nicht widersprechen. Doch die Richtigkeiten verschiedener Systeme können durchaus miteinander im Widerspruch stehen, auch wenn sie denselben Gegenstand der Forschung betreffen. Darauf beruhen die Gelehrtenstreite, wo jeder mit raffinierten Gedanken beweist, dass er recht hat.

Diese Gedanken Thürkaufs erklären auch unsere von ganz verschiedenen Voraussetzungen ausgehenden verschiedenen Standpunkte.

Nun kommt noch der dritte grundsätzliche Punkt, der für die Abfassung der LVA-Schrift eine wesentliche Rolle spielte. Es war der Auftrag der LVA, eine Schrift zu verfassen, die auch von ganz einfachen Menschen verstanden werden kann. Eine komplizierte Darstellung sollte vermieden werden. Da ich seit 30 Jahren unentwegt Aufklärungsschriften für medizinische Laien verfasse, bin ich gewohnt, die Dinge sehr einfach und leicht verständlich auszudrücken, was bei manchen wissenschaftlichen Sachverhalten nicht ganz einfach ist. Dadurch kann natürlich für den „Gebildeten" der Eindruck der Unwissenschaftlichkeit erweckt werden.

Nun möchte ich zu Ihren einzelnen Punkten der Reihe nach Stellung nehmen:

zu Seite 3, betr. Krankheitsursachen
Sie schlugen vor, einzufügen „und die Möglichkeit besteht, diese zu umgehen". Dies ist natürlich richtig, dass man die Ursachen nur umgehen kann, wenn es möglich ist. Da ich aber auf einen beschränkten Raum angewiesen war und mich außerordentlich kurz fassen musste, habe ich jedes überflüssige Wort vermieden. Denn eigentlich gilt für diese Ratschläge, dass sie nur durchgeführt werden können, wenn die Möglichkeit besteht.

Seite 3, betr. Ursachenforschung
Sie meinen, dass die Erforschung der Ursachen von Krankheiten von der medizinischen Wissenschaft keinesfalls vernachlässigt würde. Hier muss ich Ihnen allerdings sehr strikt

widersprechen. Da die Wissenschaftler in der etablierten Medizin sich um die echten Ursachen nicht kümmern (ein eigentlich grotesker Zustand), ist es dazu gekommen, dass in der etablierten Medizin heute fast ausschließlich eine symptomatische Linderungsbehandlung betrieben wird. In meinen zahlreichen Büchern habe ich versucht, diesen unhaltbaren Zustand darzustellen, um eine Änderung zu erzielen. In einer kleinen Broschüre, die beiliegt, „Scheinursachen verschleiern Zusammenhänge" habe ich lediglich an dem Beispiel des Herzinfarkts versucht, zu zeigen, mit welchen Scheinursachen, heute Risikofaktoren genannt, die Bevölkerung von den eigentlichen Krankheitsursachen abgelenkt wird. Was an dem Beispiel des Herzinfarkts dargestellt ist, gilt genauso für die Erkrankungen des rheumatischen Formenkreises. Nur durch die strikte Ausklammerung der Ursachen ist es zu dem lawinenartigen Anwachsen der rheumatischen Krankheiten gekommen (18 Millionen). Ich habe praktisch in den letzten Jahrzehnten keinen einzigen Patienten, der an den ernährungsbedingten Zivilisationskrankheiten erkrankt war, angetroffen, der meine Frage nach der Ursache seiner Krankheit beantworten konnte. Nicht ein einziger war dabei, der wusste, dass die Fehlernährung die Ursache war. Predigt doch die Rheumaliga unentwegt, dass man die Ursachen für das lawinenartige Anwachsen der rheumatischen Erkrankungen nicht kenne. Nur eins wisse man sicher, dass es mit der Ernährung nichts zu tun habe. Diese Darstellung können Sie auch in jeder Fernsehsendung über Rheuma beobachten. Die Ursachen, die wirklich genannt werden, sind bei näherer Prüfung Scheinursachen und bereits Krankheitssymptome.

Sie erwähnen die großen Summen der Forschung. Dem möchte ich nur ein Beispiel entgegenhalten: Was hat denn die Krebsursachenforschung bisher gebracht? Nur eine ständige Zunahme der Krebshäufigkeit. Und die offiziellen Stellen geben zu, dass die Krebsforschung bisher in falsche Richtungen gegangen ist.

Ein wirkungsvolles prophylaktisches Konzept habe ich vor 40 Jahren entwickelt und kann in meinen Büchern nachgelesen werden. Zahlreiche Menschen, die sich bereits an dieses Konzept halten, bestätigen, welch große gesundheitliche Vorteile sie davon haben.

Seite 4, betr. ernährungsbedingte Krankheiten
Unter ernährungsbedingten Zivilisationskrankheiten verstehe ich nur solche, die allein durch Ernährungsfehler verursacht sind. Dies schließt natürlich nicht aus, dass auch bei lebensbedingten Krankheiten eine Ernährungskomponente eine Rolle spielen kann. Aber das ist selbstverständlich.

Zu dem Begriff ernährungsbedingt bzw. ernährungsabhängig habe ich Ihnen vor dem Erscheinen Ihres Buches „Vollwert-Ernährung" ausführlich dargestellt, weshalb vom Sprachgebrauch her das Wort ernährungsabhängig im ärztlichen Bereich nicht verwendet werden kann, um nicht zu sagen falsch ist. Es ist allgemeiner Sprachgebrauch in der Medizin, dass man z. B. von drogenabhängigen Krankheiten spricht, ein Begriff, der früher als Sucht bezeichnet wurde. Ein Mensch kann also abhängig sein, aber eine Krankheit wird verursacht und statt verursacht hat sich das Wort bedingt eingebürgert. Um aber wissenschaftlich exakte und klare Begriffe zu haben, kann man nicht unter ernährungsabhängig eine Krankheit verstehen, bei der die Ernährung eine Mitverursachung darstellt. Dann ist eben die Krankheit zusätzlich auch ernährungsbedingt. Es mag sein, dass man im Bereich der etablierten Ernährungslehre weiterhin den Begriff abhängig benützt, im ärztlichen Bereich ist dieser Begriff unmöglich, da er eben für „Abhängige" reserviert ist. In der ärztlichen Beratung, bei der es immer auf die Schaffung eines Vertrauensverhältnisses ankommt, ist es unmöglich, bei der Ursachenvermittlung dem Kranken gegenüber das Wort abhängig zu benützen, solange es für Drogenabhängige benützt wird. Der Kranke wird sich wehren, mit anderen Abhängigen in einen Topf geworfen zu werden.

Ich habe Ihnen damals in einem Brief diese Zusammenhänge sehr viel ausführlicher dargestellt, möchte mich deshalb nicht mehr wiederholen.

Es ist auch im Sprachgebrauch üblich, nicht von Gebisszerfall, sondern von Gebissverfall zu sprechen, da weder der einzelne Zahn noch das Gebiss zerfällt. Man spricht ja auch von einem Gesundheitsverfall und nicht von einem Gesundheitszerfall. Auch in dieser Hinsicht möchte ich mich an die in der Medizin üblichen Ausdrücke halten.

zu Seite 4, betr. alte Ernährungslehre
Sie meinen, die alte Ernährungslehre sei die klassische des Altertums. Im Altertum hat es noch gar keine Ernährungslehre im heutigen Sinne der Biochemie gegeben. Hippokrates wusste noch nichts von Eiweiß, Fett, Kohlenhydraten, Mineralstoffen, Spurenelementen, Vitaminen usw. Der Begriff Diaita war damals der Ausdruck für die Lebensführung überhaupt, nicht für die Ernährung. Der Begriff hat einen mehrfachen Bedeutungswandel durchgemacht, so dass er in der Neuzeit nur noch für die Ernährung gebraucht wurde. Und später, als das Wort Diät daraus abgeleitet wurde, kam noch einmal ein Bedeutungswandel, indem heute unter Diät vorwiegend einschränkende Kostformen verstanden werden. Deshalb benütze ich in meinen Schriften nie das Wort Diät, sondern Ernährung oder Kostform. Dies hat

wieder psychologische Hintergründe, dass jeder Patient sofort erschreckt ist, wenn man ihm mit einer Diät kommt, da er damit eine von Verboten gekennzeichnete eingeschränkte Kostform versteht. Wir sprechen deshalb mehr von einer vitalstoffreichen Vollwertkost. Dieser Ausdruck hat sich in der Behandlung von Kranken hervorragend bewährt, denn diese Kostform ist von Geboten geprägt und nicht von Verboten.

Schon bei der Erwähnung des Grundsätzlichen habe ich angedeutet, dass die Gesundheitsmisere, soweit sie die Ernährung betrifft, durch die Anwendung der etablierten Ernährungslehre hervorgerufen ist. Ich verstehe darunter eben die Ernährungslehre, die sich auf Kalorien, Nährstoffe, Mineralien usw. stützt, also die chemisch-analytische, ein Produkt der klassischen Naturwissenschaft. Demgegenüber hat sich nun eine „neue Ernährungslehre" entwickelt, die man natürlich auch anders bezeichnen kann, man könnte natürlich auch neuzeitlich oder modern oder alternativ sagen oder sie eine Ernährungslehre nach geisteswissenschaftlichen Gesichtspunkten bezeichnen. Irgendwie einen Ausdruck muss man ja finden, um das bisherige Dogmatische von einer revolutionierenden neuzeitlichen Auffassung abzugrenzen. So benütze ich seit 45 Jahren immer den Begriff „alt" und „neu", und jeder Laie weiß, was damit gemeint ist. Bitte bedenken Sie, dass es um verständliche Darstellungen für Menschen geht, die noch nicht mit chemisch-analytischer Betrachtungsweise belastet sind. Es geht darum, einfach dem Alten etwas Neues gegenüberzustellen; ein altes Automodell, ein neues Automodell. Auch die Wissenschaft schreitet fort. Und für fortschrittliche Auffassungen müssen wir auch einen entsprechenden Begriff verwenden.

Sie schreiben, dass vor 100 Jahren nicht alle Menschen gesund waren. Das habe ich nie behauptet. Es geht aber darum, dass wir heute Volksseuchen haben, die ernährungsbedingt sind. Denn nur heute gibt es Nahrungsmittel, die es vor 100 Jahren praktisch nicht gab. Ich fasse sie bekanntlich als Fabriknahrungsmittel zusammen. So „entedelte" Nahrungsmittel wie sie heute in Millionen Tonnen von der Industrie hergestellt werden und zu Massenkonsumartikeln geworden sind, gab es vor 100 Jahren nicht. Es ist eine wichtige Aufgabe, den normalen Menschen auf der Straße auf diese globale Wandlung auf dem Ernährungssektor durch den Einbruch der Technik hinzuweisen. Und dies eben in einer Form, dass er es ohne große wissenschaftliche Abhandlungen verstehen kann. Diese große Linie zu vermitteln, war die Aufgabe, die mir gestellt war. Es ist mir natürlich bekannt, dass schon früher die oberen Zehntausend viel tierische Kost verzehrten. Man darf nur die Speisezettel bei fürstlichen Gelagen betrachten. Dafür war schon damals die Gicht ein Privileg für diese Kreise. Die Masse der Bevölkerung aß aber wenig Tierprodukte verglichen mit heute. Bitte bedenken Sie aber, dass in einer für den normalen Bürger geschriebenen Schrift nicht wie in einer wissenschaftlichen Abhandlung alle Ausnahmen und Besonderheiten mit erwähnt werden können. Der rote Faden wäre dadurch nicht mehr erkennbar

zu Seite 5, betr. 3000 – 4000
Dem Sinn nach, meine ich, könnte kein Zweifel darüber bestehen, dass Kalorien gemeint sind; denn Joule sind nur nebenbei erwähnt. Aber man könnte natürlich, um jedes Missverständnis zu vermeiden, das Wort Kalorien nochmals dahintersetzen.

zu Seite 6, betr. biologische Wertigkeit
Sie möchten den Begriff der biologischen Wertigkeit nur
auf die Qualität der Proteine angewandt wissen. Ich wollte
aber hier zum Ausdruck bringen, dass es nicht um Vorstellungen der Ernährungsphysiologie geht, sondern eben die
Einbeziehung des Bios. Der einfache Mann auf der Straße
weiß schon, was in diesem Zusammenhang mit biologisch
gemeint ist. Der Begriff ernährungsphysiologisch würde
mehr einer wissenschaftlichen Abhandlung entsprechen,
die aber hier nicht gedacht ist.

zu Seite 6, betr. Lebensmittel und Nahrungsmittel
Sie meinen, dass die Unterscheidung zwischen Lebensmitteln und Nahrungsmitteln *lebensmittelrechtlich* über-
holt sei, in dieser Abhandlung geht es aber nicht um lebens-
mittelrechtliche Züge, sondern um den von Kollath für die
neue Ernährungslehre geschaffenen Unterschied zwischen
Lebensmittel und Nahrungsmittel, wie er es in der „Ordnung unserer Nahrung" darstellt. In der ärztlichen Beratung hat es sich hervorragend bewährt, diese einfachen Un-
terschiede zwischen Lebensmittel und Nahrungsmittel zu
machen. Dieser neue Begriff der Lebendigkeit der Nahrung
muss unbedingt in das Volk eindringen. Dies muss eben
mit einfachen Worten geschehen. Der Begriff Rohkost/
Frischkost ist schon wieder eine Sonderform, die wir biologisch orientierte Ärzte in unseren Abhandlungen differen-
ziert verwenden. Auch hier ist eben zu bedenken, dass die
LVA-Schrift keine Ernährungswissenschaft vermitteln soll,
sondern dem einfachen Menschen klare Richtlinien für die
Änderung seiner Ernährungsgewohnheiten geben. Die Bevölkerung soll lernen, dass Lebensmittel, die durch Erhitzung, Konservierung und Präparierung bearbeitet sind, das
heißt ihre Lebendigkeit verloren haben und damit zu rei-

nen Trägern von Nährstoffen geworden sind, für den Laien mit dem Begriff Nahrungsmittel zusammengefasst werden.

Ich habe den Eindruck, dass Sie meine zahlreichen Bücher noch nicht gelesen haben. Dies soll natürlich kein Vorwurf sein. So etwas kann ich von Ihnen auch gar nicht verlangen. Aber ich hätte es natürlich viel einfacher, wenn Ihnen mein Konzept, wie ich es vor allem in dem Standardbuch „Unsere Nahrung – unser Schicksal" dargestellt habe, bekannt wäre. Dort wird natürlich eine Sprache gesprochen, die für alle verständlich ist, mit dem ganz klaren Ziel, die Essgewohnheiten des Volkes zu ändern, zumal die etablierte Ernährungslehre (die alte) dazu geführt hat, dass sich die Katastrophe der ernährungsbedingten Zivilisationskrankheiten entwickelt hat. Ich bin überzeugt, dass Sie die Problematik rasch anders sehen würden, wenn Sie gezwungen wären wie ich in der Klinik das Elend dieser Kranken, die die Krankenhäuser und Sprechstunden bevölkern, hautnah zu erleben. Hier sehe ich die einzige Abhilfe nur darin, dass man sich an breite Bevölkerungsschichten wendet und mit ihnen eine Sprache spricht, die sie verstehen und aus denen klare Richtlinien für eine Änderung der Essgewohnheiten hervorgehen.

Seite 6, betr. chemische Stoffe

Sie weisen darauf hin, dass die isolierten reinen Substanzen (Zucker, Fette) auch biologischen Ursprungs seien. Dieses Ursprungsargument benützt ja die Zuckerindustrie pausenlos, um den wesentlichen Unterschied zwischen dem ursprünglichen ganzheitlichen Ausgangsprodukt zu dem Isolat des Fabrikzuckers zu bagatellisieren. Mit solchen Argumenten könnte man ja sogar den Unterschied zwischen einem lebendigen Menschen und einer Leiche verwischen; denn auch die Leiche war einst biologischen Ursprungs.

Sicher enthalten die Auszugsmehle noch ein Gemisch von Nährstoffen. Aber der Verlust an den Stoffen, die in den Randschichten und im Keim enthalten sind und in den Auszugsmehlen je nach Ausmahlungsgrad mehr oder weniger fehlen, erzeugt eben bei jahrzehntelangem Verzehr Gesundheitsschäden, die nicht dadurch bagatellisiert werden dürfen, dass Auszugsmehle noch einige Nährstoffe enthalten. Bei der Gegenüberstellung von Auszugsmehlen und Vollkornmehlen kommt es eben für den Normalverbraucher darauf an, das Grundsätzliche im Unterschied zu erkennen. In der etablierten Medizin geht die Verschweigung dieses Unterschieds so weit, dass man ihn überhaupt ignoriert. Man kann da jede beliebige Ernährungsvorschrift z. B. für den Diabetiker nehmen: Man spricht von Broteinheiten und unterscheidet nicht zwischen Vollkornbroten und Broten aus Auszugsmehl, weil es eben den Ärzten noch nicht bewusst gemacht ist, dass dieser scheinbar unwesentliche Unterschied sich im Lauf von Jahrzehnten übel auswirkt. Schließlich handelt es sich beim Brot um ein Grundnahrungsmittel des Volkes.

zu Seite 8, betr. Ursprüngliche Mehlherstellung
Dass es im alten Griechenland schon verschiedene Ausmahlungsgrade gegeben hat, ist ja richtig, ist aber im Vergleich zu dem Massenkonsum von heute niedrig ausgemahlenen Mehlen ohne Belang. So ist das Problem Weißbrot zur Zeit Sokrates sicher nicht vergleichbar mit dem Problem des chronischen Vitalstoffmangels durch die modernen Auszugsmehle. Ein Eingehen auf solche historischen Fakten müsste einer wissenschaftlichen Abhandlung vorbehalten sein, wäre aber für die vorliegende Schrift zweckentfremdet.

zu Seite 8, betr. Fortschritte in der Mehlherstellung
Sie vermissen die Erwähnung des Klebereiweißes. Seine besondere Erwähnung wäre durchaus möglich, für die Herausarbeitung des Wesentlichen aber von geringer Bedeutung.

zu Seite 9, betr. Fett
Ob Fett fett macht, liegt bei dem Krankheitsbild der Fettsucht sicher nicht an der Menge des verzehrten Fettes. Diese Vorstellung hat dazu geführt, dass wir in der Bundesrepublik heute bei 14,5 Millionen Übergewichtigen 200 000 Tonnen Übergewicht haben. Jeder, der nach dem Rezept der etablierten Medizin, das auch die Asphaltpresse übernommen hat, Fettsüchtige behandelt, erlebt ein Fiasko. In meinem Buch „Idealgewicht ohne Hungerkur" bin ich auf die Problematik ausführlich eingegangen. Der Raum ist hier zu knapp, um dies ausführlich darzustellen.

Entgegen den Vorstellungen der etablierten Ernährungslehre ist die Fettsucht auch kein Kalorienproblem. Übergewichtige, die mit Reduktionskost von 800 Kalorien über Wochen behandelt werden, nehmen weit weniger ab als Übergewichtige, die 2000–3000 Kalorien täglich zu sich nehmen, aber in Form von lebendiger Nahrung, die relativ viel Fette (aber naturbelassene) enthält. So erklären sich meine großen Erfolge der Behandlung von Übergewichtigen. Sie beruhen darauf, dass sie möglichst viel naturbelassene Fette essen, aber keine raffinierten Kohlenhydrate.

Das Problem der krankhaften Fettsucht ist vom medizinischen Standpunkt aus außerordentlich interessant und böte der Ernährungsforschung noch viel zu erklären. Wenn z. B. Frauen, die in die Wechseljahre kommen, anfangen zuzunehmen, obwohl sie die bisherigen Essgewohnheiten beibehalten, versuchen sie zur Stoppung weiterer Gewichtszunahme sich an das übliche Rezept zu halten, vor allem die Fettzufuhr einzuschränken. Dies führt prompt zu weiterer rascher Gewichtszunahme. Man kann fast die Regel aufstellen: Je weniger der Dicke isst, um so dicker wird er. Legt er wieder naturbelassene Fette zu, hört die Gewichtszunahme auf.

Diese paradoxe Beobachtung, die im Widerspruch zu den üblichen Vorstellungen steht, brachte mich schon vor 40 Jahren auf den Gedanken, dass die Krankheit Fettsucht nicht mit dem Fettverzehr, sondern mit anderen Fakten zu tun haben muss. Meine Arbeitshypothese, dass diese Krankheit durch chronischen Vitalstoffmangel entsteht, führte in der Praxis zu außergewöhnlichen Erfolgen. Eine Beschränkung der Kalorienzahl war nicht nötig, auch nicht des Verzehrs naturbelassener Fette. Notwendig waren lediglich die Vermeidung raffinierter Kohlenhydrate und ein großer Anteil vitalstoffreicher Lebensmittel. Da diese Beobachtungen an vielen tausenden von Kranken über Jahrzehnte im Widerspruch stehen zu der herrschenden Vorstellung, dass Fett fett mache, ist hier ein reiches Feld der Forschung, um diesen scheinbaren Widerspruch zu erklären. Auch hier gilt das Prinzip: Wer heilt, hat recht.

zu Seite 9, betr. Depotfett
Selbstverständlich ist mir bekannt, dass Depotfette Fettsäuren aus den Nahrungsfetten enthalten. Dr. Reckeweg hat dies in seiner bekannten Broschüre sehr drastisch ausgedrückt, dass in den Hintern der dicken Frauen Schweinespeck zu finden sei. Diese bekannte Tatsache ist aber für die Entstehung der Krankheit Fettsucht ohne Belang. Mein Vergleich mit Spinat und Haaren sollte drastisch darstellen, dass die Ansammlung von Fett beim Fettsüchtigen eben nicht durch den Verzehr von Fett entsteht, sondern die Fol-

ge eines gestörten Stoffwechsels ist. Um dies klar zu machen, erscheint mir der drastische Vergleich mit Spinat und Haaren sehr geeignet, um viele Worte zu sparen. Ich meine, dass dadurch der Laie das Prinzip schnell erkannt hat.

Sie meinen, dass der Ratschlag, dass der Dicke wenig Fett essen soll, im Normalfall eine gute Empfehlung sei. Die Schwierigkeit liegt eben darin, dass der Dicke kein Normalfall ist. Wer dem Dicken eben wirklich ärztlich helfen will, muss ihm klar machen, dass für ihn dieser Normalfall nicht gilt. Zudem enthält der Kostplan vieler krankhaft dicker Menschen außerordentlich wenig naturbelassene Fette, so dass anzunehmen ist, dass der Mangel an fettlöslichen Vitaminen und ungesättigten Fettsäuren zur Entstehung der Fettsucht beiträgt. Dafür spricht, dass die Zufuhr von mehr naturbelassenem Fett eine Besserung der Stoffwechsellage bringt, was sich in einer Gewichtsabnahme äußert.

Die Fettsucht ist ein besonders guter Fall, an dem gezeigt werden kann, dass eben ärztliche Erfahrungen an *Kranken* nicht konform gehen mit den Vorstellungen der etablierten Ernährungslehre bei *Gesunden*.
Eines aber zeigt die Stoffwechselkrankheit Fettsucht mit absoluter Sicherheit: Vermehrter Fettgenuss ist nicht die Ursache der Fettsucht, so dass aus ärztlicher Sicht der Satz gilt: Fett macht nicht fett.

Seite 10, betr. Herzinfarkt
Für das Cholesterinproblem beim Herzinfarkt gilt ähnliches wie für das Fett und Fettsucht. Auch hier sind die Verhältnisse des physiologischen Cholesterinstoffwechsels nicht auf krankhafte Vorgänge übertragbar. In meinem Buch „Leben ohne Herz- und Kreislaufkrankheiten" (Sich

schützen vor dem Herzinfarkt) bin ich sehr ausführlich auf diese Problematik eingegangen, aber auch hier natürlich aus der Sicht der klinischen über 40-jährigen Erfahrungen.

Auf Seite 31 berichte ich unter der Überschrift „Keine streng gesetzmäßige Beziehung zwischen Blutfetten, Nahrungsfetten, Cholesterin und Arteriosklerose", dass es zahlreiche Fälle schwerster Arteriosklerose (ca. $^1/_3$ aller Fälle) gibt, bei denen im Blut keine Vermehrung der Fettstoffe vorhanden ist. Und umgekehrt gibt es Fälle mit hohen Cholesterinwerten, bei denen fettarme Kost völlig wirkungslos bleibt, d. h. die Cholesterinwerte werden durch fettarme Kost nicht gesenkt. Man könnte hier eine Parallele ziehen zu krankhaften Kalkablagerungen, die eben auch nicht durch vermehrte Kalkzufuhr in der Nahrung verursacht werden. Hier spielen auch Vitamine und die richtige Funktion der Epithelkörperchen eine entscheidende Rolle.

Auch Cleave und Campbell berichten in der *Saccharine disease* darüber, dass die Zufuhr von Butter keine krankhafte Cholesterinerhöhung im Blut hervorruft, wenn z. B. raffinierte Kohlenhydrate aus der Nahrung eliminiert werden. Über viele Jahre habe ich schon in Lemgo bei Tausenden der Krankenhauspatienten Cholesterinbestimmungen routinemäßig vorgenommen. Patienten, die vorher Margarine gegessen hatten und mit einem erhöhten Cholesterinwert aufgenommen wurden, wiesen alle ohne Ausnahme nach 4 Wochen niedrige Cholesterinwerte auf, obwohl sie reichlich Butter bekamen, aber viel Frischkost und natürlich keine raffinierten Kohlenhydrate.

Auf Grund von 40-jährigen Beobachtungen in Klinik und Praxis möchte ich mit Sicherheit behaupten, dass die Einschränkung von cholesterinhaltigen Nahrungsmitteln, wie sie üblich empfohlen wird, nicht geeignet ist, den Herz-

infarkt zu verhüten. Mit Sicherheit ist er jedoch verhüt-
bar durch Vermeidung von raffinierten Kohlenhydraten bei
gleichzeitiger Zufuhr vitalstoffreicher Kost.

Leider werden solche spezifischen Ernährungsbehand-
lungen in deutschen Kliniken nicht durchgeführt, vor allem
deshalb, weil die Ärzte, die ja in Ernährungsfragen an der
Universität nicht ausgebildet werden, mit ihren dürftigen
Kenntnissen auf dem Ernährungsgebiet keine Motivierung
zu solchen Untersuchungen haben. Im Krankenhaus Lahnhöhe z. B. sind solche systematischen Auswertungen des
klinischen Materials aus finanziellen Gründen nicht möglich. Bei den niedrigen Pflegesätzen ist die Einstellung eines zusätzlichen Assistenzarztes für solche wissenschaftliche Arbeiten nicht gegeben. Hier wären wichtige Aufgaben
der Universität.

zu Seite 11, betr. zu viel Essen
Man liest zwar in den Illustrierten und in der Tagespresse
laufend, dass die Menschen krank würden, weil sie zu viel,
zu fett und zu süß äßen. Wenn man aber die Annahme, dass
die Menschen durch zu viel Essen krank würden, kritisch
überprüft, so können die Zusammenhänge nicht so einfach
sein, denn die Menschen haben zu allen Zeiten ihre Triebe
befriedigt, den Hunger und Durst gestillt und den Sexual-
trieb befriedigt. Dass die Menschen in den letzten Jahrzehnten plötzlich entdeckt haben sollen, dass Essen Spaß macht
und sie deshalb viel essen, steht mit der Wirklichkeit sicher
im Widerspruch. Von den Kalorien her gesehen hat der moderne Mensch natürlich die Möglichkeit, zu viel zu essen,
aber nicht nach Gewichtseinheiten, sondern nach Kalori-
en, weil ihm eben die Industrie Konzentrate zur Verfügung
stellt, deren Menge gering, aber deren Kaloriengehalt hoch
ist. So betrachtet, ist durchaus ein zu viel Essen möglich.

Nicht nur bei der Fettsuchtbehandlung, sondern auch bei der Behandlung anderer ernährungsbedingter Zivilisationskrankheiten lassen wir die Patienten mengenmäßig zu den einzelnen Mahlzeiten so viel essen wie sie wollen (allerdings nur drei Mahlzeiten). Dabei ist es für den Kranken und den Arzt immer wieder ein erstaunliches Erlebnis, dass die Gesundung trotz reichlichen Essens eintritt, falls eben die Nahrung keine Konzentrate enthält und einen Anteil von Frischkost, der unbegrenzt groß sein kann. Wenn eben die Nahrung richtig zusammengesetzt ist, kann der Kranke den Hunger stillen und sich satt essen.

zu Seite 12, betr. Eiweiß in roher Form
Sie schreiben, dass es bisher keine eindeutigen Beweise dafür gäbe, dass Eiweiß in roher Form ernährungsphysiologisch günstiger sei als in erhitzter Form. Ich denke jedoch, dass die revolutionierende Entdeckung Kollaths den Unterschied zwischen nativem und denaturiertem Eiweiß unter Beweis gestellt hat. Bei der Eiweißdenaturierung durch Erhitzung über 43 Grad kommt es zu physikalischen Strukturveränderungen des Eiweißmoleküls, während bei der Verdauung der Abbau zu Aminosäuren usw. vor sich geht, aber keine physikalische Strukturveränderung eintritt. Prof. Wagner hat in „Naturwissenschaften" Heft 3/1983, Seite 105 darüber berichtet.

Die Grundlagenversuche Kollaths haben ja eben gerade gezeigt, dass der Unterschied zwischen Kasein, das bei 73 Grad mit Alkohol extrahiert war, und dem Kasein, das bei 34 Grad mit Äther extrahiert war, nicht durch Vitamine erklärbar war. Sicher ist auch die Heilwirkung durch Frischkost nicht allein mit einem höheren Gehalt an Vitaminen und anderen Vitalstoffen zu erklären. Entscheidend ist hier

144

das lebendige Eiweiß. Auch die Fütterung von Raubtieren mit erhitzten Tieren führt zu Schäden, die nicht durch Vitamine erklärbar sind. Wenn man annimmt, dass Leben nur aus Leben entstehen kann und nicht aus Totem, so ist die Zufuhr von lebendigem Eiweiß, ob tierischen oder pflanzlichen Ursprungs, gesundheitsnotwendig, denn das Eiweiß ist der Träger des Lebens. Allerdings ist chemisch zwischen einem lebendigen und einem toten Menschen kein Unterschied. Das Geheimnis des Lebens ist daher auch in den Labors nicht zu finden. Professor Mommsen hat über diese Fragen in seinem Buch „Heilkunde auf neuen Wegen" Grundsätzliches ausgesagt, dessen Berücksichtigung helfen könnte, die Medizin aus ihrer Sackgasse zu führen, in die sie durch die rein analytische Forschung gekommen ist.

Auch dieses wichtige Kapitel sollte ein notwendiger Forschungszweig der Zukunft werden.

zu Seite 13, betr. Eiweißbedarf
Sie schreiben, dass 2 % Eiweiß in der Nahrung 2 % der Energie der Nahrung bedeute. Ich meine natürlich 2 % der Gesamtmenge. So gerechnet kommt man zu anderen Zahlen, als Sie angeben. Mit der Prozentangabe soll gesagt werden, dass man von der Rechnung in Gramm wegkommen muss und die Eiweißmenge in Prozenten der Gesamtnahrung angeben muss. Mit welch geringen Prozentzahlen der Eiweißbedarf gedeckt werden kann, zeigt ja z. B. die Muttermilch. Aber dasselbe kann man auch für die pflanzliche Nahrung anwenden. Die übliche Rechnung von Gramm Eiweiß pro kg Körpergewicht führt zugleich wieder zur Kalorienrechnung und davon müssen wir ja in der modernen Ernährungslehre endlich wegkommen. Bei Ihrer Berechnung kommen Sie zwangsläufig zu dem Schluss, dass

zwei Prozent Eiweiß zu einem Eiweißmangel führen würde. Unter 2 % Eiweiß verstehe ich 2 Gramm Eiweiß auf 100 g Nahrungsmittel, nicht 2 % der Energie der Nahrung. Eine Prozentrechnung nach dem Gewicht führt natürlich zu anderen Schlüssen als eine Rechnung nach Prozenten der Energie.

zu Seite 13, betr. Muttermilch
Hier gilt dasselbe wie bereits beim Eiweißbedarf gesagt, dass ich in Prozenten Eiweiß auf Gewichtsbasis rechne und nicht auf Kalorienbasis. Sie meinen, dass der Säugling mehr Flüssigkeit bedürfe. Dies ist sicher nicht richtig, sondern lediglich eine Annahme. Bitte denken Sie an den Unsinn, dass heute überall propagiert wird, der Mensch müsste täglich 2–3 Liter zusätzliche Flüssigkeit zu sich nehmen. Gerade die Muttermilch zeigt, wie einfach und wichtig es ist, den Eiweißbedarf in Gewichtsprozenten zu berechnen und vom Kaloriendenken wegzukommen.

Wenn Sie meinen, der Verzehr von Frischmilch sei sinnvoll und zu befürworten, so ist zu bedenken, dass es für die Masse der Bevölkerung gar keine Frischmilch gibt. Außerdem werden etwa ¼ aller Kinder krank durch den Verzehr des artfremden Eiweißes der Kuhmilch. Sie ist schuld an dem Lymphatismus (früher Skrofulose bzw. exsudative Diathese genannt), die sich in den Schwellungen des Lymphsystems, den rezidivierenden Infekten (sogenannten Erkältungen), Ekzemen, Asthma usw. äußern. Diese Erkrankungen können schlagartig geheilt werden, wenn die Kuhmilch radikal aus der Nahrung eliminiert wird. Da dies nicht bekannt ist, müssen zahlreiche Kinder ihre ganze Kindheit unter diesen Störungen leiden, da sie als unheilbar angesehen werden.

Man bedenke, dass kein im Freien lebendes Säugetier

nach der Säuglingszeit noch weiterhin Milch trinkt, schon gar nicht aber Milch einer anderen Art. Aber die Vorstellung der Menschen, dass ein Kind ohne Milch nicht gedeihen könnte, ist so festgewurzelt, dass der Hinweis auf die Kuhmilch als Krankheitsursache mit Erschrecken aufgenommen wird. Aber auch hier gilt, wer heilt, hat Recht. Seit mein Buch „Biologischer Ratgeber für Mutter und Kind", das auf 40-jähriger Erfahrung basiert, erschienen ist, kann ich mich nicht mehr retten vor kranken Kindern mit konstitutionellem Ekzem bzw. Neurodermitis. Die Eltern dieser geplagten Kinder haben jahrelang die verschiedensten Behandlungsmethoden versucht und immer erfahren, dass diese Krankheit unheilbar sei. Man kann alle diese Fälle in wenigen Wochen mit Sicherheit heilen, wenn das tierische Eiweiß, vor allem die Kuhmilch (neben raffinierten Kohlenhydraten), gemieden wird. So gibt es auch bestimmte Formen der Polyarthritis, die nicht heilbar sind, solange Kuhmilch verzehrt wird. Aber dies sind eben spezielle ärztliche Erfahrungen, wenn man auf dem Klavier der Ernährung zu spielen gelernt hat.

Was die H-Milch betrifft, so liegen mir die Auslassungen darüber von Prof. Renner vom Milchwirtschaftlichen Institut in Gießen vor, die Ihnen natürlich bekannt sind. Danach kann die H-Milch nicht mehr als Lebensmittel bezeichnet werden. Wenn man dieses Produkt nicht nach ernährungsphysiologischen, sondern nach ärztlichen und biologischen Gesichtspunkten beurteilt, so ist dieses Produkt vom ärztlichen und gesundheitlichen Standpunkt aus radikal abzulehnen. Nach Kollath ist es auch kein Lebensmittel mehr, sondern eine Konserve.

Schon der Umstand, dass man die H-Milch 4 Wochen aufbewahren kann, ohne dass sie sich verändert, ist ein Zeichen ihres Verlusts an Lebendigkeit. Auch hier spielt natürlich die Denaturierung des Eiweißes eine Rolle, wenn die Milch einige Sekunden auf 150 Grad heiße Metallwände gesprüht wird. In meinen Vorträgen, in denen ich zum Boykott gegen die H-Milch aufrufe, empfehle ich den Menschen, ihre Fingerkuppen 3 Sekunden auf eine 150 Grad heiße Herdplatte zu halten.

Auch die H-Milch ist ein typisches Beispiel dafür, dass nach chemisch-analytischen Gesichtspunkten wenig auszusetzen ist, vom ärztlichen und biologischen Standpunkt aus aber so große Bedenken bestehen, dass eine Empfehlung vom ärztlichen Standpunkt aus für dieses Volksnahrungsmittel nicht zu verantworten ist. Bitte bedenken Sie allein die Schäden durch die Pasteurisierung der Milch, wie sie schon Pottenger nachgewiesen hat. Ich bin im Besitz der Originalarbeit von Pottenger. Die negative Auswirkung schon dieser Kurzerhitzung bei Pasteurisierung ist ausreichend, um pasteurisierte Milch vom gesundheitlichen Standpunkt aus als bedenklich zu bezeichnen.

zu Seite 14, betr. Instinkt
Sie meinen, dass die Menschen sich in Bezug auf Ernährung nicht mehr auf den Instinkt verlassen könnten. Dies hat seine Gültigkeit nur für Erwachsene, die durch die häusliche Zivilisationskost ihren Geschmack verdorben haben. Bei der Behandlung von Kindern kann man aber sehen, dass das Kind noch einen hervorragenden Instinkt hat, wenn es nicht von den Eltern zu einer denaturierten Kunstkost gezwungen wird. Schon frühzeitig werden leider falsche Essgewohnheiten anerzogen. Später bedeuten diese falschen Gewohnheiten ein großes Hindernis für die Rückkehr zu einer natürlichen Ernährung.

Die Empfehlung, reichlich Flüssigkeit zu trinken, verringert die Nierensteinbildung nicht. Ich bin weit bekannt in der Behandlung von Nierensteinkranken. Unzählige kommen zu mir, nachdem sie lange Zeit der Empfehlung, viel zu trinken, gefolgt sind. Sie haben aber dadurch ihre Rezidive nicht verhindern können. Man kann diese aber mit Sicherheit verhindern, wenn die Kranken relativ wenig trinken, um die Schutzkolloide nicht zu verdünnen, aber raffinierte Kohlenhydrate streng meiden und einen großen Anteil Frischkost verzehren. Mit einer solchen Heilkost kann man dem Patienten eine Garantie geben, dass keine Rezidive auftreten. Durch die Trinkmenge kann man jedoch die zugrunde liegende Stoffwechselstörung, die zu den verschiedenen Nierensteinarten führt, nicht beseitigen. Der Rat zu trinken bleibt also in einer Symptombehandlung stecken, während die Heilnahrung die Stoffwechselstörung beseitigen kann.

zu Seite 14, betr. Nieren
Um Urin zu produzieren, muss die Niere die aktive Arbeit, wie Sie schreiben, selbstverständlich in der Resorption der Blutflüssigkeit leisten, damit überhaupt ein Urin zustande kommt. Ich glaube schon, dass man es für den Laien so ausdrücken kann, dass es eine Leistung für die Niere ist, Urin zu produzieren, unabhängig davon, wie dies im Einzelnen geschieht, damit er nicht meint, man könnte die Niere spülen wie einen schmutzigen Salat über einem Sieb. Die Urinproduktion ist also kein passiver Vorgang, sondern setzt eine Leistung der Niere voraus.

Nun habe ich mich der großen Mühe unterzogen, zu Ihren einzelnen Punkten Stellung zu nehmen. Dabei wurde es, wie schon zu Beginn gesagt, deutlich, dass hier zwei Welten sind, die eine die ärztliche aus jahrzehntelanger Erfahrung im Heilbetrieb und die andere, die stoffbezogene der etablierten Ernährungslehre. Es drängt sich dabei die Frage auf, wie die großen Heilerfolge zu erklären sind, die sich bei der Anwendung meiner Hinweise, wie ich sie in meinen zahlreichen Büchern (Auflage inzwischen mehr als eine halbe Million) dargestellt habe, einstellen.

Nun habe ich noch eine letzte Anmerkung. Da es sich bei diesem Schriftwechsel um Grundsatzfragen handelt, bitte ich Sie, den Vermerk „Vertraulich" aufzuheben. Ich habe daher dem Auftraggeber der LVA eine Kopie des Schriftwechsels zugeschickt.

Mit freundlichen Grüßen
Dr. med. M. O. Bruker

Anlagen:
Bücherliste
Kurzschriften: Scheinursachen verschleiern Zusammenhänge, Die Ernährung des älteren Menschen, Ballaststoffe sind kein Ballast, Wieviel und was soll man täglich trinken.
Artikel Börsenblatt: Mörder bekannt – kein Kläger.

Aktuelles zum Thema Trinken

Am 20. Juli 2011 bestätigt die FAZ auf der Seite „Natur und Wissenschaft" ganz aktuell Dr. Brukers Aussagen bezüglich Trinken. Unter dem Titel „Viel trinken müssen – eine Mär?" schreibt die Verfasserin Nicola von Lutterotti (hier ein Auszug):

Vom Durst unabhängige Trinkvorgaben hält die britische Allgemeinärztin Margaret Mc Cartney aus Glasgow für Unsinn. Wie sie im British Medical Journal erklärt (doi: 10.1136/bmj.d 4280), entbehren derartige Empfehlungen einer soliden wissenschaftlichen Grundlage. Ähnlich äußern sich die amerikanischen Nephrologen Dan Negoianu und Stanley Goldfarb von der Universität in Philadelphia (Pensylvania) im Journal of the American Society of Nephrology (Bd. 19. S. 1041).

Eine Missachtung des körpergesteuerten Trinkverlangens kann sogar Schaden anrichten ... Übermäßige Flüssigkeitszufuhr führt bei manchen Menschen zu einer kritischen Verdünnung des Elements Natrium im Blut. Im Extremfall kann ein solcher Natriummangel (Hyponatriämie) tödliche Folgen haben.

Wie neuere Untersuchungen zeigen, weisen mittlerweile bis zu 13 Prozent aller Marathonläufer Anzeichen einer Hyponatriämie auf.

Fazit: Die Flüssigkeitsaufnahme richtet sich vornehmlich nach dem Durstgefühl – wie Dr. Bruker es seit Jahrzehnten empfiehlt!

Die Antwort von Prof. Leitzmann:

Am 3. Mai 1984 antwortete Leitzmann mit einem kurzen Brief. In zwei Sätzen unterstrich er noch einmal seine Standpunkte Er erwähnte nicht, dass er bereits ein vernichtendes Gutachten in Umlauf gebracht hatte, das die weitere Verbreitung der LVA-Schrift verhinderte.

Am 4. 7. 1984 schrieb der ehemalige Direktor der LVA, Heinz-Peter Neumann, der seit Ende April 1984 im Ruhestand war, auf Privatbogen handschriftlich folgenden Brief:

Sehr verehrter, lieber Herr Dr. Bruker,

anbei sende ich zu Ihrer Kenntnis meinen Briefwechsel mit der Bundeszentrale für gesundheitliche Aufklärung ...

Das vernichtende Gutachten (vernichtend ist der letzte zusammenfassende Absatz mit der Warnung vor der weiteren Verbreitung der Schrift) von Prof. Leitzmann hat allen Bemühungen der LVA Berlin um die weitere Verbreitung der Schrift das Rückgrat gebrochen. Mein Kollege hat auf so etwas nur gewartet. Er denkt natürlich nicht an eine Neuauflage.

Ich selbst finde Ihre Antwort an Leitzmann ganz vorzüglich und bin sehr von ihr beeindruckt.

Auch Prof. Thomas ist sehr erschüttert über den durch Leitzmann verursachten Gang der Dinge. Dem Gesundheitsausschuss des Verbandes lag bei seiner Beratung unserer Schrift das Leitzmannsche Gutachten vor. Mein Kollege, der an der Sitzung teilgenommen hat, ließ es sich nicht nehmen, mir zu schildern, welch ein Scherbengericht das war. Er habe als Vertreter der LVA Berlin die Nase nicht über den Tisch bekommen können.

Ein Trost besteht: Die Zeit arbeitet für uns. Jeder von der GGB ausgebildete Ernährungsberater wirkt als Multiplikator für die neue Ernährungslehre.

Mit herzlichen Grüßen
Ihr
Neumann

Dr. Bruker schrieb daraufhin am 10. 7. 1984 an Prof. Dr. Claus Leitzmann:

Herrn
Professor Dr. Claus Leitzmann
Institut für Ernährungswissenschaft
Wilhelmstraße 20
6300 Gießen

10. 7. 1984
Dr. MOB/ig

Sehr geehrter Herr Leitzmann,
die Antwort auf Ihr Schreiben vom 3. 5. 84 fällt mir schwer, da ich inzwischen feststellen musste, dass Sie gezielt an zahlreiche Stellen ein vernichtendes Urteil über die von mir verfasste Schrift der LVA „Gesund durch richtige Ernährung" gesprochen haben, das in starkem Kontrast steht zu Ihrer gemäßigten Beurteilung, die Sie mir selbst am 16. 4. 84 mit dem Vermerk „Vertraulich" zugeschickt haben. In dem Schreiben an die LVA heißt es u. a.: „Wegen der zahlreichen kleinen und großen Fehler sowie den zum Teil unbewiesenen Behauptungen sollte die Broschüre in der vorliegenden Form nicht an die Verbraucher weitergegeben werden. Es würde sehr viel Verwirrung, Widerspruch und Unmut erzeugen, so dass der förderungswürdige Kern der Vollwert-

ernährung nicht nur untergehen, sondern in Misskredit geraten würde."

Dieses gezielt an viele Stellen gerichtete, nicht vertrauliche Schreiben hat seine Wirkung nicht verfehlt: Die LVA wird die Schrift nicht mehr nachdrucken. Der Landesverband Baden, an den die LVA Berlin die Schrift zum Nachdruck weitergereicht hatte, hat ebenso wie alle anderen Landesverbände sich auf Grund Ihres Urteils distanziert. Die LVA Berlin wurde sogar auf einer Verbandssitzung schwer gerügt, dass sie die Bevölkerung mit solchen falschen Empfehlungen beglückt hatte.

Eine praktische Anleitung ist für die Bevölkerung dringend notwendig, nachdem unter dem Einfluss der herkömmlichen Ernährungsphysiologie in Zusammenwirkung mit den Interessen wirtschaftlicher Machtgebilde es zu einer unaufhaltsamen Krankheitswelle gekommen ist. Ich empfinde es schade, dass Sie sich im offiziellen Bereich dagegenstellen, obwohl mir natürlich Ihre Zwänge für Ihr Doppelspiel bewusst sind.

Mir liegen selbstverständlich auch andere Urteile von ebenfalls in Ernährungsfragen kompetenten Persönlichkeiten vor, die ganz andere Urteile über meine Schrift abgegeben haben. Der Unterschied in dem Urteil z. B. von Professor Thomas, das ich Ihnen beilege, erklärt sich daraus, dass er auch medizinische Aspekte einbezieht und durch die erweiterte Betrachtungsweise des Problems zu anderen Schlüssen kommen muss als bei Betrachtung vom rein physiologischen Standpunkt aus.

Zudem steht er nicht unter dem dirigistischen Eindruck der Deutschen Gesellschaft für Ernährung und seinem Präsidenten Prof. Menden.

Ich bin überzeugt, dass Sie die Problematik anders sehen würden, wenn Sie auch nur vier Wochen als Arzt tätig wären und bei jedem einzelnen Patienten mit der Not konfrontiert würden, die durch die Fehlinformation in Ernährungsfragen zustande kommt. Die Betrachtung von der Pathologie her gibt dem Arzt Einblicke in Vorgänge im Organismus, die bei einer physiologischen Betrachtungsweise nicht erkennbar sind. Dafür gäbe es zahllose Beispiele; diese setzen jedoch Erkenntnisse voraus, die einem nicht in der Krankenbehandlung Stehenden unbekannt sind.

Die Fettsucht ist so ein klassisches Beispiel: Die übliche Vorstellung, die Krankheit Fettsucht käme dadurch zustande, dass die Menschen zu viel Fett äßen, ist verständlich, aber primitiv und falsch. Denn sie führt zu dem Schluss, durch Einschränkung der Fettzufuhr sei die Krankheit zu verhüten bzw. zu beseitigen. Dieser Rat führt aber nicht zum Erfolg. Dies zwingt zu der Überlegung, wo der Fehler liegt. Ich kann dies in dem engen Raum eines Briefes nicht ausreichend darlegen, habe aber versucht, in einem Buch „Idealgewicht ohne Hungerkur" dies auch für den medizinischen Laien verständlich darzulegen. Der Erfolg gibt Recht. Einer unter vielen Fehlern der üblichen Betrachtungsweise liegt darin, dass aus der Beobachtung, dass beim Verzehr von Schweinefleisch sich Schweinefleischmoleküle im Fett des Menschen nachweisen lassen, der Schluss gezogen wird, dass krankhaft abgelagertes Fett aus übermäßig verzehrtem Fett stamme. Sie wissen selbst, dass die Verhältnisse komplizierter liegen. Mir aber wird unterstellt, ich hätte so mangelhafte Kenntnisse in Physiologie, dass ich dies nicht wüsste.

Der Unterschied in der Betrachtung liegt nur darin, dass ich aus den Fakten andere Schlüsse ziehe, nämlich solche, die mit der Erfahrung am Krankenbett in Einklang zu bringen sind. Die klinische Beobachtung und Erfahrung zeigt eben, dass das krankhafte überschüssige Fett des fettsüchtigen Kranken nicht durch übermäßigen Fettverzehr entsteht, sondern dass im Gegenteil bei Einschränkung der Fettzufuhr, aber gleichzeitigem Verzehr raffinierter Kohlenhydrate der Patient immer dicker wird und bei Zufuhr nicht raffinierter (lebendiger) Fette abnimmt. Solche und andere Erfahrungen am Kranken führen zu dem lapidaren Ausspruch: „Fett macht nicht fett". Dies wird nun als besonders markantes Beispiel für meine „Unwissenschaftlichkeit" angeführt. Die Vorgänge bei der Entstehung von Stoffwechselstörungen liegen erheblich komplizierter und sind mit einfacher Kalorienbetrachtung nicht zu verstehen. Denn schon z. B. der Mangel eines einzigen Vitamins kann weitreichende Auswirkungen im intermediären Stoffwechsel hervorrufen. Wie unüberschaubar aber wird das Problem, wenn zahlreiche Vitalstoffe nicht in ausreichender Menge vorhanden sind.

Die heute übliche Physiologie reicht nicht aus, um die komplizierten Krankheitsvorgänge zu verstehen. Für den Arzt muss aber gelten: „Wer heilt, hat recht". Die Wissenschaft hat eben dafür zu sorgen, die Erklärungen zu erarbeiten. Unter Wissenschaft darf dann aber nicht das verstanden werden, was dem derzeit gültigen Dogma entspricht. Es gibt z. B. auch eine empirische Wissenschaft.

Meine ärztliche Tätigkeit auf Grund praktischer Erfahrungen hat eben zu so ungeheuren Heilungserfolgen geführt, dass der Zustrom bisher unheilbar Kranker auch in meiner Klinik nicht mehr bewältigt werden kann. Mit dem von Ihnen vertretenen Konzept kann den Kranken nicht geholfen werden. Im Gegenteil, die meisten dieser Kranken, die an ernährungsbedingten Zivilisationskrankheiten leiden, halten sich unter ärztlicher Anleitung oft über lange

Zeiten peinlich genau an die ärztlichen Ernährungsratschläge, wie sie aus der herkömmlichen Ernährungsphysiologie stammen. Dies ist eine schlimme Erfahrung, aber leider die Realität.

Hier sind zwei Welten. So erklären sich die verschiedenen Auffassungen, die aus unterschiedlichem Erkenntnisstand und unterschiedlichen Voraussetzungen resultieren. Es gibt nämlich eine voraussetzungslose Wissenschaft.

Bei der Bemühung um die Eindämmung der Krankheitslawine halte ich es nicht für fair, es sich so leicht zu machen, dass man die Argumente des Andersdenkenden mit dem Vorwurf der Unwissenschaftlichkeit abwertet. Mit demselben Recht könnte ich manche Vorstellungen der herkömmlichen Physiologie als unwissenschaftlich bezeichnen, da sie wesentliche Aspekte außer Acht lassen.

Ich werde in Zukunft meine ärztlichen Erfahrungen in der Bekämpfung der ernährungsbedingten Zivilisationskrankheiten einsetzen. Ich leite die Berechtigung dazu aus den großen damit erzielten Erfolgen in der Krankheitsvorbeugung und -behandlung und aus *ärztlicher* Verpflichtung ab, auch wenn die Vertreter der herkömmlichen Ernährungsphysiologie dies zu verhindern suchen. Aus dieser grundsätzlichen Haltung gebe ich die Hoffnung nicht auf, dass trotz der verschiedenen Standpunkte in gewissen Bereichen ein tragbarer Konsens möglich und eine Eskalation der Kontroverse vermeidbar ist.

Mit freundlichen Grüßen
Ihr
Dr. med. M. O. Bruker

Allen so genannten Wissenschaftlern, die Dr. Bruker Unwissenschaftlichkeit vorwerfen, sei nochmals die bereits erwähnte Arbeit „Krank durch Zucker – Der Zucker als pathogenetischer Faktor" empfohlen, mit der Dr. Bruker 1970
eine Prozessandrohung der Zuckerindustrie abwendete.
Die darin aufgeführten chemischen und klinischen Daten
wurden in das Buch „Zucker, Zucker" (emu-Verlag) übernommen. Es ist bisher auf dem deutschen Buchmarkt keine vergleichbare wissenschaftliche Arbeit zu diesem Thema
erschienen.

Ich werde in Zukunft meine
ärztlichen Erfahrungen
in der Bekämpfung der
ernährungsbedingten
Zivilisationskrankheiten
einsetzen.

Dr. med. M. O. Bruker

Der LVA-Krimi geht weiter:
Prozessandrohung der DGE gegen die GGB

Unverzüglich bemühte sich die GGB um eine Nachdruck-erlaubnis für die LVA-Schrift. Nach Erhalt der Zusage erteilte sie den Druckauftrag über 100 000 Exemplare. Der Titel „Gesund durch richtige Ernährung" blieb bestehen. Auf der Rückseite der Broschüre stand deren Entstehungsgeschichte.

Nun trat die Deutsche Gesellschaft für Ernährung (DGE) erneut auf den Plan, sie fühlte sich besonders korrumpiert durch die Aussage, sie sei „das Sprachrohr der Nahrungsmittelindustrie, die die potentesten Mitglieder in der DGE stellt".

Am 8.7.1985 schrieben deren Anwälte an die Gesellschaft für Gesundheitsberatung u.a.: „Sie sind verpflichtet, umgehend dafür Sorge zu tragen, dass die Broschüre vollständig aus dem Handel verschwindet. Sollte noch ein weiteres Exemplar vertrieben werden, wird entsprechend die Vertragsstrafe fällig." Der Streitwert wurde mit 30 000,– DM beziffert.

Daraufhin teilte unser Anwalt der DGE am 16.7.1985 u.a. mit: „Ich darf bei dieser Gelegenheit auch darauf hinweisen, dass, sollte es zu einer gerichtlichen Auseinandersetzung kommen, dies der geeignete Anlass zu einer konzertierten Aktion aller interessierten Verbände sein wird, die für eine fortschrittliche Ernährungslehre eintreten.

Dazu wird eine größtmögliche Einbeziehung der Presse in die Diskussion gehören, welche Interessen die Deutsche Gesellschaft für Ernährung wirklich vertritt und wie diese Interessen personell repräsentiert werden."

Diese Schrift hat eine interessante Geschichte

Es haben sich um sie Vorgänge abgespielt, die schlaglichtartig offenkundig machen, dass hinter den Ernährungsfragen nicht so sehr medizinisch-ärztliche, sondern gesundheitspolitische und mehr noch wirtschaftliche Fragen stecken.

Ursprünglich wurde diese Schrift von der Landesversicherungsanstalt (LVA) Berlin herausgegeben. Sie wurde von dem Ernährungswissenschaftler und Arzt Dr. M.O. Bruker aufgrund seiner jahrzehntelangen Erfahrung in Klinik, Praxis und Forschung verfasst. Ihr Ziel war und ist eine intensive Aufklärung breiter Bevölkerungskreise über die Ursachen der ernährungsbedingten Zivilisationskrankheiten. Der Leser erfährt, dass viel mehr Krankheiten als er ahnt, durch langfristig krankmachende Ernährung entstehen. Der Bürger soll ferner darüber informiert werden, dass es vorwiegend die industriell hergestellten Nahrungsmittel Fabrikzucker, Fabrikfette und Auszugsmehle sind, die diese Krankheiten verursachen. Diese Fehler der üblichen Kost beruhen allein auf einer veralteten und daher falschen Ernährungslehre, die sich fernab vom gesunden oder kranken Menschen theoretisch und einseitig an Laborwerten orientiert.

Das große Echo der ersten Auflage rief die Gegner auf den Plan. In Gutachten forderten sie, dass diese Schrift nicht mehr von der LVA vertrieben wird. Die Behauptung, sie sei infolge

falscher Angaben sogar gesundheitsgefährdend, hatte ihre Wirkung. Bei der zweiten Auflage griff man zu massiveren Mitteln. Die Deutsche Gesellschaft für Ernährung (DGE) drohte der Gesellschaft für Gesundheitsberatung (GGB) mit einer Klage. Es ist sicherlich kein Zufall, dass gegen die DGE wiederholt der Vorwurf erhoben wurde, sie bagatellisiere offenkundige Zusammenhänge aus der Erfahrungsmedizin zwischen falscher Ernährung und bestimmten Krankheiten.

Der Vorwurf Dr. M. O. Brukers, die DGE sei das Sprachrohr der Nahrungsmittelindustrie, wird erhärtet durch das Verhalten des ehemaligen DGE-Präsidenten Pudel (1993), der sich nicht scheut, für McDonalds und H-Milch Werbung zu machen.

Die Gesellschaft für Gesundheitsberatung GGB e. V. sieht ihre Aufgabe in einer umfassenden Gesundheitsaufklärung der Bevölkerung. In diesem Sinne wird die ehemalige „LVA-Schrift" nun weiter verbreitet.

© emu Verlags- und Vertriebs GmbH
56112 Lahnstein / Rhein
0 26 21 - 91 70 10
www.emu-verlag.de

Kleine Broschüre verursacht Wirbel

Rechtsanwälte protestieren gegen GGB Lahnstein

-sp- LAHNSTEIN. Die Gesellschaft für Gesundheitsberatung in Lahnstein (GGB) hat einen „rechtsanwältlichen Tritt" gegen das Schienbein bekommen. Per Einschreiben wird den Verantwortlichen untersagt, eine Textseite auf ihrer Broschüre „Gesund durch richtige Ernährung" weiter zu veröffentlichen, da diese Unwahrheiten beinhalte. Was es damit auf sich hat, interessierte die RLZ.

Dr. Bruker, Vorsitzender der Gesellschaft für Gesundheitsberatung, erläuterte, daß die obengenannte Broschüre in die Schriftenreihe der Landesversicherungsanstalt Berlin aufgenommen wurde. Insgesamt zwölf dieser Schriften mit den verschiedensten Themen werden dort herausgegeben.

Dr. Brukers Schrift wurde zurückgezogen, soll eingestampft werden. Der streitbare Arzt aus Lahnstein behauptet: „Die haben kalte Füsse bekommen nach dem Druck durch die Deutsche Gesellschaft für Ernährung (DGE)". Die Anwälte der DGE weisen hingegen darauf hin, daß Ernährungswissenschaftler von der LVA und vom Verband der Rentenversicherungsträger aufgefordert wurden, zu dieser Schrift „Gesund durch richtige Ernährung" Stellung zu nehmen. „Aufgrund der hierbei sich ergebenen massiven Kritik aus wissenschftlicher Sicht hat die LVA freiwillig die Einstellung dieser Broschüre veranlaßt," schreiben die Anwälte.

Kurzerhand gab damals Dr. Bruker diese Broschüre im Eigenverlag heraus, beziehungsweise die GGB. Jetzt aber mit einer zusätzlichen Textseite über eine „interessante Geschichte", und zwar wie er die Dinge sieht, was den Rückzieher der LVA angeht.

Grundsätzlich geht es in dieser Schrift um die Problematik, daß sehr viele Zivilisationskrankheiten im Zusammenhang mit falscher Ernährung zu sehen sind. Dr. Bruker nennt in dieser Schrift Roß und Reiter: Auszugsmehle, Fabrikzucker und Fabrikfette. Diese drei Lebensmittel - wobei der Begriff „Lebensmittel" selbst schon von Dr. Bruker angezweifelt wird - seien für eine ganze Reihe von Krankheiten verantwortlich. Er stellt die alte Ernährungsweise geegnüber einer neuen, wobei sich die neue Ernährungslehre durch „ihre Lebendigkeit und Natürlichkeit auszeichne", also naturbelassene Kost.

Dieser Zusammenhang von Ernährungsweise und Krankheiten wird von der DGE nicht bestritten, doch die Anwälte weisen daraufhin, daß es um den zusätzlichen Textteil gehe, und hier unter anderem um die Behauptung, die Deutsche Gesellschaft für Ernährung sei „das Sprachrohr der Nahrungsmittelindustrie", und dies sei schlicht unwahr. Wahr sei hingegen, daß die Arbeit der DGE vorwiegend aus Mitteln des Bundesministeriums für Jugend, Familie und Gesundheit und weiteren Institutionen der öffentlichen Hand getragen werde. Das Mitgliedsbeitragsaufkommen von Firmen betrage lediglich 17,2 Prozent des Gesamtbeitragsaufkommens.

Die DGE sei entschlossen, gegen die Gesellschaft für Gesundheitsberatung gerichtlich vorzugehen, falls diese sich nicht zur Unterlassung ihrer Behauptung und ihres Verhaltens verpflichte. Die GGB wird also aufgefordert, auf die letzte Seite der Broschüre mit dem beanstandeten Text zu verzichten. Würde es dennoch getan, dann wären 5000 Mark zu bezahlen. Dies soll per Unterschrift besiegelt werden.

Im Gespräch mit der RLZ betonte Dr. Bruker, daß es offensichtlich nicht um den Inhalt der Broschüre gehe, sondern nur um die letzte Seite, aber, so betonte er, „jede Angabe ist belegbar, ich werde diese Erklärung, verfaßt von den Anwälten der Deutschen Ernährungsgesellschaft, nicht unterschreiben und ansonsten in höchster Gelassenheit der Zukunft entgegensehen."

Am 11.1.1985, 10.30 Uhr, fand daraufhin ein „Vermittlungsgespräch" im Kurhotel in Bad Neuenahr statt, das Dr. Dr. Rütten (ein ehemaliger Patient Dr. Brukers und DGE-Mitglied) veranlasst hatte. Anwesend waren Prof. Dr. Erich Menden (damaliger Präsident der DGE), Dr. Max Otto Bruker, Dr. Dr. Rütten – und ich. Es war eine offene Unterredung. Wir konnten Prof. Menden zahlreiche Beweise vorlegen, aus denen eindeutig hervorging, dass die DGE „das Sprachrohr der Nahrungsmittelindustrie" ist. Er verzichtete auf die Durchsicht der Belege. Wir fragten ihn unter anderem nach seiner Präsenz im wissenschaftlichen Beirat des BLL (BLL = Bund für Lebensmittelrecht und Lebensmittelkunde), der eine von der Nahrungsmittelindustrie dankbar anerkannte Rolle spielt und auch auf den Ernährungsbericht einwirkt, den die DGE alle vier Jahre herausgibt. Prof. Menden antwortete ausweichend.

Nach dieser Gesprächsrunde, in der Professor Menden betonte, es sei der DGE nichts an einem Prozess gelegen, folgte weiterer persönlicher Schriftwechsel zwischen ihm und Dr. Bruker. Am 18.10.1985 zog die Deutsche Gesellschaft für Ernährung (DGE) ihre Klageandrohung zurück.

Die Verknüpfung der Wirtschaft mit der so genannten Wissenschaft wurde jedoch immer stärker sichtbar. Wahre Allianzen formierten sich als Bruker-Gegner. Wurde Dr. Bruker vorher gelegentlich als Außenseiter bezeichnet, bescheinigte man ihm nun offiziell „Unwissenschaftlichkeit", „Gefährdung" der Menschen, Scharlatanerie und unverantwortliche Heilungsversprechen. Stärkster Betreiber dieser Rufmordkampagne war wiederum die Deutsche Gesellschaft für Ernährung (DGE).

Vor mir liegt das Lehrbuch „Ernährungsmedizin" (Thieme 1994), Pflichtliteratur für Medizinstudenten. Es zeigt eindeutig und beispielhaft die Handschrift der DGE und bescheinigt Dr. Bruker „irreführende, falsche Behauptungen". Da die Herausgabe von der Firma Kelloggs unterstützt wird, wundert die Abwertung seiner Arbeit und seiner Person nicht.

Im Vorwort heißt es: „Es wird zunehmend erkannt und auch anerkannt, dass die Möglichkeiten der Ernährungsmedizin sowohl für die Prophylaxe als auch in der Therapie völlig unzureichend genutzt werden. Diese Aufgabe hat sich auch das Forum Ernährungsmedizin – eine Initiative der KELLOG (Deutschland) GmbH – gestellt, die die Anregung zu der vorliegenden Monographie gegeben hat und ihr Erscheinen unterstützt."

Dr. Bruker verklagt die DGE und die BZgA

Gemeinsam mit der Bundeszentrale für gesundheitliche Aufklärung (BZgA) trieb die Deutsche Gesellschaft für Ernährung (DGE) ihre Angriffe auf die Spitze. 1999 reichte der mittlerweile neunundachtzigjährige Dr. Bruker Klage ein. In ihrer Broschüre „Alternative Ernährungsformen" hatten beide Institutionen nicht nur Brukers Aussagen verzerrt dargestellt, sondern handfeste Unwahrheiten behauptet.

Das Urteil erging am 3. August 2000 vor dem Landgericht Koblenz, Aktenzeichen – 1.0.301/99. Es freut mich bis heute, dass Dr. Bruker wenige Tage vor seinem Tod das Urteil noch in Händen halten konnte. Es lautet:

Die Beklagten haben es bei Vermeidung von Ordnungsgeld bis zu 500000,– DM, ersatzweise Ordnungshaft bis zu 6 Monaten, zu unterlassen, wörtlich oder sinngemäß die Behauptung aufzustellen und/oder zu verbreiten und/oder verbreiten zu lassen,

a) der Kläger gehe davon aus, dass mit der Vollwertkost das Auftreten sämtlicher Zivilisationskrankheiten u. a. auch Rheuma, Diabetes mellitus und Erkältungen verhindert werden könne;

b) der Kläger erhebe den Anspruch auf Heilung bestimmter Krankheiten, wie Rheuma, Diabetes mellitus oder Erkältungen allein durch Vollwertkost; der Kläger erkläre, 3 Esslöffel Frischkornbrei täglich verhindere die Entstehung ernährungsbedingter Zivilisationskrankheiten;

c) der Kläger empfehle grundsätzlich keine Zwischenmahlzeiten

164

Die DGE gibt keine Ruhe

Doch die DGE gibt auch nach Dr. Brukers Tod (2001) keine Ruhe. Im „Brockhaus Ernährung, 1. Auflage" stellte sie die Vollwertkost (nach Bruker) als „gesundheitsgefährdend" dar und erhob weitere verzerrte und unwahre Behauptungen, die von der Deutschen Gesellschaft für Ernährung und Prof. Claus Leitzmann (s. S. 124) „bewertet" waren.

Unser Rechtsanwalt Gotthard Monreal setzte sich daraufhin mit Dr. Oberritter von der DGE in Verbindung. Am 22. 10. 2002 fand eine Besprechung in deren Räumen in Bonn statt. Anwesend von Seiten der DGE waren Herr Sölter und der wissenschaftliche Leiter Dr. Oberritter. Für die GGB erschienen Rechtsanwalt Monreal und ich.

Herr Monreal betonte, dass die Anknüpfung an den Prozess im Jahr 2000 gegeben sei. Er sei jedoch kein Freund von Prozessen, wenn die Möglichkeit bestünde, in einem Gespräch eine Einigung zu erzielen.

Die einzelnen Punkte über angebliche Aussagen Dr. Brukers wurden ausführlich diskutiert. Darüber liegt ein von der DGE geführtes Protokoll vor, das uns versehentlich zugeleitet wurde. In mehreren Punkten bat ich schriftlich um Korrektur, da es nicht wahrheitsgemäß angefertigt war.

Die zweite Auflage „Brockhaus Ernährung" stand an. Dr. Oberritter schlug eine Neufassung des Textes vor, die mir vor dem Druck zur Korrektur vorgelegt werden sollte. Dies erfolgte tatsächlich, zu Beginn des Jahres 2003.

Auf den Schlusssatz „Für Säuglinge hält die DGE die Kost nicht für geeignet" mochte die DGE ungern verzichten.

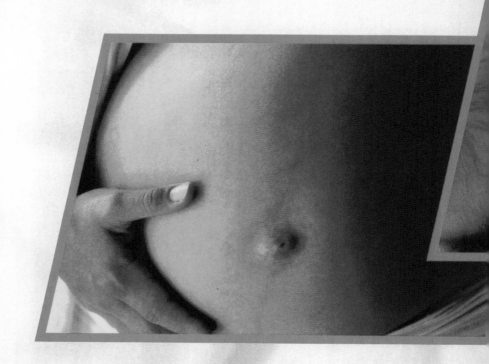

Gesunde Ern

Essen und
Schwangers

Erstellt in Zusammenarbeit mit der Deutschen G

Ein interessanter Beleg für die Zusammenarbeit zwischen DGE und Nahrungsmittelindustrie: Diese großformatigen mehrseitigen, in kalenderform gehaltenen Schautafeln wurden in gynäkologischen Praxen und Entbindungsstationen aufgehängt.

milupa

für Mutter & Kind

rung für zwei

ken in der
t und Stillzeit

für Ernährung (DGE) – Referat Fortbildung, Bonn

Damit konnten wir leben, denn ein Säugling soll keine Vollwertkost essen, sondern – wie sein Name schon sagt – gestillt werden. Wie die Nahrung danach für ihn aussehen kann, ist in den Büchern „Biologischer Ratgeber für Mutter und Kind", „Iss, mein Kind" (emu-Verlag) sowie in „Biokost für mein Kind" (Helma Danner) beschrieben.

Aus der Sprechstunde:
Die Bruker-Bücher und ihre Geschichte

Nicht nur die Nahrungsmittelindustrie, auch die etablierten Ernährungswissenschaftler und manche Kollegen nahmen es sicherlich mit einem gewissen Entsetzen auf, dass Dr. Bruker seine Veröffentlichungen derart „lesbar" schrieb. Ihm war es stets ein Anliegen, ohne jeden Standesdünkel Aufklärungsarbeit zu leisten.

„Gesundheit ist ein Informationsproblem" postulierte er in Vorträgen und Büchern immer wieder – und dieser Überzeugung ließ er entsprechend Taten folgen. Die Ratgeber-Reihe „Aus der Sprechstunde" zeichnet sich bis heute besonders dadurch aus, dass das Wissen um Krankheitsursachen für jeden leicht verständlich und gut lesbar vermittelt wird. Hier gibt es keine „Halbgötter in Weiß".

Gesundheit ist ein Informationsproblem.

Dr. med. M. O. Bruker

Immer wieder ein brandheißes Thema: Säuglingsernährung

Das Buch „Biologischer Ratgeber für Mutter und Kind" (1. Auflage 1982, 17. Auflage 2011) ist bis heute ein rotes Tuch für Säuglingsnahrungshersteller und deren Interessenvertreter. Bereits wenige Monate nach Erscheinen warnte 1983 die Oecotrophologin Gerta van Oost in einer Morgensendung des WDR die Eltern vor den Aussagen dieses Dr. Bruker. Gerta van Oost als Sprecherin des Dortmunder Forschungsinstituts für Kinderernährung (FKE) orakelte sinngemäß: „Wir warten täglich auf das erste tote Kind."

Mit Schreiben vom 18. 8. 1983 forderte Dr. Bruker sie zu einer Richtigstellung ihrer „volksschädigenden Äußerungen" auf. Sein Brief endet mit dem Satz: „Ich bin gern zu einer öffentlichen Diskussion bereit". Eine Antwort von Gerta van Oost erfolgte erwartungsgemäß nicht.

In den nächsten Jahren streute die DGE, die „partnerschaftlich" mit dem FKE zusammenarbeitet, planmäßig über alle ihre zur Verfügung stehenden Kanäle (und die sind zahlreich!) Warnungen vor Dr. Bruker und der von ihm empfohlenen Ernährung. Es folgten Verrisse im Ärzteblatt, Tageszeitungen, Zeitschriften, Ausbildungsstätten und Verbänden. Auch die Oecotrophologen, die seine Gewissenhaftigkeit kannten und Behandlungserfolge aus erster Hand gesehen hatten, schlugen zu.

„Unwissenschaftlich" war das Schlagwort, mit dem man Dr. Bruker diskriminierte. Unter diese „Auszeichnung" fällt alles, was nicht der chemisch-analytischen Betrachtungsweise, dem röhrenförmig eingeengten Gesichtsfeld des Labordenkens, entspricht.

Prof. Leitzmann vom Institut für Ernährungswissenschaften der Universität Gießen äußerte 1991 in einem Sonderheft der Zeitschrift NATUR: „Dr. Bruker kann ihnen hundert gesunde Frischkornkinder vorführen. Die Kinder aber, die an rohem Getreide schwer erkranken, verschwinden in irgendeiner Klinik und werden natürlich nicht erwähnt."

Rechtsanwalt Gotthard Monreal forderte ihn daraufhin am 30. 10. 1991 zur Stellungnahme auf. Leitzmann erwiderte, er habe vergessen, in dem Interview zu erwähnen, dass er Kollegen mit klinischer Erfahrung zitiert habe.

Deren Namen nannte er nicht. Leitzmann erklärte sich: „Ob es sich bei der Grundaussage und These um eine falsche und diskriminierende Äußerung handelt, vermag ich nicht eindeutig zu sagen, da ich weder Arzt bin noch die entsprechende Erfahrung besitze. Diese Frage wäre anhand einschlägiger wissenschaftlicher Veröffentlichungen zu entscheiden. Ich darf Ihnen versichern, dass ich die mir zugeschriebene Äußerung zukünftig weder selbst noch als Zitat eines Kollegen weitergeben werde."

… und noch ein Blick hinter die Kulissen: 1986 gab die *Bundesarbeitsgemeinschaft für Verbraucherfragen im Gesundheitswesen e. V.* die 64 Seiten starke Broschüre „Übergewicht – ein gewichtiges Problem" heraus. Darin wird das Ballaststoff-Produkt „Natuvit" des Pharmawerks Scheurich empfohlen – Prof. Leitzmann leistet Hilfestellung:

**Bundesarbeitsgemeinschaft
für Verbraucherfragen
im Gesundheitswesen e.V.**

BAVG

2 3. April 1986

Pressestelle

medien + kommunikation
D-8130 STARNBERG
POSTFACH 1504
TEL.: 08151/8798
TX.: 5-27 704 INFO D
TG.: MEDIKOMSTARNBERG

Übergewicht - ein gewichtiges Problem

Unter dieser Überschrift können Sie nun die
Beantwortung der wichtigsten Fragen zu diesem
Thema von prominenten Experten, wie Frau Dr.
Antje-Katrin Kühnemann, Prof. Dr. Claus
Leitzmann oder Prof. Dr. Volker Pudel,
nachlesen. Die Bundesarbeitsgemeinschaft für
Verbraucherfragen im Gesundheitswesen e.V.
(BAVG) hat aufgrund verschiedener Telefon-
aktionen mit Betroffenen eine Broschüre
zusammengestellt und die ständig wiederkeh-
renden Probleme in Frage und Antwort abge-
druckt. "Haben Gewürze eigentlich Kalorien?";
"Wieviel Kalorien muß ich einsparen, um ein
Kilo abzunehmen?"; "Zu welchen Folgeer-
scheinungen kann Übergewicht führen?" und
ähnliche Fragen werden hier gestellt und
beantwortet. Mit von der Expertenpartie ist
die bekannte Ernährungsbuchautorin Maria-Eli-
sabeth Lange-Ernst und der Gautinger Promi-
nentenarzt Heraldo Haberl.

Die 64seitige Broschüre "Übergewicht - ein
gewichtiges Problem" kann ab sofort gegen
eine Schutzgebühr von DM 3,--, die in Briefmarken beiliegen muß, bei der BAVG-Presse-
stelle bestellt werden. Bestellungen, denen
keine Schutzgebühr in Form von Briefmarken
beiliegt, können nicht berücksichtigt werden.
Bestelladresse: BAVG, Kennwort "Übergewicht",
Postfach 17 06, 8130 Starnberg.

28 Zeilen a 45 Zeichen

Übergewicht
– ein gewichtiges Problem
Experten geben Auskunft

Dr. Bruker brachte in einem Schreiben an Prof. Leitzmann seine Verwunderung darüber zum Ausdruck. Daraufhin erfolgten Erläuterungen von Leitzmann, dass hier Missverständnisse vorlägen. So habe er es nicht gemeint. Die Pressemitteilung zu der Broschüre und der uns vorliegende Schriftwechsel sprechen jedoch eine andere Sprache.

Am 16.1.1998 wirbt die Aktiengesellschaft Medicom-Pharma für das Produkt Nobilin Q 10:
Schon eine Kapsel Nobilin Q 10 versorgt Sie täglich mit dem Besten aus Tomaten, Rotwein und grünem Tee sowie mit

acht weiteren pflanzlichen Vitalstoffen, die Ihre Gesundheit fördern können ... Sie erhalten diese sinnvolle Ergänzung zum einmaligen Aktions-Preis.

Als Fußnote dieses Schreibens ist vermerkt: *Vitalstoffe schützen Sie von innen und können Ihnen helfen, den Winter gesund und unbeschwert zu genießen. Bei Fragen zu den Themen Gesundheit oder Ernährung stehen Ihnen die Ernährungswissenschaftler unseres Kunden-Service gern zu Verfügung.*

Neben dieser Fußnote ist als „Aufsichtsrat" der Medicom Pharma aufgeführt:

Dr. oec. troph. Andreas Hahn

Prof. Dr. rer. nat. C. Leitzmann

Dipl. Päd. Manfred Türk (Vors.)

Im Juni 1998 erscheint in der Werbung namentlich nur noch der Aufsichtsratsvorsitzende Dipl. Päd. Manfred Türk. Das bedeutet jedoch nicht zwingend, dass Leitzmann sich von der Firma und deren Interessen verabschiedet hat. Vermutlich hätte er diese Aktion auch wieder einem Missverständnis zugeschrieben.

Liebe Leser, derartige scheinbar „trockene" Vorgänge sind tatsächlich hoch dramatisch und folgenschwer – und unser Archiv ist übervoll davon. Genau diese „Experten", die sich der so genannten Wissenschaft verpflichtet fühlen und dies auch ständig betonen, qualifizieren nach wie vor Dr. Brukers jahrzehntelange erfolgreiche Arbeit als „unwissenschaftlich" ab. Dessen Ausführungen basieren jedoch auf Erfahrungswissenschaft und Forschung. Eine Mitwirkung an dubiosen PR-Aktionen und eine derartige Zusammenarbeit mit kommerziellen Firmen wäre für ihn undenkbar gewesen.

Apropos Säuglingsernährung … Das absurdeste Beispiel der letzten Jahre: Zöliakie. Die schwere Dünndarmerkrankung wurde ursprünglich, nach Entdeckung der ursächlichen Zusammenhänge, logisch korrekt als „Mehlnährschaden" in Folge der Verabreichung von *Auszugsmehl* bezeichnet. Der Kinderarzt O. Heubner (1843–1926) und der amerikanische Pathologe Chr. A. Herter (1865–1910) erforschten dieses Krankheitsbild. Nach ihnen wurde die Krankheit zunächst als Heubner-Hertersche Krankheit benannt, später als Zöliakie. Sie trat vorwiegend bei Säuglingen und Kleinkindern auf. Meine Mutter sah selbst mehrere Fälle während ihrer Ausbildung (1924–1927) in der Hebammenlehranstalt in Celle.

Heute wird immer öfter fälschlich – und offensichtlich gezielt – als Ursache der Verzehr von *Vollgetreide* genannt. Jahrzehntelange Erfahrungswerte und „Heilerfolge" werden regelrecht aus dem medizinischen Gedächtnis eliminiert, als hätte es sie nie gegeben. Dazu zählen auch die Patientenfallbeispiele, die der Schweizer Arzt Bircher-Benner (1864–1939) belegte. Sie waren so überzeugend, dass damals das Krankenhaus in Zürich seine Therapie für Zöliakiekranke übernahm. Hier zeigt sich, wie lang der Arm wirtschaftlicher Interessengruppen in die wissenschaftliche Lehre mittlerweile reicht.

Idealgewicht – ohne Hungerkur

Immer wieder tauchten denunzierende Meldungen auf, wenn es um Ernährungsfragen ging. Sie alle trugen die Handschrift der Deutschen Gesellschaft für Ernährung (DGE). Das Buch „Idealgewicht ohne Hungerkur" beispielsweise fiel in der Presse auf ganzer Linie durch. In Tageszeitungen, Sonderheften und Journalen hieß es fast übereinstimmend – hier aus der Badischen Zeitung vom 14.7.1998 zitiert: „Dr. Brukers Schriften, so meint die Deutsche Gesellschaft für Ernährung (DGE), enthalten zahlreiche falsche, unbewiesene und irreführende Behauptungen ... Seine Ratschläge können, so die DGE, zum einen zu Mangelerscheinungen führen, zum anderen gesundheitsgefährdend sein ... Die Diät fördert weder eine Änderung des Essverhaltens noch körperliche Betätigung. Aus all diesen Gründen kann sie nicht empfohlen werden."

Unter „Bewertung" heißt es abschließend: „Sättigend – nein, vielseitig – nein, praktisch – nein, spannend – nein, nachhaltig – nein." Die fettarme, kohlenhydratreiche, auf Kalorien abgestimmte „Pfundskur" von Prof. Volker Pudel (DGE) erhielt dagegen Bestnoten.

Liebe Leser, erinnern Sie sich noch daran? Die Presse war voll davon. Kein Wunder, denn Pudel hatte seine „Pfundskur" gemeinsam mit dem Süddeutschen Rundfunk und der Allgemeinen Ortskrankenkasse (AOK), die er als seinen zweiten Arbeitgeber bezeichnete, erstellt.

Die Stiftung Warentest klinkte sich mit einem Sonderheft „Schlank und fit" ein. Deren Pressekontakte zur DGE waren so intensiv, dass sie sogar bei einer DGE-Mitgliederversammlung erwähnt wurden. Bei dem Presseverriss des Buches „Idealgewicht" wurde Warentest dementsprechend als Quelle für weitere Hinweise genannt.

Derselbe DGE-Professor Pudel sagte übrigens einmal einem Medizinprofessor von der Universität Mainz, man wisse ja, dass Bruker Recht habe, könne dies nach außen aber niemals zugeben.

Das Buch „Idealgewicht ohne Hungerkur" ist mittlerweile in der 30. Auflage erhältlich. Ein echter Bestseller – auch ohne großen Presserummel. Wer heilt, hat recht.

Man wisse ja, dass Bruker recht habe, könne dies nach außen aber niemals zugeben..

Stuhlverstopfung in 3 Tagen heilbar – ohne Abführmittel

Das Buch wurde erstmals bereits 1969 in einem früheren Verlag veröffentlicht – inzwischen ist im emu-Verlag seit 1984 bereits die 24. Auflage erschienen (Stand: 2011). Buch und Autor wurden wie gehabt angegriffen, auch aus den Kreisen der Reformbewegung. Nachfolgend zitiere ich beispielhaft eine von Dr. Brukers Reaktionen. Daraus geht hervor, mit welchen Argumenten die Kritiker an die Öffentlichkeit gingen, wie üblich, ohne ihn persönlich angeschrieben oder angesprochen zu haben. Diese unsachliche Methode begegnet uns auch der GGB gegenüber bis heute.

Herrn
Dr. H. Anemüller
Wissenschaftliches Archiv für Ernährung und Diätetik
8214 Bernau am Chiemsee

4.6.1970

Lieber Herr Kollege Anemüller,
Ihre scharfe Kritik an meinem Buch „Stuhlverstopfung in 3 Tagen heilbar", die Sie den refo-Junioren gegenüber ausgesprochen haben, liegt mir vor. Sie werden verstehen, dass ich zu Ihren Vorwürfen Stellung nehmen möchte. Zunächst möchte ich ganz allgemein feststellen, dass die volle Verantwortung für all das, was in diesem Büchlein geschrieben ist, von mir getragen wird und nur von mir getragen werden kann. Dafür stecken 35 Jahre klinische Erfahrung konzen-

triert in dieser Schrift. Dass viele Ratschläge den üblichen Vorstellungen widersprechen, ist selbstverständlich. Es lag mir völlig fern, all die vielen Ratschläge, die schon tausendmal veröffentlicht sind, nochmals in einer neuen Schrift zu wiederholen. Ich zeige ja gerade den Weg, der eine Garantie gibt.

Es ist allgemein bekannt, dass auf medizinischem Gebiet keine Garantien gegeben werden können. Wenn also bei der Behandlung der Stuhlverstopfung, die ja lediglich ein Symptom ist, eine Garantie gegeben wird, so muss derjenige, der dies ausspricht, schon gewichtige Gründe haben. Sie beruhen rein auf Erfahrung.

Ich spreche daher jedem, der diese Erfahrung nicht hat und der meine Richtlinien nicht an Tausenden, am besten an Zehntausend oder Zwanzigtausend nachgeprüft hat, die Berechtigung ab, eine Kritik zu üben. Zuerst müsste ich also das fordern, wie es Hahnemann auf dem Gebiet der Arzneibehandlung ausdrückte: „Macht's nach, aber macht's genau nach. Und dann urteilt".

Dann möchte ich vorweg bitten, die Geschichte des Vorworts auf Seite 9 nochmals zu lesen: „Ich wäre Ihnen dankbar, wenn Sie mir **einen** Fall nennen könnten, bei dem dieses Rezept nicht wirkt. Es wäre der erste Fall, den ich in 30 Jahren erlebe, und die erste Ausnahme von einem strengen Naturgesetz. Denn kein im Freien lebendes Lebewesen hat Stuhlverstopfung, sie findet sich nur beim domestizierten Tier und dem zivilisierten Menschen, die zivilisatorisch veränderte Nahrung zu sich nehmen.

Und wenn wir die Hauptfehler der zivilisatorischen Veränderung der Nahrung abstellen, dann zeigt sich, dass dieses Naturgesetz auch beim Menschen noch Gültigkeit hat.

Lieber Herr Anemüller, glauben Sie, dass ich es niemals gewagt hätte, einen solchen Titel zu wählen, wenn ich mich nicht dafür verbürgen könnte. Denn die Sache ist ja leicht nachprüfbar und mein Ruf als seriöser Arzt und Wissenschaftler wäre für immer verloren. So leichtfertig setze ich meinen Ruf nicht aufs Spiel. Und Sie werden sich denken können, dass ich mir vorher bewusst war, dass diese Kritik einsetzen würde. Dass sie allerdings am heftigsten aus biologischen Reihen kommen würde, hatte ich nicht vermutet.

Ich möchte Sie also nicht nur bitten, mir einen Fall nachzuweisen, der die Ratschläge genau befolgt und trotzdem keinen Erfolg hat. Dann gebe ich mich geschlagen und widerrufe. Ich gehe einen Schritt weiter: Ich biete Ihnen für jeden Fall DM 1000,–, bei dem Sie mir einen echten Misserfolg trotz Einhaltung der Vorschriften nachweisen. Mechanische Verschlüsse durch Tumoren rechnen selbstverständlich nicht zu Verstopfung.

Wenn die Voraussetzungen stimmen, dass bei Einhaltung der Vorschriften selbst nach 30 Jahre lang bestehender Verstopfung, die mit massiven Abführmitteln malträtiert wurde, spätestens am 4. Tag ein Erfolg eintritt, dann kann man auch nicht von einer groben und unzulässigen Vereinfachung sprechen. Denn das Buch ist für Laien geschrieben, und es ist notwendig, die wissenschaftlichen Tatsachen für die Laien vereinfacht darzustellen. Insofern muss vereinfacht werden. Aber da diese Vereinfachung den Tatbestand trifft und voll erfüllt, ist sie nicht nur zulässig, sondern notwendig.

Es ist ein Irrtum, anzunehmen, dass das Wesentliche bei der Vollkornnahrung die Grobheit sei. Der Erfolg ist keineswegs abhängig von „gröberer" Vollkornnahrung, sondern von einem noch naturbelassenen Vollkorngericht. Ob dies grob oder fein gemahlen ist, ist völlig ohne Belang. Aber diesen Irrtum findet man in außerordentlich vielen

Empfehlungen der Verstopfungsbehandlung. Hier liegt keinerlei mechanisches Prinzip vor, wie viele annehmen.

Es ist ein Irrtum, dass es viele Fälle gibt, die auf eine solche Kostumstellung überhaupt nicht ansprechen, wie Sie behaupten. Bitte weisen Sie mir einen solchen Fall nach. Es ist mir selbstverständlich bekannt, dass in der medizinischen Ausbildung gelehrt wird, dass Fälle von Verstopfung (sogenannte spastische) mit einer Verschlechterung der Obstipation reagieren sollen, wenn man grobe Nahrung gäbe. Und grob ist eben für viele Vollkornnahrung. Aber diese Behauptung ist ein reines Dogma, das zwar immer wieder gelehrt wird, aber absolut falsch ist. Gerade dieses Dogma ist es, was Jahrzehnte viele ärztliche Gehirne vernebelt hat und was einer vom anderen abschreibt. Gerade hier ist ein wesentlicher Punkt, weshalb ich überhaupt dieses Buch geschrieben habe, um eben mit diesem fehlerhaften Dogma aufzuräumen.

Natürlich liegen dem Symptom Verstopfung auch mal in einigen Fällen Entzündungen des Dünndarms zugrunde. Selbstverständlich. In einem späteren Band der Buchreihe werde ich zeigen, dass diese Krankheiten mit einer Kost behandelt werden müssen, die im Prinzip genau der entspricht, die ich für die Beseitigung der Stuhlverstopfung angegeben habe. Sie können dies aber auch aus Veröffentlichungen von mir entnehmen, die schon zehn Jahre alt sind: „Die Ernährungsbehandlung der Magen-, Darm-, Galle-, Leber- und Bauchspeicheldrüsenerkrankungen". Das ist ja gerade das Großartige an der biologischen Vollwertkost, dass sie keine Kontraindikation kennt und den Vorteil hat, dass sie die der Verstopfung zugrunde liegende Grundkrankheit gleichzeitig günstig beeinflusst.

Sie erwähnen die F. X. Mayr-Behandlung, die mir selbstverständlich genau bekannt ist. Ich will mich mit dieser Methode hier nicht auseinandersetzen, Ihnen aber sagen, dass die Zahl der Patienten, die nach Mayr-Kuren, die sie aus anderen Gründen durchführen, nicht klein ist, die anschließend schwer zu beeinflussende Dyspepsien haben.

Wer allerdings in den Begriffen von reizloser ballaststoffarmer und zellulosereicher Ballastnahrung steckengeblieben ist, muss selbstverständlich durch mein Buch schockiert sein, das eben diese althergebrachten Dogmen über den Haufen wirft. Aber: Wer heilt, hat recht.

Sie monieren, dass ich nur zwei Obstipationsformen erwähne, die ernährungsbedingte und die lebens- bzw. spannungsbedingte. Selbstverständlich sind mir die in Lehrbüchern angegebenen Formen bekannt. Man kann sie aber, um es für den Laien praktisch verständlich und durchführbar zu machen, durchaus auf die zwei großen Gruppen ernährungsbedingt und lebensbedingt zurückführen. Bitte nennen Sie mir eine Verstopfungsform, die nicht entweder ernährungs- oder lebensbedingt ist. Dazu müssen Sie allerdings meine Definition der lebensbedingten Krankheiten, wie sie in Band 2 der Buchreihe festgelegt ist, berücksichtigen. Das Leben bringt so vielseitige Umstände und Verhältnisse, dass auch die lebensbedingten Erkrankungen sehr vielseitig sind. Diese habe ich ja ausgeschlossen. Allerdings zeigt sich, dass auch für schwere Neurosekranke die in meinem Buch angegebene Nahrung bei Verstopfung die optimale ist. Sie gibt die Garantie, dass die ernährungsbedingte Komponente beseitigt ist und nur noch ein Einfrontenkrieg zu führen ist. Man hat dabei die Sicherheit, dass von Seiten der Nahrung nichts falsch gemacht ist.

Sie meinen, der kritische Leser müsse bestürzt darüber sein, wie leicht ich mir die Aussage mache, wenn ich komplizierte Gegebenheiten einfach negiere und monoman nur meinen Vorstellungen folge. Hier irren Sie: Der Leser, der nichts von medizinischen Dogmen beherrscht, ist keineswegs bestürzt, sondern begeistert, wie es der Autor fertig bringt, komplizierte Gegebenheiten ihm in einer einfachen Form darzustellen, dass er sie so verstehen kann, dass er sie auch praktisch durchführen kann. Und mir kommt es ja nur auf den Erfolg an. Bestürzt ist nur der Leser, der seine bisherigen Vorstellungen nicht bestätigt findet. Und der soll durchaus bestürzt sein. Ich freue mich, denn dann hat das Buch wirklich seinen Zweck erfüllt, aufzurütteln und den Mut zu geben, die Dogmen empirisch zu überprüfen.

Lieber Herr Anemüller, ich halte es nicht für fair, wenn Sie die refo-Jugend und den Bundesfachverband Deutscher Reformhäuser bange machen, „wenn etwas marktschreierisch angekündigt wird, was medizinisch gesehen nicht haltbar ist". Hier überschreiten Sie Ihre Kompetenz. Denn wenn meine Darstellungen medizinisch nicht haltbar sind, dann muss ich mich ja vor der Ärztekammer verantworten. Dies ist nicht die Aufgabe der refo-Junioren und des Bundesfachverbandes Deutscher Reformhäuser. Ich wiederhole: Nur ich allein kann die Verantwortung für das tragen, was ich geschrieben habe. Und dass das, was ich geschrieben habe, medizinisch gesehen nicht haltbar sei, ist lediglich Ihr Urteil, eben weil meine Darstellungen mit Ihren Vorstellungen nicht konform gehen. Wenn aber bei Befolgung meiner Ratschläge der Erfolg eintritt, den Sie sich allerdings nicht vorstellen können, dann müssen doch meine Ratschläge medizinisch haltbar sein, auch wenn sie hergebrachten Vorstellungen widersprechen.

Durch Ihre Frage, ob die jungen Leute (gemeint sind die refo-Junioren) überhaupt begreifen, was eine sachliche und objektive Aussage ist, dann erwecken Sie in ihnen den Eindruck, als ob mein Buch eine unsachliche und nur subjektive Aussage wäre. In Wirklichkeit stützt es sich auf über

30-jährige Erfahrung und die praktische Anwendung von Naturgesetzen.

Sie versuchen ferner, den refo-Junioren zu suggerieren, dass die Werbung für mein Buch einer Kooperation mit Ärzten und der DGE zuwiderlaufe.

Die Zahl der Ärzte, die begeistert sind, dass sie durch die Empfehlung meiner Schrift sich lange Ernährungsdebatten ersparen können, ist sehr groß. Dies zeigt auch der große Absatz des Buches. Wenn kein Erfolg da wäre, würde sich das rasch herumsprechen. Aber jeder erzählt von dem Erfolg dem Nächsten. Ich möchte also den Vorwurf, dass mein Buch die Kooperation mit Ärzten und der DGE störe, nicht akzeptieren.

Man kann den Leitspruch „Erst dienen, dann verdienen" auch anders auslegen, als Sie es tun. Die Reformhäuser müssten, wie es früher war, zuerst das Wohl der Menschen (ihrer fakultativen Kunden) im Auge haben. Und wenn sie mein Buch empfehlen, dann handeln die Reformhäuser allerdings selbstlos, denn der Gesunde benötigt das Reformhaus u. U. weniger als solange er noch krank ist. Mein Buch enthält auch überhaupt keinerlei Werbung und Hinweise auf Reformwaren. Ich muss es den refo-Junioren deshalb sehr hoch anrechnen, dass sie sich nicht auf den Standpunkt stellen, warum sollen wir ein Buch empfehlen, dass unsere Waren nicht anpreist. Wer aber über längere Zeiträume denkt, wird begreifen, dass der Dienst am Kunden, der ihm gute Ratschläge vermittelt, auf die Dauer sich besser bezahlt macht, als nur Ware verkaufen wollen.

Auch zu Ihrer Kritik an den Illustrationen möchte ich ein paar Worte sagen. Wir leben in einer Zeit, in der man mit den biederen Werbemethoden der früheren Zeit nicht mehr konkurrenzfähig ist. Es war lange Zeit ein Fehler in den Reformkreisen, dass man nicht wandlungsfähig genug war. Dies führte dazu, dass es nicht möglich war, bestimmte Erkenntnisse über die Kreise der Reform hinaus zu vermitteln. Es ist dringend notwendig, dass die sogenannten Reformkreise erweitert werden. Wenn auch andere Kreise angesprochen werden sollen und vor allem die Jugend, dann muss man heute mit schockierenden Methoden arbeiten. Deshalb sind die Illustrationen bewusst schockierend gewählt. Dies entspricht dem Zeitgeist, auch wenn man ihn selbst nicht akzeptiert. Aber jedes Exemplar des Buches, das gelesen wird, bedeutet einen für immer von Stuhlverstopfung Befreiten.

Ich glaube, dass man den Leitspruch so verstehen muss: „Erst dienen, dann verdienen".
Mit kollegialem Gruß

Bruker

M. O. Bruker

Herr Dr. Anemüller antwortete nicht.

Liebe Leser, dies ist nur einer von unzähligen Briefen, die ich in den zahlreichen Ordnern im Archiv fand. Er steht beispielhaft für andere und zeigt, mit welcher Geduld und Höflichkeit Dr. Bruker selbst auf unfaire Kollegen einging. Seine Gegner dagegen mieden in der Regel feige eine direkte Konfrontation und stellten ihn über Presse, Rundfunk, Schulen, Ausbildungsstätten, Krankenkassen und zahlreiche andere Kontakte ins Abseits.

Als Bruker jedoch einmal in einem Vortrag sagte „Reformhäuser heißen so, weil sie reformbedürftig sind", verschwanden seine Bücher dort fast flächendeckend aus dem Angebot. Seine Kritik war jedoch berechtigt – und betraf unter anderem die von Dr. Anemüller in allen Reformhäusern gewinnbringend eingeführten Fleisch- und Wurstwaren.

Reformhäuser heißen so,
weil sie reformbedürftig sind.

M. O. Bruker

Vorsicht Fluor

Die Dokumentation „Vorsicht Fluor" erschien 1984. Darin ist belegt, dass alle verabreichten Fluoride Breitbandenzymgifte sind, die nachweislich gesundheitsschädlich wirken. Das sorgte selbstverständlich für Aufruhr!

Seit den Sechzigerjahren wurde diese angebliche Prophylaxe gegen Zahnkaries flächendeckend und mit aller Vehemenz von allen Krankenkassen, der Ärzteschaft, den Herstellern von Fluortabletten und fluoridhaltigen Zahnpasten sowie deren Interessenvertretern in den Markt gedrückt. „D-Fluoretten" für Säulinge und Kleinkinder, aber auch für ältere Kinder, wurden als absolut notwendig für deren Zahnentwicklung propagiert.

Das Buch liest sich wie ein Krimi. Es zeigt auf, welche wirtschaftlichen Gruppen hinter den Fluoridierungsaktionen stehen und welchen Einfluss die Wirtschaft seit langem auf die so genannte Wissenschaft hat. Alle daran Beteiligten werden namentlich aufgeführt.

Den Fall des Zahnarztes Knellecken aus Düsseldorf schildern die Autoren besonders ausführlich. Durch Betreiben der Zucker- und Süßwarenindustrie und deren Interessenvertreter wurde der Zahnarzt in Prozesse getrieben, die ihn privat und beruflich ruinierten. Wenige Tage vor dem entscheidenden Prozess musste sein Entlastungszeuge Dr. Leblanc nach einem merkwürdigen Vorfall plötzlich ins Krankenhaus eingeliefert werden. Er wurde dort wenige Tage später nach einem angeblichen Fenstersturz tot im Innenhof des Klinikums aufgefunden.

Als Dr. Bruker sagte, er möchte auch diese Zusammen-

hänge veröffentlichen, bat Dr. Knellecken ihn händerin-
gend darum, dies zu unterlassen, denn „ein Toter ist doch
genug".

Das „Fluorproblem" ist eine so unglaubliche Geschichte,
dass Sie, liebe Leser, sie selbst lesen müssen, denn es würde
den Rahmen, Sinn und Zweck dieses Buches sprengen. Die
GGB, mit Dr. Bruker an der Spitze, hat jedenfalls mutig ge-
kämpft und brachte mit der Veröffentlichung einen Stein
ins Rollen, so dass die Fluoridierungsaktionen zum Erlie-
gen kamen.

Es wurden dicke Wälzer zu diesem Thema veröffentlicht,
unter anderem 1985 vom „Wissenschaftlichen Institut der
AOK", um unsere Aussagen zu widerlegen. Es fanden Vorträge und heiße Podiumsdiskussionen statt, in denen uns
der sachkundige Fluor-Experte Rudolf Ziegelbecker aus
Graz unterstützte. Er lieferte wesentliche Fakten.

Wir schickten das Buch an den Journalisten und WDR-
Moderator Klaus Bednarz. Ein Wunder geschah: Am
1. Oktober 1985 strahlte der Westdeutsche Rundfunk Köln
im Fernseh-Magazin MONITOR den Beitrag „Fluor – unwirksam gegen Karies? – der Filz zwischen Zuckerindustrie
und Zahnärzteverbänden" aus (s. S. 62 f.). Er führte zu einer
Flut von Anfragen aus der Bevölkerung und heftigen Pro-
testen besonders zahn- und kinderärztlicher Organisationen und Funktionäre. Der Bundesverband der Deutschen
Zahnärzte e. V., eine der treibenden Kräfte der Fluoridierung, verklagte den WDR Köln auf einstweilige Verfügung
und Gegendarstellung, verlor aber den Prozess.

Bednarz kritisierte die Fluoridierung scharf. Er erreichte damit Millionen Zuschauer und trug erheblich zur Ab-
schaffung der Tablettenaktionen bei. An deren Stelle ist nun
die Versiegelung der Zähne mit fluoridhaltigem Lack getre-

ten. Wenn die Eltern über diese Maßnahme von Zahnärzten nicht hinreichend aufgeklärt werden, handelt es sich um Körperverletzung, denn der Zahnschmelz wird nachhaltig destruktiv verändert.

Die Trinkwasserfluoridierung ist noch nicht aus der Diskussion und könnte mit zunehmender Privatisierung der Wasserwerke wieder brisant werden.

Ein Wunder geschah:
Am 1. Oktober 1985 strahlte
der Westdeutsche Rundfunk
Köln im Fernseh-Magazin
MONITOR den Beitrag
„Fluor – unwirksam
gegen Karies? – der Filz
zwischen Zuckerindustrie und
Zahnärzteverbänden" aus.

Der Vollkornfilm

1985 veröffentlichte die GGB den Zeichentrickfilm „Vollkorn – ein Baustein unserer Ernährung", der in erster Linie als Aufklärungsmaterial für Schulkinder gedacht war. Im Gegensatz zu anderen Aktionen war dies eine leichte, erfreuliche Arbeit. Wir hatten nur die Aufgabe, die Drehbücher zu lesen. Die gesamte Produktion übernahm der Filmemacher Thilo Graf Rothkirch.

Auch heute, nach mehr als fünfundzwanzig Jahren, kann man den Film noch als gelungen bezeichnen. Er ist nach wie vor gefragt und über den emu-Verlag zu beziehen.

Die GGB demonstriert

Wie stark „die Mächtigen" sind, bekam der Journalist und Buchautor Dr. Franz Alt 1986 zu spüren. Er moderierte und gestaltete mit seinem Kollegen Wolfgang Moser beim Südwestfunk Baden-Baden die kritische Sendung REPORT.

Nach dem GAU von Tschernobyl (26.4.1986) berichtete Franz Alt über die katastrophalen Folgen dieses Atomunfalls. Damit waren beide Journalisten nach Auffassung des Intendanten Willibald Hilf offensichtlich zu weit gegangen. REPORT geriet unter Druck.

In unserer Kolumne im „Gesundheitsberater" April/Mai 1987 schrieben Dr. Bruker und ich: „Wir legen dieser Zeitschrift erneut das Schreiben ‚Report gerät unter Druck' bei, verbunden mit der herzlichen Bitte an Sie, sich für den weiteren Einsatz von Franz Alt und seines Mitarbeiters Wolfgang Moser in der Sendung ‚Report' stark zu machen.

Es ist unglaublich, dass in einer angeblichen Demokratie ein Ausleseverfahren getroffen wird, um eine offene Aufarbeitung dringlicher Probleme – in diesem Fall die Bedrohung durch Atomkraftwerke – zu verhindern.

Vertrauen Sie nicht darauf, dass genügend Leute an den Südwestfunk Baden-Baden schreiben werden, sondern tun Sie es selbst, jetzt und heute.

Maßgebliche (unbequeme) Persönlichkeiten, und zu denen zählt Franz Alt, ‚entfernt man', so wie die Maikäfer, die jetzt angeblich Ursache für Waldschäden sein sollen. Einige Tonnen Gift, und das Problem ist gelöst – meint man. Nur … das Gift wirkt nach – das Gift der Worte und Werke."

ARD im Gespräch — Hilf im Gerede

AUFRUF

zur Solidaritätskundgebung
für die Report-Redaktion

Dienstag, 7. April 1987, 12 Uhr bis etwa 18 Uhr
in Baden-Baden vor dem Kongreßhaus, Am Augustaplatz

In seinem „Offenen Brief an meinen Intendanten" schreibt Joachim-Ernst Berendt in DIE ZEIT (27. März 1987) „vom Elend des Südwestfunks" im Zusammenhang mit der Kampagne des Intendanten Willibald Hilf gegen die Report-Redaktion unter anderem: „Es geht darum, daß eine öffentlich-rechtliche Rundfunkanstalt mit 2000 Angestellten, wenn sie einen Wolfgang Moser nicht ertragen kann, den Auftrag, unter dem der öffentlich-rechtliche Rundfunk und das öffentlich-rechtliche Fernsehen in dieser Republik angetreten sind, nicht mehr erfüllen kann. Um ihn angemessen erfüllen zu können, bräuchten wir ... Schulen und Akademien, in denen junge Menschen jene Art Journalismus lernen, der — über Jahre hinweg — so viele Millionen von Menschen immer wieder an den Filmen der Baden-Badener 'Report'-Redaktion fasziniert hat."

Südwestfunk-Intendant Willibald Hilf — nun zehn Jahre in diesem Amt — hat alles getan, was in seiner Macht stand, um den SWF im Sinne von CDU/CSU, Kapital, Atomindustrie u.a. gleichzuschalten. Nur die „Report"-Redaktion ist noch ein Dorn im Auge der Machthaber in diesem Lande. Ähnliche Repressionsmaßnahmen und Gleichschaltungsversuche wie sie die Report-Redaktion ausgesetzt ist, gibt es aber in fast allen Anstalten der ARD. Es geht tatsächlich nicht allein um Franz Alt, Wolfgang Moser und die Report-Redaktion, es geht um die grundrechtlich verbriefte Rundfunkfreiheit. Aber an Report soll nun das Exempel statuiert werden, als Meilenstein auf dem Weg zur Gleichschaltung des Fernsehens im Sinne der herrschenden Politik.

Das darf nicht gelingen! Deshalb rufen wir auf zur Solidaritätskundgebung für die Report-Redaktion am

7. April 1987. Für diesen Tag hat Intendant Willibald Hilf (und zur Zeit Vorsitzender der ARD-Intendanten) die Presse, bekannte Fernsehleute, seine Kollegen Intendanten zu einer Art Selbstbelobigungsveranstaltung unter dem Motto „ARD im Wettbewerb" (früher: ARD im Gespräch) in das Kongreßhaus in Baden Baden eingeladen. Hauptreferent Willibald Hilf spricht zu dem Thema „Die Zukunft der ARD". Mit einer Sitzkundgebung vor dem Kongreßhaus wollen wir uns mit der Report-Redaktion und allen Journalisten, die sich ihre Kritikfähigkeit bewahrt haben, solidarisieren und die Fernseh- und Rundfunkmächtigen daran erinnern, daß „die Präsentation von Minderheitsmeinungen ... zu den Programmaufgaben eines zur Meinungsvielfalt verpflichteten Rundfunks" gehört (Zitat: Personalrat des SWF).

Die Ziele und Forderungen der Solidaritätskundgebung:

Wir wünschen keine Gewalt, sondern Gerechtigkeit für die Report-Redaktion.

Wir fordern die weitere Moderation der Sendung Report ohne Maulkorb.

Wir verlangen objektive Aufklärung und keine Manipulation durch die Medien Presse, Funk und Fernsehen.

Wir erwarten den Rücktritt von Willibald Hilf.

Uns zahlenden Fernsehzuschauern steht ein Mitspracherecht an der Gestaltung der Programme zu.

Wir rufen auf: Nehmen Sie zahlreich an dieser gewaltfreien Solidaritätskundgebung teil.

Unterzeichner(innen): Otl Aicher, Grafiker (Leutkirch); Inge Aicher-Scholl (Leutkirch); Heinrich Albertz, Pastor (Bremen); Prof. Ulrich Albrecht (Berlin); Prof. Astrid Albrecht-Heide (Berlin); Prof. Günter Altner (Heidelberg); Hartmut Bäumer, Richter a.D. (München); Prof. Hans Eckehard Bahr (Witten); Prof. Herbert Begemann (München); Manfred Bissinger, Chefredakteur „natur" (München); Karola Bloch (Tübingen); Annemarie Böll (Köln); Dr. h.c. William Borm (Bonn); Prof. Margeritha von Brentano (Berlin); Dr. Max Otto Bruker, Arzt (Lahnstein); Bundesverband Bürgerinitiativen Umweltschutz (BBU); Bundesverband der jungen Arbeitnehmerschaft; Bundesvorstand der Arbeitsgemeinschaft sozialdemokratischer Juristen; Bund für Umwelt und Natur Deutschland; Prof. Andreas Buro (Hundstadt); Christliche Demokraten für Schritte zur Abrüstung; Prof. Carsten Colpe (Berlin); Prof. Walter Dirks (Wittnau); Prof. Helga Einsele (Frankfurt); Bernt Engelmann, Schriftsteller (Rottach-Egern); Prof. Walter + Annemarie Fabian (Köln); Prof. Ossip K. Flechtheim (Berlin); Prof. Günter Freudenberg (Osnabrück); Dr. Ulrich Frey (Bonn); Friedenspolitischer Kurier (fpk); Gesellschaft für Gesundheitsberatung; Prof. D. Helmut Gollwitzer (Berlin); Prof. Michael Th. Greven (Marburg); Gustav-Heinemann-Initiative; Ilse Gutjahr, Gesundheitsberaterin (Lahnstein); Peter Härtling, Schriftsteller (Mörfelden-Walldorf); Dieter Hildebrandt, Kabarettist, Schauspieler (München); Humanistische Union; Internationale Ärzte für die Verhütung des Atomkriegs/Sektion Bundesrepublik Deutschland; Prof. Robert Jungk (Salzburg); Hans-Christian Kirsch, Schriftsteller, Pseudonym: Frederik Hetmann (Nomborn); Prof. Arno Klönne (Paderborn); Prof. Ulrich Klug, Justizsenator a.D. (Köln); Dr. Helmut Koch, Arzt (Gaggenau); Prof. Eugen Kogon (Königstein); Komitee für Grundrechte und Demokratie; Horst Krautter (Stuttgart); Prof. Erich Küchenhoff (Münster); Dieter Lattmann, Schriftsteller, Publizist (München); Konrad Lübbert, Vorsitzender des Versöhnungsbundes (Uetersen); Dr. Alfred Mechtersheimer (Starnberg); Franz Miller (Starnberg); Prof. Wolf-Dieter Narr (Berlin); Prof. Oskar Negt (Hannover); Ohne Rüstung leben / Initiativkreis; Gudrun Pausewang, Schriftstellerin (Schlitz); Prof. Ulrich K. Preuß (Bremen); Prof. Horst-Eberhard Richter (Gießen); Richter und Staatsanwälte für den Frieden; Luise Rinser, Schriftstellerin (München/Rom); Barbara Rütting, Schauspielerin, Schriftstellerin (Neumarkt); Prof. Jürgen Seifert (Hannover); Prof. Dorothee Sölle, Schriftstellerin (Hamburg); Peter Schneider, Schriftsteller (Berlin); Dietmar Schönherr, Schauspieler (Kaiserstuhl); Dr. Martin Stöhr, Pfarrer (Siegen); Prof. Johano Strasser, Publizist (Berlin); Karin Struck, Schriftstellerin (Hamburg); Prof. Klaus Traube (Hamburg); Prof. Ernst Tugendhat (Berlin); Hanne und Klaus Vack (Sensbachtal); Verband Deutscher Schriftsteller (VS) in der IG Druck + Papier; Günter Wallraff, Schriftsteller (Köln); Martin Walser, Schriftsteller (Überlingen).

Bitte weitersagen, dieses Flugblatt fotokopieren und weiterverteilen!

Presserechtlich verantwortlich: Ilse Gutjahr Lahnstein + Klaus Vack Sensbachtal; Druck: hbo-druck Einhausen

Klaus Vack, ein unermüdlich kämpfender Journalist für demokratische Grundrechte, und ich zeichneten für die nebenstehende Pressemeldung verantwortlich. Sie sorgte für erhebliche Unruhe.

An der Kundgebung nahmen über 400 Menschen teil. Die Nachrichten desselben Tages meldeten allerdings nur „knapp 200 Personen". Nach Auskunft eines mit dem Kongresshaus Vertrauten waren zusätzlich zu den zahlreichen bereits anwesenden Polizisten noch einmal 40 Bewacher angefordert worden. Am Nachmittag nahmen wir zu Dritt an einem Gespräch mit Willibald Hilf teil. Er war von Stellvertretern und Justitiaren (sieben Personen) umgeben. Wir wurden vorher auf Waffen abgetastet.

In der Sitzung brachten die Herren zum Ausdruck, dass im Sender „von Gremien entschieden wird", weil „die Meinung der Straße" nicht interessiert. Gefahren durch Atomkraft? Die müssen „wissenschaftlich belegt sein" war das Argument von Hilf und seinen Beisitzern.

Als Willibald Hilf mich schließlich anschrie „Sie haben den Hass in mein Haus getragen", konnte ich (zumindest äußerlich) ganz gelassen erwidern: „Warum? Ich habe nur gesagt, dass unsere Leser und unsere Seminar- und Tagungsteilnehmer die Fernsehgebühren nicht bezahlen sollen, wenn so undemokratisch entschieden wird."

Wolfgang Moser wurde „versetzt". Ihm bot der Südwestfunk den unbedeutenden „Schauplatz Europa" an. Dr. Franz Alt blieb. In der Presse griff man ihn jedoch immer häufiger an. Man unterstellte ihm journalistische Meinungsmache. Heute arbeitet er als freier Journalist und Autor. Sein Engagement für alternative Energien ist einmalig und weltweit anerkannt. Während der GGB-Tagung in der Stadthalle Lahnstein sprach er im März 2011 zum 27. Mal. Seine Vorträge sind einprägsam und mitreißend. Danke, Franz Alt!

Damit diese Erde für unsere Kinder bewohnbar bleibt!

<u>Ein Aufruf</u>
der partei- und länderübergreifenden Initiative:

Aktion »Ökologischer Marshallplan«

Dr. Franz Alt, seit den Anfängen der Öko-Bewegung ein aktiver Vordenker. Die GGB gehörte zu den Erstunterzeichnern.

Aufruf zu einem "Ökologischen Marshallplan"

Viele Menschen engagieren sich weltweit in ihrem Alltagsleben für eine Verbesserung der Umwelt. Zur Rettung der Ökosysteme auf dem Planeten Erde und damit der Umwelt unserer Kinder und Kindeskinder reicht das allein aber leider nicht aus. Deshalb sind die Regierungen jetzt aufgefordert, den Wunsch vieler Menschen nach mehr Umweltschutz durch einen weltweiten Umweltrettungsplan zu verwirklichen.

Wir fordern deshalb: Die Bundesregierung, die Europäische Gemeinschaft und die Vereinten Nationen verpflichten sich, bei der ersten großen Nachfolgekonferenz von Rio – 1995 in Deutschland – einen Ökologischen Marshallplan "Klimaschutz" und spätestens bis zum Jahr 2000 die übrigen Teilpläne des Ökologischen Marshallplanes "Rettung der Wälder", "Bevölkerungstabilisierung" und "Ost-West-Umweltkooperation" zu realisieren.

Wir fordern weiterhin: Einzelelemente dieser Pläne müssen ab sofort schon im internationalen und europäischen Rahmen in Angriff genommen werden, auch bevor es zu einer weltweiten Vereinbarung kommt.

Die Initiatoren:
Franz Alt, Joschka Fischer, Jo Leinen, Eva Quistorp, Wolfgang Rauls, Lutz Wicke

---

Stiftung Naturschutz Berlin
Geschäftsstelle Marshallplan
Potsdamer Straße 68
10785 Berlin

Tel.: (030) 26 26 001
26 26 002
Fax: (030) 26 15 277

● **Ich/Wir unterstütze/n die Aktion "Globale Umweltpartnerschaft"**

| Name der Person / des Unternehmens | Adresse PLZ, Ort, Straße | Unterschrift (bei Organisationen: des Berechtigten) |

①...

②...

③...

④...

⑤...

⑥...

⑦...

⑧...

⑨...

⑩...

❑ Ich/Wir wünsche/n noch **nähere Informationen über die Aktion "Globale Umweltpartnerschaft"**

❑ Ich bin bereit, für den Geschäftsbedarf und für die Öffentlichkeitsarbeit der Aktion "Globale Umweltpartnerschaft" einen Beitrag von DM .... auf das Sonderkonto der Stiftung Naturschutz Berlin bei der

RAIFFEISENBANK/KÖPENICKER BANK Berlin, **Konto-Nr.: 400/270 270**, BLZ 101 90 200, **Stichwort "Globale Umweltpartnerschaft"** zur Verfügung zu stellen. ❑ Scheck liegt bei ❑ ich überweise.

❑ Spendenbescheinigungen können auf Wunsch ausgestellt werden.

.............................., den .... **Unterschrift**..............................

Das Cholesterinproblem

Mit dem Buch „Cholesterin – der lebensnotwendige Stoff" hatte Dr. Bruker 1991 wieder einmal den Nerv der Nahrungsmittelindustrie – diesmal speziell der Margarine-Industrie – getroffen. Prompt erhielten alle erreichbaren Medien nebenstehenden Brief.

Inzwischen gibt es zahlreiche Bücher zum Thema, die Dr. Brukers Aussagen bestätigen. Die wissenschaftlichen Ausführungen von Prof. Dr. Roland Scholz untermauern die Erfahrungswerte von Dr. M. O. Bruker (Medizinische Biochemie, Zuckschwerdt 2004).

union

DEUTSCHE LEBENSMITTELWERKE GMBH
Presse- und Informationsabteilung
Telefon (040) 3493 164

Herrn
Dr. Brüker

Hamburg, 15. November 1991
zi st

Sehr geehrte Frau

wieder einmal hat uns der Bestseller-Autor Dr. Otto Bruker "ent-
larvt". In seinem neuesten Anti-Margarine- und Pro-Cholesterin-
Buch schreibt er: "Weil ein Margarine-Konzern die Konkurrenz
Butter auf dem Markt aus dem Feld schlagen wollte, erfand er das
Cholesterin-Märchen und hält damit die Bevölkerung in Atem und
an der Kandare."

Würde hier nicht mit einem ernstzunehmenden Thema fahrlässig
gespielt, wäre das Pamphlet es nicht wert, erwähnt zu werden. So
aber glauben wir, im Zusammenhang mit der Cholesterin-Problematik sowohl auf den Ernährungsbericht der Bundesregierung als
auch auf die wissenschaftlichen Erkenntnisse des letzten Jahr-
zehnts verweisen zu müssen. Auch macht die DGE in vielen Erklärungen die Kausal-Zusammenhänge zwischen einem erhöhten Chole-
sterin-Spiegel und einem Herzinfarktrisiko deutlich.

Die Ergebnisse der Wissenschaft und der Medizin sprechen für
sich. Sie belegen übrigens auch, daß nicht wir die Erfinder der
Cholesterin-Problematik sind.

Mit freundlichen Grüßen

UNION
Deutsche Lebensmittelwerke GmbH
Presse- und Informationsabteilung

Rüdiger Ziegler

Kennen Sie
das ?
Schönen Gruß

U 6

Der Murks mit der Milch

1994 erschien „Der Murks mit der Milch" von Dr. M. O. Bruker und Dr. Mathias Jung (9. Auflage, 2011). Es war überfällig, denn Dr. Bruker hatte mit der Kleinschrift „Über den Unwert der heutigen Milch" schon Jahre vorher für Unruhe gesorgt.

Seine Aussagen riefen natürlich den Zorn der Milchwirtschaft und deren Interessenvertreter hervor. So schrieb bereits am 20. 5. 1988 das Bundesgesundheitsamt Berlin an das Bundesministerium für Jugend, Familie, Frauen und Gesundheit in Bonn. Hier ein Auszug:

Ihre Nachricht vom 23. 3. 1988
Ernährungsphysiologischer Wert der Milch:

hier: Aussagen und Publikation von Dr. M. O. Bruker, Lahnstein

Berichterstatter: Dir. u. Prof. Dr. med. R. Großklaus, CVI 1
Mitberichterstatter: Dir. u. Prof. Dr. med. G. Pahlke, CVI

Die von Herrn Dr. med. M. O. Bruker schon seit Jahren vertretenen Empfehlungen über die sogenannte „vitalstoffreiche Vollwertkost" tragen zum Teil mit wissenschaftlich unhaltbaren und polemischen Äußerungen sehr zur Verunsicherung der Verbraucher im Bereich der Ernährungsaufklärung bei. Das gilt auch für die Aussagen in seiner Publikation „Über den Unwert der heutigen Milch", nach denen die molkereimäßig bearbeitete pasteurisierte oder ultrahocherhitzte Milch im Vergleich zur unbehandelten

Rohmilch „nicht förderlich für Gesundheit" oder sogar „für menschliche Ernährung ungeeignet" sei.

Nachfolgend bezieht das Bundesgesundheitsamt (bga) „aus ernährungsmedizinischer Sicht" auf fünf Seiten Stellung. Die Beurteilung fällt erwartungsgemäß ganz im Sinne der Milchwirtschaft aus – pro molkereitechnisch veränderte Kuhmilch, contra Rohmilch:

Insgesamt lässt sich als Schlussfolgerung ableiten, dass die von Herrn Dr. Bruker gemachten Aussagen über angebliche ernährungsphysiologische Nachteile von molkereimäßig verarbeiteter Milch gegenüber einer unbehandelten Rohmilch wissenschaftlich nicht haltbar sind. Es ist im Gegenteil zu befürchten, dass durch eine derartige falsche Ernährungsaufklärung Verbraucher dazu verleitet werden könnten, Rohmilch ohne vorheriges Abkochen zu verzehren. Da der Nutzen der ernährungstherapeutischen Maßnahmen („vitalstoffreiche Vollwertkost") von Herrn Dr. Bruker nicht erwiesen ist, ist es nicht gerechtfertigt, Patienten einem zusätzlichen Risiko durch mikrobielle Kontamination von Rohmilch auszusetzen. Es erscheint deshalb dringend geboten, einer Irreführung der Bevölkerung durch verstärkte Aufklärung Einhalt zu gebieten. Dabei muss der Entfremdung und Usurpation verpflichtender Begriffe wie „Ehrfurcht vor dem Leben" bei gleichzeitiger Abwertung anderer Begriffe wie „chemisierte und technisierte Welt" im Zusammenhang mit dem Aufruf zur Boykottierung von molkereimäßig bearbeiteter Milch entschieden begegnet werden.

Gegenüber dem Einwand der freien Meinungsäußerung kann und muss der gesundheitliche Schutz der Bevölkerung in angemessener Weise berücksichtigt werden. Es erscheint geboten, sich um eine effektivere Rechtsprechung zu bemühen, die insbesondere im Schadensfalle bei einer Lebensmittelvergiftung durch den Verzehr von Rohmilch diese Aspekte in Betracht zieht.

Im Auftrag
Dr. Ch. Junge
Dir. u. Prof.

Die angedrohten rechtlichen Schritte gegen Dr. Bruker erfolgten nicht.

Die Stellungnahme des bga zeigt, wie berechtigt Dr. Brukers Aussage ist, bei der Aufklärung über Gesundheitsfragen, speziell Ernährung, gehe es nicht um wissenschaftliche Fragen. Wissenschaftlich ist alles seit Jahrzehnten geklärt. Es geht um Wirtschaftsfragen, die zu gesundheitspolitischen Fragen umdeklariert werden.

Die Verknüpfung von Wirtschaft und so genannter Wissenschaft zeigt auch der nachfolgende Brief von Prof. Dr. D. Hötzel, zu seiner Zeit aktives DGE-Mitglied und Direktor des Instituts für Ernährungswissenschaft der Universität Bonn. Er gab seine Stellungnahme am 5. 4. 1994 ab und brachte sie bei jeder sich bietenden Gelegenheit großzügig in Umlauf. Anlass waren wiederum Dr. Brukers Aussagen zum Thema Milch.

Fr. Gutjiak

Institut für Ernährungswissenschaft
Rheinische Friedrich-Wilhelms-Universität
Direktor: Professor Dr. D. Hötzel
Endenicher Allee 11 - 13
53115 Bonn 1

Tel.: 0228/73 36 80/81
FAX: 0228/73 32 17

Bonn, 5. April 1994

Bei der Gesellschaft für Gesundheitsberatung handelt es sich um einen Zusammenschluß von Laien, der von Herrn Dr. med O. Brucker geleitet wird. Das Grundprinzip für alle Beurteilungen durch diese Gesellschaft ist die "Natürlichkeit der Nahrung". Herr Dr. Brucker ist Chefarzt der sogenannten Lahnklinik.

Herr Dr. Brucker ist ein besonders aggressiver Verfechter seiner Ideen, der auch vor Verdrehungen nicht zurückschreckt. Der Umgang mit ihm ist sehr riskant, da er offenbar über sehr viel Zeit und über unbegrenzte Geldmittel verfügt und gern Prozesse führt. Die Deutsche Gesellschaft für Ernährung war seinerzeit froh, daß sie in Form eines Vergleichs die schwebenden Rechtsstreitigkeiten, die nicht mehr zu finanzieren waren beenden konnte. Leider befindet sich der neue Präsident der DGE - unverschuldet - wiederum in einer Auseinandersetzung, die sehr hart geführt wird.

Ich rate Ihnen, die Aktivitäten von Dr. Brucker und seiner Vereinigung zu ignorieren. Das ist die beste Waffe um ihn zum Schweigen zu bringen. Dieses Verfahren hat sich seinerzeit auch bei Professor Glatzel bewährt, der gewisse Ähnlichkeiten (Lebensalter, Aggressivität, Polemik) aufweist.

- 2 -

Ich für meinen Teil nehme die Schriften dieser und ähnlicher Gesellschaften nicht zur Kenntnis, dementsprechend muß ich sie auch nicht beantworten und kann mich auf die Bearbeitung wichtiger Aufgaben konzentrieren. Notfalls müßten wir noch einmal über diese Sache sprechen. Ich würde sie jedenfalls nicht "hochspielen".

Sicher sind Sie damit einverstanden, daß ich die anderen Beteiligten mit einer Kopie des vorliegenden Briefes informiere.

Mit besten Grüßen bin ich

D. Lörm

Der emu Verlag

Den emu-Verlag (emu = Ernährung – Medizin – Umwelt) gründeten Dr. Bruker und ich 1984, um sein Lebenswerk in Form seiner Bücher unverfälscht zu erhalten und zu sichern. Es tauchten damals immer häufiger Fälle auf, in denen seine Artikel, Vorträge und Broschüren von verschiedensten Personen und Organisationen vermarktet wurden – ohne vorher von ihm auch nur die Erlaubnis eingeholt zu haben.

Wie schon erwähnt, entschieden wir uns, die Bücher Aufgrund der unerfreulichen Erfahrungen mit den bisherigen Buchverlagen nun im eigenen Verlag herauszugeben. Den Anfang machten 1986 die ersten neun Bruker-Ratgeber. Die Nachfrage war so groß, dass die Bücher so selbstverständlich wie der Duden in allen Buchhandlungen standen. Heute dominiert in Sachen Gesundheit eine kurzlebige Massenliteratur, vorwiegend von Laien oder medizinischen „Schreibtischtätern" verfasst. Damals waren unsere Bände „Aus der Sprechstunde" einmalige Standardwerke, dazu ein absolutes Novum auf dem Buchmarkt – Gesundheitsratgeber, von einem erfahrenen Arzt geschrieben. Als solche sind sie immer noch gefragt. Dr. Brukers Erkenntnisse aus der ärztlichen Praxis haben nichts an Aktualität und Gültigkeit verloren.

Dass es zu Unstimmigkeiten mit dem letzten Vorgängerverlag gekommen war, lag wieder einmal an Dr. Brukers unverbesserlicher Gutgläubigkeit. Als ich ihm einmal sagte, „Das hätten Sie doch sehen müssen, dass man dem nicht trauen kann", erwiderte er: „Ich muss doch hören, was mir jemand zu sagen hat. Von Äußerlichkeiten kann ich mich nicht beeinflussen lassen." Das mag ja für den Patienten gelten, aber in geschäftlichen oder wirtschaftlichen Dingen verhielt sich Dr. Bruker ebenso naiv wie bereits an anderer Stelle beschrieben (siehe WSL u. Gründung der GGB, S. 48 ff., 96 ff.). Außerdem verschlechterte sich seit vielen Jahren der Zustand seiner Augen rapide, besonders nach einem Autounfall mit schweren Verletzungen beider Augen. Diese Sehschwäche nutzten manche Menschen schamlos aus.

Die ersten Räumlichkeiten für den Verlag mieteten wir im „Ferienpark Rhein-Lahn" in Nähe der Klinik Lahnhöhe an. Der Start fand unter einfachsten Bedingungen statt. Aus einer Versteigerung erstand ich einen billigen Schreibtisch und zwei Stühle. Büroutensilien – Locher, Schere, Klebeband, Stempel und Stempelkissen, Behälter für Büroklammern usw. – deponierten wir mangels Regal zunächst auf einer alten Trittleiter. Waltraud Becker, Gesundheitsberaterin GGB, Getreideexpertin und Buchautorin, ist Zeugin dieser kargen Zeit. Wenn sie zu Hause abkömmlich war, half sie mir über lange Monate tatkräftig. Auch dafür möchte ich mich an dieser Stelle herzlich bedanken!

Ich hatte zwar nun den Mut, Bücher zu produzieren und war auch kaufmännisch gut geschult, aber die Regeln und Abläufe dieser Branche waren mir noch völlig unbekannt. Wie soll der Versand organisiert werden? Was erwarten die Buchhändler? Wie wird die Nachfrage gewährleistet? Wie groß muss das finanzielle Polster sein, um professionell zu arbeiten? Wie gewinnen wir Neukunden? Diese und viele andere Fragen waren zu lösen. Bis heute bin ich der Druckerei Kösel aus Altusried, damals noch in Kempten, sehr dankbar. Sie half mir über alle Schwierigkeiten und Unsicherheiten hinweg, die uns durch den Vorgängerverlag entstanden waren. Darüber hinaus vermittelten mir die Geschäftsführer Gottfried Kölbl und Heinz A. Kurtz das nötige Know-how für die neuen Anforderungen in der Welt der Bücher. Den Rest lernte ich nicht nur aus unvermeidlichen Fehlern, sondern durch viele konstruktive Vorschläge der Kunden. Es freut mich, dass die gute Zusammenarbeit mit Kösel auch nach mehr als einem viertel Jahrhundert besteht. Der für den emu-Verlag zuständige Personalstamm ist uns ans Herz gewachsen. Diese Menschen haben jenseits der geschäftlichen Verbindung die Bedeutung unserer Arbeit erkannt.

Als „Startschuss" erschienen 1986 zeitgleich folgende neun Titel:
- Unsere Nahrung – unser Schicksal
- Lebensbedingte Krankheiten
- Idealgewicht ohne Hungerkur
- Stuhlverstopfung in 3 Tagen heilbar – ohne Abführmittel
- Herzinfarkt – Herz- und Kreislauferkrankungen
- Leber-, Galle-, Magen-, Darm- und Bauchspeicheldrüsenerkrankungen
- Erkältungen müssen nicht sein
- Rheuma – Ursache und Heilbehandlung
- Biologischer Ratgeber für Mutter und Kind

Der emu-Longseller: Unsere Nahrung – unser Schicksal
Nach wie vor *das* Standardwerk und die Grundlage der Vollwerternährung ist Band 1 der Reihe „Aus der Sprechstunde", „Unsere Nahrung – unser Schicksal". Es steht auch nach 25 Jahren unangefochten an der Spitze unserer internen Bestsellerliste. Zurzeit ist die 44. Auflage im Handel, die 45. in Vorbereitung. Rechnet man die mit dem gleichen Inhalt erschienenen Auflagen der vorigen Verlage dazu, hat sich dieses Buch über eine Million Mal verkauft. Eine wohl einmalige Erfolgsgeschichte in der Gesundheitsliteratur!

Im Vorwort zitiert Dr. Bruker einen Medizinjournalisten, der ihm für sein damaliges Manuskript prophezeite: „Wenn dieses Buch erscheint, wird es in der Luft zerrissen." Ein renommierter Verlag, der es damals ursprünglich herausbringen wollte, zog sich daraufhin zurück.

Dr. Bruker entlarvte „Scheinursachen", die an den Universitäten bis heute gelehrt werden. Auf Grund jahrzehntelanger Beobachtung an mehr als fünfzigtausend Patienten in Klinik und Praxis wies er immer wieder auf die fehlende Ursachenforschung hin. Jedes seiner Bücher ist von daher eine Provokation für die betreffenden Wissenschafts- und Wirtschaftszweige.

Als Ursache des Herzinfarkts hält man beispielsweise unverändert an Übergewicht, Bewegungsmangel, zu hohem Blutdruck, Hypercholesterinämie, Stress, Rauchen usw. fest. Bei diesen Angaben, auch als Risikofaktoren bezeichnet, handelt es sich jedoch um *Symptome*, deren *Ursache* herauszufinden ist. Es werden also Krankheitserscheinungen genannt, die ihrerseits Ursachen haben.

Die Erfolgsgeschiche ging weiter:
- Diabetes
- Allergien müssen nicht sein
- Zucker, Zucker
- Kopfschmerzen, Migräne, Schlaflosigkeit
- Cholesterin – der lebensnotwendige Stoff
- Der Murks mit der Milch
- Fasten – aber richtig
- Vorsicht Fluor
- Wer Diät isst, wird krank
- Störungen der Schilddrüse
- Candida albicans
- Osteoporose

- Reine Frauensache
- Ärztlicher Rat aus ganzheitlicher Sicht
- Naturheilkunde
- Krampfadern
- Kleinschriften-Sammelmappe (mit 33 Beiträgen)

Die ersten acht Bände aus der „Sprechstundenreihe" verfasste Dr. Bruker überwiegend handschriftlich. Er notierte sich Besonderheiten auf Zetteln und nicht mehr verwendbaren Bögen. Er war sparsam, verschwendet wurde nichts. Beim Stöbern im Archiv fand ich einen eng beschriebenen Briefumschlag, der bildhaft für diese sympathische Eigenheit steht (Es war der Werbebrief einer Pharma-Firma – die Rückseite also noch als Schreibpapier verwendbar!):

Die größte Gruppe aller Asthmatiker besteht, wie Untersuchungen von verschiedenen Seiten bewiesen haben – aus wertvollsten Menschen, deren Ideale von dieser Welt, in der sie leben, nicht beachtet bzw. beantwortet werden. Für den körperlich gesunden Menschen mit der hehren Vorstellung von seiner Umwelt u. ihren Verhaltensweisen mußte das reale Leben eine maßlose Enttäuschung werden. Wäre er in seiner Charakterstruktur schwächer u. anpassungsfähiger, so hätte er resigniert u. sich den Gepflogenheiten seiner Umgebung angeglichen. Leider kann er das nicht u. aggrediert. Freilich darf er seine Aggressionslust infolge seiner überaus guten Erziehung nicht zeigen. Er verdrängt sie infolgedessen ins Unbewußte u. weicht in die Fehlverhaltensweise der Atemstörung aus. Sie ist also nichts anderes als eine Hingabestörung *an das Leben u. an die Umwelt mit allen ihren Varianten wie Schlafstörungen, Unfähigkeit zum Weinen, oft auch zum herzlichen Lachen u. so eine Kontaktstörung im weitesten Sinne, mit Angst und Depression.*

Das letzte Buch, das Dr. Bruker 1999 schrieb, war „Krampfadern". Darin schildert er die souveräne Methode der Verödung mit 27%iger heiß gesättigter Kochsalzlösung – eine „Operation ohne Messer". Er lernte sie bereits als Student bei ihrem „Entdecker" Professor Linser an der Universität Tübingen.

Dr. Jürgen Birmanns, Nachfolger von Dr. Bruker und ärztlicher Leiter des Bruker-Hauses, lernte sie wiederum bei Dr. Bruker und führt sie bis heute erfolgreich durch.

Wer Dr. M. O. Bruker im Originalton hören möchte, hat die Gelegenheit dazu auf mittlerweile 21 CDs. Themen: Homöopathie / Das Allergieproblem / Kreislaufstörungen / Kneipp'sche Maßnahmen / Erkrankungen der Bewegungsorgane / Die Deckung des Eiweißbedarfs / Lebenskrisen/ Der manipulierte Patient / Kann ein Kranker „organisch" gesund sein? / Sie vertragen Vollkornbrot nicht? / Was macht uns krank? / Lebensbedingte Krankheiten I und II / Übergewicht / Die Funktion der Haut / Der Zeitfaktor / Atomenergie / Lactose-Intoleranz / Säuglingsernährung / Krebs / Der Zucker als Krankheitsfaktor.

Zu sehen ist Dr. Bruker in zwei Filmportraits. Die Filmemacherin Astrid Möller drehte 1996 „Unbeirrbar", ein liebevolles Portrait des „Arztes mit Leib und Seele". Ein nahegehendes Dokument, in dem auch Mitarbeiter zu Wort kommen.

Der Film „Besser leben mit Rheuma" entstand Mitte der 80er Jahre und wurde mehrfach im Fernsehen ausgestrahlt. Hier erhalten Sie Einblick in die Behandlung einer schwer an Rheuma erkrankten Patientin durch Dr. Bruker in der Klinik Lahnhöhe. Im Gespräch erklärt Dr. Bruker auf die für ihn typische klare Art sein Behandlungskonzept.

Immer wieder hat der emu-Verlag Mut, heiße Themen zu veröffentlichen. Das Buch „Impfen – das Geschäft mit der Angst", von Dr. med. Gerhard Buchwald (1920–2009) ist bis heute von den Impfbefürwortern nicht zu widerlegen. Dr. Buchwald galt als bester Kenner der Impfproblematik im deutschsprachigen Raum. Er war fast fünf Jahrzehnte ärztlicher Berater des Schutzverbandes für Impfgeschädigte. Sein drittes Kind wurde durch Impfung schwerstbehindert.

„Virus-Wahn", verfasst von dem Arzt Dr. Claus Köhnlein und dem Journalisten Torsten Engelbrecht, war das erste Buch, das es wagte, sich kritisch mit dem titelgebenden und mittlerweile jährlich in neuer Gestalt verordneten Virus-Wahn auseinanderzusetzen. Eine Reaktion auf Horrormeldungen über Schweinegrippe, Vogelgrippe, SARS, BSE und andere Meldungen, die die Verbraucher in Angst hielten.

„Die Saat des Bösen" von Antonio Andrioli und Richard Fuchs ist das Standardwerk über Gentechnik auf dem Acker und unserem Teller. Wer sich einer flächendeckenden Verbreitung von genmanipuliertem Saatgut widersetzen will, hat mit diesem Buch alle dazu notwendigen Fakten in der Hand. Wir freuen uns, dass sich daraufhin mehrere Gesundheitsberater/Innen GGB stark gegen die Genmanipulation von Lebensmitteln engagieren.

Dr. Bruker war stolz und glücklich, dass mit dem Gestalttherapeuten Dr. Mathias Jung ein studierter Philosoph zur GGB und zum emu-Verlag kam, denn die Philosophie war ihm schon seit der Studentenzeit eine stille Leidenschaft.

Aus Dr. Jungs Praxisarbeit entstanden zahlreiche Bücher zu psychologischen und paartherapeutischen Themen. Dr. Bruker betonte stets die Bedeutung, die dem Bereich „Lebensbedingte Krankheiten" beizumessen ist, und die er ausführlich in seinem gleichnamigen Buch beschreibt. Ähnlich wie die Ratgeber zu den ernährungsbedingten Zivilisationskrankheiten orientieren sich auch die Bücher von Dr. Mathias Jung an einer „Praxistauglichkeit" in der Lebensberatung.

Das erste bei emu erschienene Buch von Mathias Jung „Reine Männersache" war im Nu vergriffen. Sein Interesse an Tiefenpsychologie setzt er in der so genannten „gelben reihe" um, in der er von Dornröschen bis zu Hermann Hesses fernöstlicher Parabel Siddharta Märchen interpretiert.

In seiner „roten reihe" finden sich seelische Spezialthemen von der Außenbeziehung über Bindungsangst bis zum Rätsel psychosomatischer Krankheiten.

Seiner Leidenschaft Philosophie darf er in der „blauen reihe" mit liebevoll-leidenschaftlichen biografischen Portraits epochaler Denker frönen – von Sokrates bis Feuerbach. Friedrich Nietzsche und Karl Marx sind seine nächsten Monographien gewidmet.

In der von Dr. Bruker begonnenen Reihe „Aus der Sprechstunde" durchleuchtet Mathias Jung die klassischen Themen der Paar- und Familiendynamik, ob es sich nun um die Sprachlosigkeit vieler Paare, Geschwisterbeziehung, Krisen in der zweiten Lebenshälfte oder die schicksalhafte Bedeutung der Charakterbildung handelt.

Inzwischen hat Mathias Jung sein fünfzigstes Buch vorgelegt. Bei seiner literarischen Dynamik ist davon auszugehen, dass noch etliche folgen werden. Zu hören ist Mathias Jung übrigens auch – neben seinen ständigen Vortragsreisen können Sie ihn auf zahlreichen CDs genießen. Diese Hörbibliothek wird laufend erweitert.

Selbstverständlich gehören zum Verlagsprogramm auch lesenswerte und den Appetit anregende Vollwert-Kochbücher. Auch hier der feine Unterschied: Die Fotos in unseren Rezeptbüchern zeigen echte Speisen – keine sonst üblichen Kunstpräparate oder in Farbe und Form geschönte und fixierte Arrangements. Traditionell genießen Autorinnen und Fotograf das Geschaffene unmittelbar nach getaner Arbeit in der Lehrküche des Dr.-Max-Otto-Bruker-Hauses!

Ein Bestseller ist das Buch der Friseurmeisterin und Gesundheitsberaterin GGB Susanne Kehrbusch „Alles klar mit Haut und Haar", inzwischen in der 8. Auflage. Die Autorin, ebenfalls Gesundheitsberaterin GGB, stellte aus gesundheitlichen Gründen ihren gesamten Betrieb auf eine biologische Arbeitsweise um und konnte, auch mit Hilfe dieses Buches, mittlerweile über 80 Kollegen und Kolleginnen für diese Arbeitsweise begeistern und in dem Verband F-i-F organisieren.

Besondere Aufmerksamkeit verdient das GGB- und emu-Engagement für alternative Energien. Nicht nur im GESUNDHEITSBERATER werden diese wichtigen Themen immer wieder aufgegriffen. Mit den Büchern „Der Sonne entgegen" und „Mit Solarboot und Sandalen" sind dem Umweltaktivisten, Autor und Arzt Martin Vosseler sensible, meditative Texte gelungen, in denen er seine legendären Wanderungen und Solarprojekte rund um den Globus präsentiert. Sein ökologisches Bewusstsein spricht aus jeder Zeile. Zur Nachahmung empfohlen!

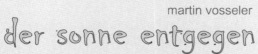

martin vosseler

der sonne entgegen

zu fuss von basel nach jerusalem
für 100% erdverträgliche energie

emu verlag

martin vosseler

mit solarboot und sandalen

leise um die halbe welt:
die erdverträgliche entdeckung amerikas

emu verlag

Der Gesundheitsberater und seine Geschichte –
oder: Gesundheit ist ein Informationsproblem

von Mathias Jung

1985 – Was für ein Vorhaben! Die erste Ausgabe *Der Gesundheitsberater* erscheint im Januar 1985. Das Blättchen, herausgegeben im Krankenhaus Lahnhöhe, dem damaligen Sitz der GGB, ist mehr als bescheiden: Es hat vier Seiten und keine Illustration. Aber die Ankündigung hat es in sich: „DER GESUNDHEITSBERATER wird in Zukunft mehrmals jährlich erscheinen und aktuelle Themen bringen, die für Ihre Arbeit ‚an der Front‘ wichtig sind."

Im Mai 1985 berichtet das Blatt über die GGB-Jahrestagung, an der erstmalig rund 500 Teilnehmer im Hotel DORINT, dem heutigen *Best-Western,* auf der Lahnhöhe, teilnehmen. Al Imfeld, der Soziologe und Journalist aus Zürich, berichtet kritisch über die wirtschaftlichen Hintergründe und Interessen der Zuckerlobby und die Machtposition dieser Weltmacht. Barbara Rütting zeigt einen aufwühlenden „Tierfilm": „Einige Teilnehmer verließen den Saal, weil sie die brutalen Tierquälereien nicht ansehen konnten. Im engagierten Gespräch mit den Teilnehmern zeigte Barbara Rütting eindringlich die sinnlose und brutale Grausamkeit der Tierversuche auf."

Im August klärt DER GESUNDHEITSBERATER über die gefährlichen Methoden der Lebensmittelbestrahlung auf. Im November enthüllt er einen Skandal des Bildungsministeriums in Baden-Württemberg. Dieses propagiert in einem Schreiben an alle Schulleiter, Elternbeiräte und Hausmeister die ultrahoch erhitzte Milch mit den Worten: „Die hohe biologische Wertigkeit der Milch wird dabei jedoch weder in Frischmilch noch in der H-Milch nennenswert beeinträchtigt". DER GESUNDHEITSBERATER motiviert dagegen die Leser: „Dies sollte ein Anstoß für Sie sein, gegen die H-Milch-Werbefeldzüge anzugehen."

1986 – Über die Folgen der radioaktiven Verseuchung der Bundesrepublik durch das Reaktorunglück von Tschernobyl informiert DER GESUNDHEITSBERATER ausführlich. Die Redaktion befindet: „Tschernobyl hat die Welt kleiner werden lassen, hat uns bewusst gemacht, dass nicht alles machbar ist, was machbar scheint. Tschernobyl lässt hoffen, dass die Sorge um ein Überleben unserer Kinder in der Zukunft zu gemeinsamem Handeln bewegt ... Ereignisse wie Tschernobyl sind ein Mahnruf der Schöpfung an uns, an unseren Mut zum Bekennen und Handeln. Wer Angst hat, dass Handeln in die Isolierung führt, kann getröstet werden. Aktivitäten und positive Gedanken wecken ungeahnte Kräfte: Das dicke Ende kommt noch." Heute kennen wir seinen Namen: Fukushima.

Gesundheit ist ein Informationsproblem – das ist das Motto aller Ausgaben. Ausführlich orientiert DER GESUNDHEITSBERATER etwa über das Thema *„Das Gebiss als Gradmesser allgemeiner Gesundheit"* (Oktober 1986) oder über die Volkskrankheit Diabetes. Unter dem Titel „Fehlernährung = Zuckerkrankheit" informiert Dr. Bruker: „Es gibt keine ernährungsbedingte Zivilisationskrankheit, die sich so gut dazu eignet, die klassischen Zusammenhänge zwischen Nahrung und Krankheit darzustellen, wie die Zuckerkrankheit. Kaum jemand weiß, dass der Organismus anderen Zucker als Fabrikzucker benötigt. Solange der Unterschied nicht bewusst ist, fehlt auch das Verständnis für die

Schädlichkeit aller Fabrikzuckerarten … Die Kombination von Auszugsmehlen und Fabrikzucker ist besonders gefährlich. Da das Vollgetreide der Hauptlieferant von Vitamin B1 ist, führt der Verzehr von Auszugsmehlen an sich schon zu einem Vitamin-B1-Mangel. Da nun der Fabrikzucker zu seinem Abbau unbedingt Vitamin B1 benötigt – man bezeichnet ihn deswegen auch als Vitamin-B1-Räuber –, verstärkt sich das schon vorhandene Vitamin-B1-Defizit."

Die Aufklärung durch die Zeitschrift DER GESUNDHEITSBERATER ist immer konkret und in Folge dessen auch politisch, ohne parteipolitisch zu sein. Da analysiert der Finanzwissenschaftler Helmut Creutz unter dem Titel „Die Reichen werden noch reicher, und die Armen schuften dafür" die Zusammenhänge zwischen Geld- und Bodenordnung und den wirtschaftlichen Krisenexplosionen in aller Welt. Er hält sich dabei an ein berühmtes Wort von Dr. Bruker: „Hinter der immer stärker ins Bewusstsein dringenden Bedrohung unserer Lebensgrundlage stecken … wirtschaftliche und Geldprobleme. Obwohl dies bekannt ist, werden gerade in Kreisen, die sich für Lebensschutz und Erhaltung der Gesundheit einsetzen, diese wirtschaftlichen Hintergründe zu wenig beachtet. Wegen der engen Verflechtung der ökologischen Probleme mit wirtschaftlichen ist eine gründliche Beschäftigung mit wirtschaftlichen Aspekten unerlässlich." (Dezember 1986).

Ist jodiertes Speisesalz notwendig? Dr. Bruker antwortet: „Es ist nicht vertretbar, dass ein täglich in der Nahrung verwendeter Stoff wie das Kochsalz zum Träger eines Medikaments gemacht wird. Ein homöopathischer Arzt, der gewohnt ist, ausreichende arzneiliche Stoffe auch in geringen Dosierungen zu verwenden, weiß, wie verschieden die einzelnen Konstitutionstypen auf die Verordnung von Jod reagieren. Jodum D6, also in einer Verdünnung von eins zu einer Million, kann bei entsprechender Diathese zu einer Überfunktion der Schilddrüse führen ..." Ebenso scharf wie erfolgreich wendet sich die GGB mit ihrem „Kampforgan" gegen die Fluoridierung des Trinkwassers in zahlreichen Artikeln.

1987 – Gegen den unmäßigen Fleischkonsum in den hochindustrialisierten Staaten richtet sich DER GESUNDHEITSBERATER, indem er im März 1987 mit Genehmigung von Dr. Franz Alt aus seiner Sendung *Report* dokumentiert: „Nur Raubtiere essen mehr Fleisch als wir Deutschen und die Nordamerikaner. Ein Bundesbürger isst heute vier Mal so viel Fleisch wie vor 30 Jahren, jeden Tag mehr als ein halbes Pfund, das sind neunzig Kilo pro Jahr oder 126 Zentner im Lauf eines Lebens. Und der Fleischkonsum steigt noch immer ... Tatsächlich importieren die Länder der Europäischen Gemeinschaft immer mehr Futtermittel aus armen Ländern. Fressen die Tiere der Reichen die Nahrungsmittel der Armen?"

Die Medienkonzerne unterschlagen, DER GESUNDHEITSBERATER veröffentlicht es: Der Fachman Karl-Heinz Wagner registriert im Mai 1987 „erhöhtes Krebsvorkommen bei Arbeitern im Atomkraftwerk Sellafield – England". Er kommt zu dem Schluss: „Die im Atomkraftwerk Sellafield Tätigen haben eine größere Krebsrate als die Bevölkerung – vergleichbaren Alters und Geschlechts – von England ... Es bestand eine positive Reaktion zwischen der festgestellten Strahlendosis und dem Tod durch Krebs wie Myelom, Leukämie, Blasenkrebs, allen lymphatischen und bösartigen Neubildungen."

In der gleichen Ausgabe mobilisieren Dr. Bruker und Ilse Gutjahr die Leser gegen den Versuch des SWF-Intendanten Hilf, den unbequemen Fernsehjournalisten Dr. Franz

Alt und seinen Mitarbeiter Wolfgang Moser aus der Sendung „Report" hinauszuschmeißen. Sie rufen zu Protestschreiben und einer Demonstration in Baden-Baden auf, die dann auch stattfindet. Sie löst mit ihren 400 Teilnehmern starke öffentliche Resonanz aus. Franz Alt hatte das Risiko der Atomkraftwerke angeprangert. Bruker/Gutjahr: „Eine Leserin empfahl uns, es nicht mit Protestschreiben, sondern mit Gebet zu versuchen. Dieser Meinung schließen wir uns voll an, jedoch müssen auch die Taten folgen, wo sie notwendig sind. Und in diesem Fall sind laute Stimmen notwendig, weil die Herzen der Entscheidungsbefugten so verschlossen und verhärtet zu sein scheinen, dass sie nicht mehr auf die Stimme der Seele hören können. Vertrauen Sie nicht darauf, dass genügend Leute an den Südwestfunk Baden-Baden schreiben werden, sondern tun Sie es selbst, jetzt und heute."

Im August 1987 kann DER GESUNDHEITSBERATER erstmalig den Umzug der GGB-Jahrestagung in die Stadthalle Lahnstein und tausendzweihundert Tagungsteilnehmer melden. Im September greift Martin Gutjahr, der heutige Geschäftsführer der GGB, das Thema Gen-Manipulation auf und belegt exakt das, was, denken wir an die US-Firma *Monsanto* und ihr gentechnisch verändertes Saatgut, inzwischen Wirklichkeit geworden ist. Martin Gutjahr: „Am 7. April dieses Jahres wurde das Patentrecht in den USA verändert. Von diesem Tag an darf dort tatsächlich alles ‚gemacht' werden, was technologisch möglich ist." Fazit: „Demnächst gibt es also die Nutzpflanze auch im Bio-Baukasten."

Der Sozialphilosoph Herbert Marcuse hat einmal gesagt: „Was der Mensch dem Menschen und der Natur angetan hat, muss aufhören, radikal aufhören, und dann erst und dann allein können die Freiheit und Gerechtigkeit an-

Dr. Max Otto Bruker füllte die große Meistersingerhalle ohne Mühe

Ein Arzt mit Zugkraft

Der Ernährungswissenschaftler propagiert mit großem Erfolg die Vollwertkost

Die 2121 Sitzplätze reichten bei weitem nicht aus. Vier Wochen vor der Veranstaltung war der Große Saal der Meistersingerhalle schon restlos ausverkauft. Kein Wunder: Der Star des Abends hat — wie sonst nur Franz Josef Strauß — auch die Nibelungenhalle in Passau mit 4000 Plätzen mühelos zu füllen vermocht.

Der Arzt und Ernährungswissenschaftler Dr. Max Otto Bruker schafft leicht, was vielen Musikstars nicht mehr gelingt. „Im allgemeinen möchte ich mir nicht meine Zeit rauben und vor weniger als 2000 Leuten reden", sagte er vor seinem Vortrag in der Garderobe der Meistersingerhalle. Dabei war sein Thema nicht gerade mitreißend: „Gesundheit — ein Informationsproblem". Es ging um die Ursachen von ernährungsbedingten Zivilisationskrankheiten wie Gebißverfall, Rheuma, Fettsucht, Zuckerkrankheit, Leberschäden, Nieren- und Gallensteinen und vieles andere.

Wer also in der Meistersingerhalle seine Eintrittskarte hatte, hielt sie fest. Denn im Foyer standen Dutzende von enttäuschten Besuchern, und wo einer irgendwie unentschlossen dreinblickte, sah er sich sofort von ihnen umlagert: „Haben Sie Karten übrig?" Manche Leute waren zweieinhalb Stunden im Omnibus nach Nürnberg gefahren und erfuhren zornig, daß es überhaupt keine Abendkasse gab.

Autor von 15 Büchern

Kein Zweifel: Dr. Bruker hat einen zugkräftigen Namen. Er hat ihn sich erschrieben mit 15 Büchern, keines mit weniger als 60 000 Stück Auflage. Vielen Zeitgenossen gilt er als der Naturkost-Papst schlechthin. Von seinen Anhängerinnen, den Mitarbeiterinnen in der Gesellschaft für Gesundheitsberatung (GGB), wird der 78jährige regelrecht verehrt. Und die Buchautorin Helma Danner, die das Nürnberger Treffen organisiert hatte, kündigte ihn auf der Bühne mit den fast feierlichen Worten an: „Heute ist für uns ein großer Tag. Unser Lehrer und Vorbild erfreut uns durch sein persönliches Erscheinen."

Dr. Bruker, ärztlicher Leiter des Krankenhauses Lahnhöhe, übte Kritik an der Ärzteschaft. Die Mediziner begnügten sich damit, Arzneien zu verschreiben — für jedes Symptom eine eigene Arznei und die womöglich ein ganzes Leben lang. Heute stehe die Gesellschaft vor einer „Lawine von Krankheiten". Da passe ein Zitat von Huxley: „Die Medizin hat schon so große Fortschritte gemacht, daß wir heute kaum noch einen gesunden Menschen finden."

Die Ärzte, so Bruker, beschränkten sich allenfalls auf die Linderung der Symptome.

„Nach den Ursachen der Krankheiten fragen sie nicht." Das könne man dem einzelnen nicht einmal vorwerfen. „Das hängt vielmehr daran, daß die Universitäten nur in Diagnose und Therapie, nicht aber in Krankheitsursachen ausbilden." Entsprechend nichtssagend fielen die Antworten aus, wenn ein Patient nach der Ursache seines Leidens fragt. „Das kommt vom Kreislauf", heiße es dann häufig, oder „Das kommt von der Leber."

Bruker führte die Lawine von Krankheiten auf mehrere Ursachengruppen zurück. An erster Stelle nannte er die Schäden durch die Umwelt — zum Beispiel durch die Atomkraftwerke. Diese Schäden würden vielfach durch „amtliche Bagatellisierung" heruntergespielt. (Die radikale Verurteilung der Kernkraft führte dazu, daß viele Beobachter den Arzt politisch den Grünen zuordneten. Es gibt aber auch Kritiker, die ihm die Nähe zu rechtsradikalen und ausländerfeindlichen Gruppierungen vorwerfen.)

Rufer in der Wüste

In der Ernährung — besser: in der falschen Ernährung — liegt für diesen Wissenschaftler ein gewichtiger Grund für Krankheitsursachen. Schon vor 40 Jahren, als kaum jemand vom Vollkornbrot gehört habe, sei er dafür ein einsamer Rufer in der Wüste gewesen. Der Ernährungswissenschaftler — seine Lehren von der vitalstoffreichen Vollwertkost setzen sich nach und immer stärker durch — sieht sich auch heute noch von den meisten Medien totgeschwiegen. Die Ernährungs- und die Zuckerindustrie mache große Umsätze und betreibe große Werbung. „Daher die Fernsehblockade."

Im Nürnberger Raum gibt es bereits 40 Gesundheitsberaterinnen GGB, die eine Spezialschulung mitgemacht haben. Immer mehr Ärzte erläutern mit ihren Patienten Ernährungs- und Diätprobleme. Viele Bäckereien haben ihr Sortiment um das Vollkorngebäck erweitert. Luise Sippel von der Bäckerei Klein GmbH nennt einen Verkaufsanteil von 25 Prozent beim Brot. Zwölf Brot- und acht Brötchensorten werden feilgeboten. Und damit Süßmäuler nicht leer ausgehen, befinden sich — immer mit frisch gemahlenem Mehl zubereitet — Nußhörnchen, Quarktaschen, Apfelkuchen und Müsli-Torten im Angebot.

Auch Elmar Reiber (Reformhaus) bestätigt den Boom, der vor drei Jahren eingetreten ist. Seine Getreidemühlen finden guten Absatz. Freilich kann das Problem der Unverträglichkeit bei Vollkornkost nicht verheimlicht werden. Dazu Brukers Rezept: „Ich lebe gesund, aber nicht fanatisch."   **s. r.**

fangen." In diesem Sinn legt DER GESUNDHEITSBERA-TER, inzwischen an Umfang gewachsen und illustriert, im November 1987 durch den Wissenschaftler Dr. Schell ein positives Konzept unter dem Titel vor „Gibt es Heilmittel für den kranken Wald?".

Die Herbsttagung 1987, so berichtet DER GESUND-HEITSBERATER, muss wegen des enormen Publikuman-drangs in das „Pilgerzelt" der Pallottiner in Vallendar verlegt werden. Grund: Die Sterbeforscherin Dr. Elisabeth Kübler-Ross (1926–2004) spricht. Sie kommt nach ihrer jahrzehn-telangen ärztlichen Erfahrung zu dem Schluss: „Sterben ist nicht schwer, aber das Leben ist schwer." Später stirbt die coffeeinabhängige und kettenrauchende Ärztin – Dr. Bru-ker hatte sie vor den Folgen gewarnt – nach einem Schlag-anfall und langjähriger Bettlägerigkeit in den USA.

Ob es das heiße Problem Amalgam (Arzneimittel) oder die Herausforderung „Vollwertkost in der Großverpfle-gung" ist, ob es sich um „Hirnschäden nach Impfungen als Ursache geistiger Behinderungen" von Dr. Gerhard Buch-wald, selbst Vater eines durch Impfschaden geistig behin-derten Sohnes, handelt, oder um gefälschte Lebensmittel, um biologischen Landbau, die Problematik der Mikrowelle, Permakultur, die Köstlichkeit von Wildpflanzen, die Fehl-informationen der Deutschen Gesellschaft für Ernährung (DGE), die ethische Seite des Vegetarismus, die Begegnung mit dem 89-jährigen Naturfreund Heinz Erven und seinem Landwirtschaftsparadies am Ortsrand von Remagen oder um die ganzheitliche Betrachtung der so genannten Neu-rodermitis und der Schilddrüsenerkrankungen – DER GE-SUNDHEITSBERATER greift auf, erklärt, macht Mut.

1988 – Die Großbäckerin und Gesundheitsberaterin GGB Ute Olk aus St. Ingbert informiert über die Kunst des Brot-

N 1357 F • DM 3.– • November 1988

Der Gesundheits-
berater

Organ der Gesellschaft für
Gesundheitsberatung (GGB) e.V.

11/88

10 Jahre GGB

Hoffnung auf eine neue Erde	Die Verdauungs-leukozytose
Hormonskandal	
Paracelsus und der »Rasputin-Effekt«	Unser Wald – Ein Opfer der Wissenschaft???
Die Entstehung von Karies…	Wir müssen Denkbarrieren durchbrechen …
Vollwertbrot oder Vollkornbrot?	

backens auf Vollwertbasis. Die Grüne Hannelore Saibold, Mitglied des Bundestages, erklärt (November 1988) den Hormonskandal in der Landwirtschaft mit den Worten: „Eine Verzehrsmenge von durchschnittlich 104 kg Fleisch pro Kopf und Jahr führt nicht nur zu persönlichen Krankheiten, zu Umweltbelastungen durch Futtermittelanbau und Importe, zur Grundwassergefährdung durch riesige Kilomengen, sondern kann auch *nur* in Form von Massentierhaltung mit all ihren negativen Auswirkungen – siehe insbesondere Medikamente und Dopingmittel – erzeugt werden. Ein verändertes Ernährungsverhalten ist notwendig für eine Veränderung der Agrarpolitik. Nur beides gemeinsam ermöglicht in Zukunft die Produktion von gesunden Lebensmitteln."

1989 – „Keine Angst vor Sonne", meint Dr. Bruker im GE-
SUNDHEITSBERATER Februar 1989: „Der Entwick-
lung eines Krebses liegen Stoffwechselstörungen zugrunde, die langfristig einwirkende Ursachen zur Voraussetzung
haben ... Die ultravioletten Strahlen gehören aber nicht in
diesen Bereich. Auch aus diesem Grund ist eine Warnung
vor ultravioletten Strahlen durch Sonne ... nicht berechtigt." Ebenso klar wie zur Sonnenhysterie nimmt Bruker
im März des gleichen Jahres zur Propaganda der Getränke-
industrie Stellung, der Mensch müsste täglich zwei bis drei
Liter Flüssigkeit zu sich nehmen. Bruker: „Der Mensch soll
trinken, wenn er Durst hat, aber echte Getränke, und essen,
wenn er Hunger hat, aber lebendige Nahrung. Genauso gilt
auch die natürliche Regelung: Der Mensch soll nicht trinken, wenn er keinen Durst hat, und keine Nahrung zu sich
nehmen, wenn er keinen Hunger hat."

Die FAZ vom 18.7.2011 bestätigt Dr. Brukers Erfahrungswerte an Hand mehrerer Studien und warnt vor Fol-
geschäden durch zu viel Flüssigkeitszufuhr – dies gilt auch
für Sportler.

Im Juli 1989 veröffentlicht DER GESUNDHEITSBE-
RATER eine Unterschriftenliste gegen das Atomkraftwerk
Mühlheim-Kärlich bei Koblenz („Ich halte es für ethisch
nicht vertretbar, eine Technik zu nutzen, die ein so eklat-
tant hohes Schadenspotenzial aufweist"). Das Atomkraftwerk wird Jahre später aufgrund massiver Proteste der
Bevölkerung abgeschaltet. Zur umstrittenen ersten Teilge-
nehmigung kamen 56 000 fristgerechte Einwendungen zusammen. Erfolgreich wendet sich Dr. Bruker in seinem
im November 1989 im GESUNDHEITSBERATER veröffentlichen Memorandum mit 54 Kritikpunkten gegen den
Betrieb des Atomkraftwerks Würgassen an die Öffentlichkeit. Er kommt zu dem Schluss: „Damit verstößt die Er-

richtung des Atomkraftwerks Würgassen gegen Artikel 2, Abs. 2 des Grundgesetzes. Alle Behauptungen der Atomenergieverfechter sind dokumentarisch widerlegt." Die Einwendungen basierten auf einem von ihm in den Sechzigerjahren erstmals vorgelegten Bericht „Ärztliches Memorandum zur industriellen Nutzung der Atomenergie".

1990 – Warum Soja nichts in der Vollwertküche zu suchen hat und wie eine Geburt ohne Gewalt eine sanfte Landung auf unserer Erde möglich macht, sind ebenso Themen dieses produktiven Jahres wie die ideale Krampfaderbehandlung, der Skandal der Waffengeschäfte, die Festhaltetherapie von Dr. Jirina Prekop oder die Suchttherapie des großen Seelenarztes Dr. Walter H. Lechler: „Nicht die Droge ist's, sondern der Mensch". Dazwischen wirbt DER GESUNDHEITSBERATER immer wieder für die Kreuzfahrten mit Dr. Bruker und seinen Referenten – wie bereits erwähnt wurde unter anderem mit den Honoraren dieser Lesereisen vom Mittelmeer bis in die Karibik das Gesundheitszentrum Dr.-Max-Otto-Bruker-Haus finanziert.

Der 2010 verstorbene Atomkritiker und Vertreter erneuerbarer Energien, Joachim Scheer, äußert seine Kritik im GESUNDHEITSBERATER (1/91). Hermann Benjes wirbt für die Rekultivierung der Landschaft durch die Neuanpflanzung von Feldhecken (6/91). Der 2011 verstorbene Prof. Dr. med. Roland Scholz warnt, ebenso wie der Toxikologe Professor Dr. Otmar Wassermann, vor der vielfältigen Vergiftung der Umwelt (6/91). Im gleichen Sommer geben Dr. Bruker und Ilse Gutjahr die Gründung der „Dr.-med.-Max-Otto-Bruker-Stiftung, Lahnstein/Rhein" bekannt: „Die Stiftung hat die Aufgabe, ein überregionales Zentrum für Gesundheitsprophylaxe zu schaffen, das allen an Gesundheitsfragen interessierten und in gesundheitlicher Not befindlichen Menschen offen steht. Ein biologisches Haus ist der Wunsch der Zukunft."

Die Professoren Karl Bechert und Roland Scholz reflektieren im Oktober 1991 die wissenschaftlichen Argumente gegen Atomkraftwerke. Prof. Dr. Erwin Ringel warnt (12/91) vor der Gottesvergiftung durch eine falsche religiöse Erziehung per Drohbotschaft.

Mathias Jung versteigert anlässlich einer GGB-Tagung nach amerikanischer Art ein Scherenschnittportrait von Dr. Max Otto Bruker, gefertigt von der Künstlerin Sigrid Rothe, sowie eine „vitalstoffreiche Vollwertlocke" aus dem Silberhaupt des „Vollwertpapstes" für die Bruker-Stiftung. Er spielt dreitausend DM ein.

Dr. Jung arbeitet seit diesem Jahr im Kuratorium der Dr.-Max-Otto-Bruker-Stiftung, im Vorstand der Gesellschaft für Gesundheitsberatung, im Ausbildungsprogramm von Gesundheitsberatern GGB und als Lebensberater in eigener Praxis mit.

1992 – DER GESUNDHEITSBERATER wird für seine Leser eine immer unverzichtbarere Informationsquelle. Er enthält den Protest gegen Tierversuche im Medizinstudium und die Solidarität mit dem vom Vatikan und seinem Bischof verfolgten kritischen Theologen Eugen Drewermann. Der Medizinrebell Prof. Dr. Julius Hackethal, Freund Max Otto Brukers, veröffentlicht sein Gelöbnis „Patientenarzt aus Liebe" und fordert den „mündigen Patienten." Der Arzt Dr. Michael Sladek führt in Schönau eine radikale Energiewende durch. Der Chirurg Dr. med. Werner Hartinger aus Waldshut-Tiengen lehnt Tierexperimente sowohl aus moralisch-ethischen Erwägungen als auch aus Gründen der wissenschaftlichen Objektivität ab. Dr. med. Joachim Hensel aus Bockhorn, GGB-Vorstandsmitglied, stellt seinen Gesprächskreis für gesunde Ernährung und Lebensführung in Bockhorn GELB vor und wird zum regelmäßigen Kolumnisten im GESUNDHEITSBERATER.

„Hurra, wir dürfen bauen!", so heißt es 1992: „Alles in allem – ein einmaliges Projekt. Wir sind ebenso stolz wie glücklich." Und: „Mit dem Erwerb eines ‚Bausteins' sind Sie persönlich bei der großen Sache dabei." Tatsächlich stellen Leser zinslose Darlehen zur Verfügung. Wir haben sie zügig zurückerstattet. Schön auch das Aufmacherbild im November 1/92, wie Dr. Bruker im schneeweißen Arztkittel den ersten Spatenstich in die verkrautete Wiese senkt. Es folgt ein Nachruf auf die unvergessliche Grüne Petra Karin Kelly und deren tragischen Tod. Wie sagte sie doch: „Atomkernspaltung mit nicht beherrschbarer Freisetzung radioaktiver Strahlengifte, Rüstungswahnsinn mit atomaren, bakteriellen und chemischen Waffen, enthemmtes Wirtschaftswachstum und Vermarktung aller Lebensbereiche … – das sind die krankheitsverursachenden Produkte und Verhältnisse unserer heutigen Industriegesellschaft!" Wenige Seiten später enthüllt Prof. Dr. Wassermann aus Kiel „Die Wahrheit über den Dioxin-Skandal."

1993 – Der Zahnarzt Dr. Ingvo Broich bezeichnet die Kariesprophylaxe durch Fluoride als Irrweg, aber noch heute ist in fast allen Zahnpasten Fluor als „Schutzfaktor" enthalten. Auf dem Titelbild 2/93 erblicken wir Dr. Bruker, blendend aussehend in cremeweißer Jacke und Frühlingskrawatte, in der Fernsehsendung mit Wim Thoelke über Theorie und Praxis der vitalstoffreichen Vollwertkost.

Im Innern des Blattes findet sich eine bundesweite Aktion des ärztlichen Arbeitskreises „Rauchen und Gesundheit" und ein fesselndes Interview mit Dr. Max Otto Bruker über Ausländerfeindlichkeit. Bruker wörtlich: „Was jeder von uns konkret tun kann? Auf den nächsten, der ein Ausländer ist, zugehen: mit ihm reden, für seine Probleme Verständnis haben, ihm menschlich begegnen. Letztendlich ist jeder von uns Ausländer – sobald er den Fuß über noch vorhandene Grenzen setzt."

Dr. Maria Theresia Jung, Diplompsychologin aus Konstanz und Schwester von Mathias Jung, begründet ihre Leitung von Frauen-Selbsterfahrungsgruppen in Lahnstein mit den Worten: „Wir Frauen neigen dazu, unsere Lebensschwierigkeiten als individuell ‚verschuldet' zu erleben. Die Männer und Frauen, mit denen wir in Liebes- bzw. in anderen Beziehungen ringen, sehen wir nur individuell und rein privat mit uns verstrickt. Wie hilfreich ist es hingegen, immer wieder unsere patriarchale Geschichte zu sehen: Wir sind Leidtragende, Opfer, Täter und Mittäterin eines Jahrtausende alten, inhumanen patriarchalischen Systems! Eines Systems der Männerherrschaft, das, abgesehen von dem an Frauen begangenen Unrecht, Herrschende und Beherrschte bis in ihre Seele hinein deformiert hat."

Der Bau des Hauses vollzieht sich Schritt für Schritt, die „Arche Noah" nimmt Gestalt an. – Im Mai 1993 lässt die Geschäftsführerin der GGB eine Bombe platzen. Ilse Gutjahr enthüllt die Werbung des Präsidenten der „Deutschen Gesellschaft für Ernährung" (DGE) für McDonald's. In seinem Vorwort zur Broschüre „McDonald's und die richtige Ernährung" lässt Prof. Dr. Volker Pudel wörtlich verlauten: „Fastfood-Restaurants sind exakt auf die Bedürfnisse des modernen Essens eingestellt: Angemessene Portionen zur richtigen Zeit. Sie bieten Esslust und, bei richtiger Kombination der Menueauswahl, auch ausreichend Nährstoffe, um fit und leistungsfähig zu bleiben. McDonald's unterstützt den flexiblen Essstil, hält zu jeder Zeit Zwischenmahlzeiten bereit und ist schnell erreichbar." Ilse Gutjahr scharf: „Die

Illustration aus dem Gesundheitsberater 1993

Deutsche Gesellschaft für Ernährung (DGE), die es zu-
lässt, dass ihr Präsident ungeniert Werbung für McDonald's
macht, sollte das Wort ‚glaubwürdig' besser nicht benutzen ... Und überhaupt – ein Zeilenhonorar hat der Herr
Professor von McDonald's für seine Stellungnahme erhalten. Wie entsteht ein Zeilenhonorar? Indem man ein großes
Honorar durch die Anzahl der Zeilen teilt?"

1994 – DER GESUNDHEITSBERATER beschäftigt sich
mit der so genannten Scientology-Kirche und ermutigt
Aussteiger. Jeanette Schweitzer, früheres Scientologymit-
glied und Kennerin der Bewegung, spricht auf der GGB-
Tagung. Wir kriegen von der Sekte Drohungen. Wir lassen
uns nicht erpressen.

DER GESUNDHEITSBERATER meldet (3/94), dass der DGE-Chef, Prof. Pudel, sich stark macht für Coca Cola, H-Milch und die „süße Lust" in Form von Fabrikzucker. – Auf dem Titelbild 9/94 sehen wir das inzwischen frisch bezogene Dr.-Bruker-Haus, schneeweiß, Grasdach, halbmondförmig, ein Schlösschen! – Trauer im Dezember. Der große Psychiater, Suizidforscher und Humanist Prof. Dr. Erwin Ringel (1921–1994), wiederholt beeindruckender Redner auf den GGB-Tagungen, ist gestorben. Ilse Gutjahr in ihrem Nachruf: „Erwin Ringel war nicht nur ein weltbekannter Psychiater und Psychotherapeut. Er war durchdrungen von dem Gedanken, den Schwachen zu helfen. Er war immer auf der Seite der Benachteiligten, der Behinderten, vor allem aber immer wieder ein Freund der Kinder. Er war ein Kunstkenner. Ein Musikliebhaber. Ein blühender Literaturfreund. Ein vielseitiger, genialer Mensch ... Umstritten ist er nur bei denen, die nicht bereit sind, hinzuzulernen, sich in Frage zu stellen. Umstritten bei denen, an deren starrem Ordnungssinn er rüttelte und auch in Zukunft rütteln wird, denn sein Vermächtnis bleibt."

1995 – immer wieder behandelt die von Dr. Bruker und Ilse Gutjahr geführte Redaktion das Thema der Bienenhaltung und der dazu notwendigen ökologisch betreuten Umwelt. Noch heute ist rund die Hälfte von Dr. Brukers Kräutergarten, mittlerweile in das Europäische Gartenerbe eingereiht, eine nur zweimal im Jahr gemähte „Bienenwiese". Im Mai tritt DER GESUNDHEITSBERATER für den „Armenbischof" Jacques Gaillot ein, den Rom aus dem Amt gejagt hat. DER GESUNDHEITSBERATER registriert: „Das französische Volk ist empört. Über 40 000 Katholiken, Protestanten, Juden, Moslems und Freigeister unterstützten bislang den ‚Rebellen mit Bibel' mit Briefen, Telegrammen, Tele-Faxen und einer nationalen Demonstration. Sie sind aufgebracht über die lebensfeindlichen Positionen, die der starrsinnige polnische Papst Paul II in Fragen der Abtreibung, Pille, Kondome, Sterbehilfe, Scheidung, Todesstrafe, Zölibat, Frauenordination, Homosexualität usw. den Menschen zumutet. Sie stimmen dem normannischen Bischof von Évreux zu, wenn der das Koma der Kirche mit den Worten diagnostiziert: ‚Ein gewisser Typus von Kirche liegt im Sterben'".

Es ist auch das Jahr des Engagements gegen die unreflektierte Propaganda für die Organentnahme. Der Krankenpfleger und damals angehende Psychologe Roberto Rotondo berichtet über die Fragwürdigkeit der Diagnose „Hirntod", wie sie durch die berüchtigte, inzwischen in den USA als wissenschaftlich unhaltbar verworfene Harward-Deklaration festgelegt wurde: „Nun komme ich zurück von meinem Frühstück, und da liegt meine Patientin und unterscheidet sich äußerlich überhaupt nicht von dem Zustand, in dem ich sie verlassen habe. Aber jetzt soll ich sie wie eine Leiche behandeln. Nur dass ich eine Leiche nicht noch mehrere Tage wasche und keinerlei Mundpflege durchführe. Auch die Hautpflege, das Absaugen, sowie Lagerung und Medikamentengaben entfallen bei einer Leiche … Ich für meine Person bin mir heute im Klaren darüber, dass ich als Pfleger an einer aktiven Tötung mitgearbeitet habe."

Umgekehrt setzt sich die Zeitschrift DER GESUNDHEITSBERATER für die sanfte Frühgeburtmedizin ein, wie sie die Wiener Neonatologin Dr. Marina Marcovich gegen heftigen Protest der Schulmediziner praktiziert und daraufhin von ihrem Kinderhospital entlassen wird. Sie spricht dazu 1995 auf der GGB-Tagung. Der Applaus ist riesig.

1996 – Wie Dr. Marina Marcovich versteht sich auch Dr. Bruker als unbequem, weil der Wahrheit verpflichtet. In einem Interview (8/96) bekennt er gegenüber Ilse Gutjahr: „Wer wagt es denn sonst noch, den Mund aufzumachen. Ich befinde mich in guter Gesellschaft. Meinen Vorbildern, dem Schweizer Arzt Bircher-Benner und dem großen Ernährungsforscher Prof. Kollath, hat man ja auch übel mitgespielt. Man hat sie verleumdet, als Scharlatane bezeichnet, Prof. Kollath von seiten der DGE wegen seiner Fütterungsversuche sogar als ‚Rattenkönig‘, und ins Abseits zu stellen versucht. Ich gelte natürlich auch als unwissenschaftlich, weil ich meine Erkenntnisse und Erfahrungen so formuliert habe, dass sie jeder Laie verstehen und danach handeln kann. Und weil ich das Kind beim Namen nenne. Das tut ‚man‘ natürlich nicht, wenn ‚man‘ in den elitären Kreisen weiterhin anerkannt sein will. Mir geht es aber nicht um Anerkennung, sondern um Aufklärung zum Wohl der Ratsuchenden und Patienten.“

1997 ist das Jahr, in dem der Chirurg, Medizinpublizist und Redner bei GGB-Tagungen, Prof. Dr. Julius Hackethal, (1921 – 1994) stirbt. Was schreibt Dr. Bruker im GESUNDHEITSBERATER: „Ich werde Dich vermissen, Deine Anrufe, Deinen Rat, Deine Fragen, Deine Briefe. Niemand kann mir so herrlich burschikos schreiben: ‚Lass Dich, Du Luther der inneren Medizin, von Ketzerherz zu Reformatorherz fest umarmen. Ich bin stolz darauf, dass ich mich zu Deinen späten Freunden zählen darf.‘ Auch ich bin stolz auf Dich, Du Rebell. Du hast aufbegehrt, wo immer es möglich und nötig war. Was in meinen Möglichkeiten steht, werde ich zur dringend notwendigen Aufklärung im Bereich der Gesundheitsprophylaxe tun. Das bin ich Dir und Deinem Anliegen schuldig. Dein Freund Max Otto Bruker.“

Die bekannten Düsseldorfer Journalisten Ursel und Richard Fuchs schreiben kritisch über das Klonen von Lebewesen und die Verfassungsproblematik des Transplantationsgesetzes. Dr. Franz Alt interviewt den Reformer und früheren sowjetischen Staats-Parteichef Michail Gorbatschow unter anderem über die Gefahr eines Atomkrieges. Gorbatschow: „Die Gefahr ist heute kleiner. Aber noch kann alles Leben tausende Mal vernichtet werden. Das erfordert Wachsamkeit, konkret: ein gemeinsames Sicherheitssystem und den weiteren Abbau und die Vernichtung von Atomwaffen. Wir brauchen keine Atomwaffen und auch keine Drohungen mit Atomwaffen."

Im Mai des Jahres stirbt Irmgard Bruker (1911–1997), Max Otto Brukers treue Lebensgefährtin. Dr. Bruker: „Ohne meine Frau hätte ich niemals das schaffen können, was ich beruflich bewirkt habe. Sie hat mir immer den Rücken freigehalten und gestärkt. Sie hat mein intensives Wirken nach außen überhaupt erst ermöglicht. Sie hat mein Leben reich gemacht."

1998 – Waltraud Becker, die bedeutende Getreidespezialistin, warnt, wie in ihren zahlreichen Beiträgen im GESUNDHEITSBERATER bis heute, vor der „Gen-Erosion". Das ist, wie die Expertin dokumentiert, „ein Prozess, bei dem Einförmigkeit an die Stelle der Vielfalt tritt. Uniformität, die für Eintönigkeit, Begrenzung, Vorherrschaft und Monopol steht. Einher geht damit die Belastung beziehungsweise Zerstörung der natürlichen Ressourcen wie Wasser, Bodenfruchtbarkeit, biologische Vielfalt und Klima" (1/1998).

Im gleichen Monat geht eine sensationelle Nachricht durch Presse, Funk und Fernsehen: Das Atomkraftwerk Mülheim-Kärlich darf nicht wieder ans Netz. Dr. Bruker dazu: „Auf dieses freudige Ereignis stießen wir (Dr. Jung, Ilse Gutjahr und ich) nach den Spätnachrichten um Mitternacht mit einem Sekt an. Wer in unserer Zeit noch behauptet, Atomenergie sei ‚sauber‘ und nicht gefährlich, handelt verantwortungslos und dient damit skrupellosen Machtinteressen und Machtbesessenen."

März 1998: Auf der Grundlage des gemeinsam mit Dr. Bruker verfassten Buches „Cholesterin – „der lebensnotwendige Stoff" geißelt Ilse Gutjahr den „Cholesterin-Schwindel". Sie resümiert: „Allein in Deutschland schlucken eine Million Menschen Lipidsenker, Medikamente, die den Blutfettspiegel senken sollen. Das kostet die Krankenkassen jährlich mehr als eine Milliarde DM! Die neuen Forschungen belegen, dass diese Medikamente dem Herzinfarkt nicht vorbeugen. Die Nebenwirkungen sind jedoch erheblich. Dr. M. O. Bruker nennt sie bereits 1991: Transaminasen-Anstieg, CK-Anstieg, Myalgie, Hautausschlag, Magen-Darm-Beschwerden, Erbrechen, Durchfall, Verstopfung, Bauchschmerzen, Blähungen, Muskel- und Skelettschmerzen, Infektion der oberen Atemwege, Schnupfen, Kopfschmerz, Verwirrtheit, Müdigkeit, Brustschmerz, Herzschmerzen … Die Zeitschrift *Die Woche* ergänzt: „Haarausfall und Erektionsstörungen. Ein hoher Preis, gezahlt für Falschinformation."

1999 – Dr. Jürgen Birmanns, inzwischen Arzt mit eigener Praxis im Dr.-Bruker-Haus, berichtet über die Schule der Naturheilverfahren, wie sie der Arzt Lorenz Gleich (1789–1865) definierte: „Heilen ohne Arzneistoffe und Blutentziehung, mit Kälte und Wärme, trinken von kaltem Wasser, Umschlägen, Diät, frischer Luft usw." Dr. Birmanns selbst lernt Abend für Abend in seinen Fallbesprechungen mit Dr. Bruker.

Prof. Roland Scholz nennt (3/91) die Wiederaufbereitung abgebrannter Brennstäbe einen „Etikettenschwindel" und bezeichnet die Plutoniumwirtschaft als eine „Bedrohung des Lebens auf dieser Erde".

Dr. Birmanns kritisiert „Nahrungsergänzungsmittel" (8/99): „Eine richtige und konsequent durchgeführte vital-stoffreiche Vollwertkost ist nicht ergänzungsbedürftig!"

Erstmalig warnt auch Richard Fuchs vor der reaktionären Agenda des neuen Kanzlers Schröder, wie sie in dem Schröder/Blair-Papier versteckt ist. Tatsächlich bedeutet dies abgeschwächte Umwelt- und Sozialgesetze und so genannte „flexible" Löhne und „flexibleren" Kündigungsschutz – genau das, was die Sozialdemokratie nach dem Ende der Schröder-Kanzlerschaft bei Wahlen schrumpfen ließ.

2000 – Prof. Dr. Roland Scholz erklärt die BSE-Epidemie von rund 30 000 umgebrachten Rindern: „Das Ergebnis negativen Zuchterfolges in einer Inzuchtpopulation". Er klärt seine Studenten prinzipiell auf: „Die Würde des Tieres wird verletzt, wenn wir in ihm nicht das Lebewesen sehen, sondern eine auf äußerste Effizienz ausgelegte Produktionsmaschine. Auf industrielle Massentierhaltung und makabre Fütterungspraktiken zu verzichten und auch nicht als Verbraucher von billigen Fleischwaren daran teilzuhaben, gebietet die Ehrfurcht vor dem Leben" (1/2000).

Ilse Gutjahr erinnert (3/2000) an den Nestlé-Boykott und bringt die „Flaschenkinderkrankheit" bei Säuglingen in der Dritten Welt in Erinnerung: „Man möchte meinen, die Zeit sei stehen geblieben. Wie bereits von uns vor zwölf Jahren dargestellt, steht nun auch im STERN, dass ein Viertel aller Mütter keinen Zugang zu sauberem Wasser hat und Nestlé-Produkte damit lebensgefährlich werden können. Infektionen, Durchfälle, Unterernährung sind die Hauptursache dafür, dass in Pakistan jedes zehnte Baby den ersten Geburtstag nicht erlebt."

Dr. Bruker spricht im letzten Interview seines Lebens als 90-Jähriger über den irreführenden Mythos der ‚Alterskrankheiten' und die Kunst, alt zu werden. Auf die Frage von Mathias Jung „Was ist dein privates Vermächtnis?" antwortet der große Alte mit einem Lächeln: „Ich lebe nach Bruker! Das heißt, dass ich das beachte, was ich anderen empfehle. Bringt euer Leben in Ordnung! Eine sinnvolle Ernährung gehört dazu, also nicht eine fanatische Empfehlung, sondern eine logisch nachvollziehbare. Die vitalstoffreiche Vollwertkost, die ich empfehle, bietet uns die Natur doch an."

Dr. Bruker resümiert seine Lebensphilosophie so: „Lebt nach den Schöpfungsgesetzen! Wer begriffen hat, wie einfach ‚Die Ordnung unserer Nahrung' gemeint ist, hat auch eine andere Einstellung zum Leben und Sterben. Er bekommt ein anderes Weltbild. Er erkennt auch den Nächsten an mit all seinen persönlichen Eigenarten ... Ich habe das Leben immer als große Aufgabe gesehen, die ich zu erfüllen habe. Damit habe ich auch die ärztliche Pflicht erfüllt, den Kranken ein Vorbild zu sein."

2001 – DER GESUNDHEITSBERATER beginn in einer Serie, die Gesundheitsgefährdung durch den Mobilfunk zu untersuchen. Immerhin warnt der Umweltausschuss des EU-Parlaments: „Angesichts der Vielzahl wissenschaftlicher Befunde kann man weder das Krebsrisiko noch verschiedene andere biologische Effekte einfach abtun."

Februar 2001: DER GESUNDHEITSBERATER meldet den Tod von Dr. med. Max Otto Bruker (16.11.1909 bis 6.1.2001): „Wir trauern um unseren Freund und geliebten Chef, den humanistischen Seelenarzt und Pionier der ganz-

Der Gesundheitsberater

Organ der Gesellschaft für Gesundheitsberatung GGB e. V.

N 1357 E · DM 5,– · Februar 2001

DR. M. O. BRUKER
*1909 – † 2001

DIE HÖCHSTE ARZNEI
ABER IST DIE LIEBE …

heitlichen Gesundheitslehre", heißt es da. „Bis zum Ende seines Lebens wurde der Arzt aus Leidenschaft und mutige Pazifist nicht müde, sich gegen die Lebensbedrohung durch Atomkraft zu engagieren und sich für eine konsequente Gesundheitsprophylaxe, besonders im Bereich der ernährungsbedingten Zivilisationskrankheiten, einzusetzen."

Schließlich: „In 45-jähriger Tätigkeit als ärztlicher Leiter verschiedener Krankenhäuser für biologische Medizin und als einer der wohl bedeutendsten medizinischen Erfolgsautoren hat er sich um das Wohl zahlloser kranker Menschen verdient gemacht. Dr. Max Otto Brukers Persönlichkeit bleibt uns Vorbild. Wir setzen sein Lebenswerk fort."

Im März gibt DER GESUNDHEITSBERATER eine Gedenkschrift für Dr. Max Otto Bruker als Sonderdruck heraus. Auf dem Titelblatt sieht man ihn im Garten seines Sommerhauses am Lago Maggiore. Darüber steht das Wort des Paulus aus dem ersten Korintherbrief 13.1: „Wenn ich mit Menschen- und Engelszungen redete, hätte aber die Liebe nicht, so wäre ich ein tönendes Erz oder eine klingende Schelle."

„Dr. Max Otto Bruker war unser Gärtnermeister. Jetzt müssen wir zeigen, was wir bei ihm gelernt haben. Nicht nur im Garten." So leitet Ilse Gutjahr im April 2001 die Ära nach dem weisen Alten ein. – Der Bonner Publizist Siegfried Pater, der später die erste Biographie über Dr. Bruker vorlegen wird, schreibt über die Kriminalität des globalen Bluthandels (6/2001): „Auch beim Bluthandel gilt wie so oft bei der Ausbeutung der Entwicklungsländer, dass die Gewinner die Konzerne im Norden und ihre Händler im Süden sind, während die Menschen in Süd und Nord Opfer sind. Die Ausgebluteten im Süden und die Infizierten im Norden bezahlen beim Bluthandel als Verlierer dieser skrupellosen Geschäfte mit dem Leben."

Im Juli des gleichen Jahres öffnet DER GESUNDHEITSBERATER seine Spalten für den katholischen Pfarrer aus Treiborn, Bruno Ix, sein religiöses und sexuelles Kindheitstrauma und sein Engagement für das Priestertum der Frau und die Zulassung verheirateter Priester. – Das GGB-Vorstandsmitglied Dr. Joachim Hensel erweist sich als Pionier der Zusammenarbeit von Arzt und Gesundheitsberatern GGB (10/2001): „Wenn wir einen ‚informationspflichtigen' Patienten erspäht haben, bieten wir ihm die ausführliche Unterrichtung an. Ist der Patient einverstanden, melden wir ihn mit einem vorformulierten ausgefüllten Überweisungsbrief bei der Gesundheitsberaterin an ... Die Gesundheitsberaterin ruft dann den Patienten an und vereinbart einen Termin zum Gespräch … Nun kann der Kranke beginnen, seine Ernährungs- und Lebensgewohnheiten zu ändern. Aber er ist nicht allein gelassen. Die Gesundheitsberaterin hat eine Hotline mit einer sicheren Anrufzeit eingerichtet. Der Patient hat eine Mappe mit fotokopierten Informationen und Rezepten erhalten."

Dezember 2001: Die Friseurmeisterin Susanne Kehrbusch präsentiert ihr Buch „Haut & Haar. Natürliche Haarpflege leicht gemacht". Sie und wir ahnen noch nicht, dass es einer der Bestseller des emu-Verlages wird. Wie schreibt die Autorin und GGB-Dozentin, die inzwischen den erfolgreichen biologischen Friseurverband (F-i-F) ins Leben gerufen hat, so einprägsam: „Ich vergleiche die Haare gern mit einem kostbaren Wollpullover, zumal die Struktur ähnlich ist. Im Gegensatz zum Haar ist es allen völlig klar, dass der Pullover nicht von Wäsche zu Wäsche schöner wird, sondern Substanz und Farbe verliert, und dass sich die Struktur nachteilig verändert. Darum waschen wir ihn auch so vorsichtig und selten, lüften ihn oft und rubbeln ihn nicht, damit er nicht filzig aussieht. Schließlich soll er lange schön sein. Geht Ihnen ein Licht auf?"

2002 – Im Januar bewegen uns Themen wie die Klimakatastrophe (Dr. Ralf Greve) und die positive Auswirkung von Sport und Bewegung auf den Organismus, wie sie der damals 77-jährige unvergessliche Zahnarzt Felix Esser aus Frankfurt propagierte. Siegfried Pater enthüllt Kinderarbeit für McDonald's (3/2002).

Dr. Rudi Reier, der große Südtiroler Arzt und Bruker-Anhänger, wird 80. Ilse Gutjahr ruft ihm ein Grußwort zu: „Du bist ein unverdrossener Aufklärer. Unermüdlich veröffentlichst Du Stellungnahmen zu Fehlernährung, falscher Lebensweise und zur Impfproblematik in der Presse. Du handeltest Dir wegen Deiner kritischen Haltung zu Impfungen ein Disziplinarverfahren der Ärztekammer Bozen ein. Lieber Rudi, wir sind stolz darauf, durch Dich eine ‚GGB-Filiale' in Südtirol zu haben, die das Lebenswerk von Dr. M.O.Bruker in die Praxis umsetzt. *Wo Gefahr ist, wächst das Rettende auch* (Hölderlin). Das haben wir durch Dich und Deine treuen Mithelfer in all den Jahren immer wieder erfahren dürfen."

Der in Düsseldorf praktizierende Gynäkologe Dr. M. Djalali warnt (12/2002) vor dem Einsatz von Hormonen in den Wechseljahren: „Leider bin ich inzwischen wahrscheinlich der einzige unter den wenigen Gynäkologen, der gegen den generellen Einsatz der Hormone in den Wechseljahren der Frauen ist … Wenn es nach den Vorstellungen der Hormonhersteller und der meisten Gynäkologen ginge, müsste heute die gesamte weibliche Bevölkerung fast ihr ganzes Leben lang Hormone zu sich nehmen." Er führt zahlreiche kritische Studien an (die inzwischen durch große amerikanische und englische Langzeitstudien erhärtet wurden) und warnt: „Schon im August 2000 geht aus einem Artikel des Bremer Instituts der Präventionsforschung und Sozialmedizin (Prof. Greiser) hervor, dass bei 5000 von 42 000 Frauen im Alter zwischen 40 und 79 Jahren, die erstmals 1998 an Brustkrebs erkrankten, der Tumor auf die Einnahme von Hormonpräparaten zurückzuführen war. Das wäre etwa jeder achte Tumor. Bei Gebärmutterschleimhautkrebs ist die Lage noch ungünstiger. Von jährlich etwa 8700 Fällen gehen ein Drittel auf das Konto der Hormontherapie."

2003 – Der Sportjournalist Werner Sonntag veröffentlicht einen bahnbrechenden Aufsatz. Titel: „Die Dritte Säule unseres Wohlbefindens: Bewegung". „So wie in der Ernährung Annäherung an die noch natürliche Nahrung früherer Zeiten gesucht wird – ein Wort Dr. Brukers lautete: Essen Sie wie ein Bauer vor hundert Jahren! –, müssen wir im Sport die Kompensation für die verloren gegangene körperliche Bewegung im Alltag sehen und in die Gesundheitsbildung einbauen." Daraus entstand dann wenig später das Grundsatzwerk „Sport und Vollwerternährung. Vollwertig Sport treiben. 2004" (emu-Verlag).

Am Ende des Jahres informiert Richard Fuchs über den drohenden Handelskrieg USA gegen die EU wegen Gen-Food. DER GESUNDHEITSBERATER nimmt eine Anzeigenkampagne der Tabak-Lobby („Über die Hälfte der rund 50 000 Tabakwarenfachgeschäfte, Kioske und Großhandlungen werden in den finanziellen Ruin getrieben") scharf auseinander. Wo ist ein Jahrzehnt später der apokalyptisch angemahnte Ruin der Nikotinhändler geblieben? Ebenso kompromisslos nimmt Hildegard Willms-Beyárd in einer Serie „Müssen wir das alles schlucken?" zur gleichen Zeit die industriellen Aromen und Geschmacksverstärker auseinander.

2004 – Dr. med. Susanne Vogel, anthroposophische Augenärztin, spricht das populäre Syndrom Aufmerksamkeitsdefizit – Hyperaktivität – ADHS – Legasthenie grundsätzlich an. Ist Ritalin, also die Verabreichung eines chemischen Mittels, die Lösung?: „Wir haben diese Kinder prinzipiell einem homöopathisch arbeitenden Arzt vorgestellt. Mit einer Ernährungsumstellung, die in erster Linie ein völliges Weglassen aller Süßigkeiten beinhaltete, der besonderen Aufmerksamkeit gegenüber dem Phosphorstoffwechsel und mit Verabreichung bestimmter homöopathischer Medikamente konnte die Symptomatik der Hyperaktivität bei all diesen Kindern oftmals fast zum Verschwinden gebracht werden." (2/2004).

In einen enthüllenden Ausflug in die Welt von Fitness, Aerobik, Sport und Wellness nimmt der frühere Bodybuilder Torsten Metscher im August unsere Leser mit. Er beschreibt eine Ausstellung der Sportindustrie: „Es wirkt sehr grotesk, wie man all die ‚gesund‘ mit Muskeln bepackten und bis zur Unkenntlichkeit gebräunten Körper von Männern wie von Frauen sieht. Die meisten extremen Bodybuilder liefen übrigens mit einer Zigarette durch die vielen Hallen. Gesund kam es uns jedenfalls nicht vor."

Das Elend beginnt bereits bei den Kindern. „Dick, dicker, am dicksten", so kommentiert vier Wochen später Ilse Gutjahr-Jung die Folgen der industriellen Sattmacher und des Junk-Foods von der Curry-Wurst bis zur Coca-Cola. Ilse Gutjahr klar und knapp: „Richtige Ernährung und genügend Bewegung in freier Natur, und Übergewicht bleibt ein Fremdwort."

2005 – Das Juliheft widmet sich dem Thema Zahngesundheit und Ernährung. Der Zahnarzt Thomas Schleinitz registriert: „Mit dem Grad der Zivilisation verfällt die Mundgesundheit. Der Kariesbefall bei Erwachsenen in Deutschland spricht für sich: Beispielsweise haben in der Altersgruppe 65 bis 74 Jahre nur noch 0,3 % (!) naturgesunde Zähne, im Durchschnitt fehlen 17,6 von 28 Zähnen. Etwa ein Viertel (24,8 %) der Menschen dieser Altersgruppe sind vollkommen zahnlos und tragen eine Vollprothese." DER GESUNDHEITSBERATER warnt vor dem Nuckelfläschchen mit gesüßten Getränken für die Kleinkinder. Das bedeutet nicht nur Gift für die Zähne. Ein Glas Nutella ist eine Fabrikzuckerbombe. Es entspricht 66 Stück Würfelzucker. Und das geben wir unseren Kleinen!

Über „Begegnung und Wandlung" in der Gruppentherapie, vor allem im Dr.-Bruker-Haus, berichtet die Psychologin Silke Lanzerath auf der Grundlage ihrer Diplomarbeit. Wenig später entsteht ihr Buch über Gruppentherapie „Neue Segel setzen" im emu-Verlag. – Marianne Goldacker gibt mit ihrem Bericht über einen österreichischen „Fastenmarsch" über 500 km tolle Hinweise auf gesundheitliches Verhalten, dies umso mehr, als sich die Teilnehmer dabei über Zivilisationskrankheiten, die Herstellung des Frischkorngerichtes und Vollwert in der Küche informieren.

Richard Fuchs wiederum erzählt einen Monat später, wie er, gestützt durch Vollwertkost, in 14 Tagen mit dem Rad von Düsseldorf zum Lago Maggiore und zurück bis zum Bodensee gestrampelt ist. Seine Enkelin Laura begleitete ihn. Er verliert in 14 Tagen 5 Kilo Gewicht. Richard Fuchs: „So schön schlank wie Laura bin ich immer noch nicht. Mein Rezept: Viel Bewegung, Transpiration, Wasser, ein wenig Salat am Abend und wenig Wein – kein Problem, wenn ein Deziliter in der Schweiz so teuer ist wie eine ganze Flasche in Deutschland."

Vier Wochen später alarmiert seine Frau über die dramatische Situation in Brasilien: Ein reiches Land – aber ein Großteil der Bevölkerung ist sehr arm. Täglich verhungern 180 Kinder. Ursel Fuchs: „Die ärmsten zwanzig Prozent der Bevölkerung müssen mit 2,2 % des nationalen Einkommens leben – damit liegt Brasilien weltweit an zweiter Stelle, was Einkommens-Ungleichheit angeht. Ländereien und Ressourcen befinden sich überwiegend in den Händen der Reichen, die immer noch Landlose wie Sklaven halten …"

2006 – In einer groß angelegten Serie analysiert Richard Fuchs die Gentechnik als „Enteignung unserer Nahrung: Manipulieren, patentieren, monopolisieren, globalisieren". Wenn heute nur noch wenige, vor allem US-amerikanische, transnationale Saatgut-/Chemiekonzerne und Nahrungsmittelkonzerne den Weltmarkt beherrschen, dann verfolgen diese Global-Player, die über neunzig Prozent der zugelassenen transgenen Pflanzen besitzen, nach Richard Fuchs die Umwandlung der Landwirtschaft und Nahrung als Machtinstrument. Er zitiert den früheren US-Außenminister und Sicherheitsberater Henry Kissinger mit dem bösen Diktum: „Beherrsche die Energie, und du beherrschst die Nation. Beherrsche die Nahrung, und du beherrschst die Menschen."

Manchmal kommt DER GESUNDHEITSBERATER kaum mehr nach, die Skandale der Pharmaindustrie aufzuarbeiten. Der Arzt Claus Köhnlein und der Journalist Torsten Engelbrecht decken (4/06) den Viruswahn auf. H5N1: Vogelgrippe und kein Pieps an Beweisen. Die Autoren, die dazu das Buch *Virus-Wahn* (emu) vorlegen, kommen zu dem Schluss: „Sind die Warnungen, die da von Zeitungen, Magazinen und Fernsehstationen ausgestoßen und einem Weltpublikum als der Wahrheit letzter Schluss verkauft werden, durch wissenschaftliche Beweise gedeckt? Ganz offenbar nicht, jedenfalls haben die Medien selber keine derartigen Beweise parat."

Ergänzend dazu berichtet Prof. Dr. Erich Schöndorf über den gegenwärtigen „Betrug in der Wissenschaft" (5/06). Er erstreckt sich vom Contergan-Skandal bis zu dem Blutgerinnungshemmer Cumarin als Geschmacksverstärker (!) in Zigaretten. Prof. Schöndorf: „Haben Sie schon einmal den Titel „Betrug in der Wissenschaft" in die Suchmaschine Ihres PC eingegeben? Ich hatte mich dazu entschlossen, weil ich dachte, es könne ja neben meinen eigenen, zweifellos zahlreichen einschlägigen Erfahrungen noch mehr davon geben. 1,76 Millionen Eintragungen!"

Was ein Patient bei Multipler-Sklerose aus eigener Kraft zu seiner Gesunderhaltung tun kann, berichtet als Betroffener der Wirtschaftswissenschaftler Dr. Ekkehard Schwebig (6/06): „Die sofortige Umstellung auf ein möglichst natürliches Leben, auf eine vitalstoffreiche Vollwertkost nach Dr. Max Otto Bruker, auf Bewegungen in frischer Luft und angemessenen Sport hat mir meine Gesundheit erhalten."

Wieder einmal wirbt Dr. Franz Alt (9/06) mit sachlichen Argumenten für die erneuerbaren Energien. Er spricht von drei Millionen zusätzlichen Arbeitsplätzen im Umweltschutz: „Erneuerbare Energien – wie Sonne, Wind, Wasserkraft und Biomasse – sind heimische Energien. Das heißt: Das Geld bleibt hier, die Arbeitsplätze entstehen hier und die hiesigen Regionen werden wirtschaftlich gestärkt. Das wäre die intelligenteste Antwort auf die Herausforderung der Globalisierung. Heute fließen jedes Jahr beinahe einhundert Milliarden Euro an Energiekosten ins Ausland."

Im November des Jahres legen der brasilianische Professor Antonio Andrioli und Richard Fuchs ihr Buch „Die Saat des Bösen. Die schleichende Vergiftung von Böden und Nahrung" vor. Das sind 256 Seiten wissenschaftliche Fakten und politische Analyse. Das Buch erweist sich binnen kurzem als ein Standardwerk der Umweltbewegungen. Für die brasilianischen Leser, arme Bauern, finanziert DER GESUNDHEITSBERATER mit Hilfe der spendenfreudigen Leser eine Auflage in portugiesischer Sprache.

Eine kleine Sensation erleben die Teilnehmer der GGB-Herbsttagung: Auf dem Weg von Basel nach New York legen der Schweizer Arzt und Naturschützer Dr. Martin Vosseler sowie vier Mitstreiter mit ihrem Solarkatamaran in Lahnstein an, um über ihr Projekt, nur mit Sonnenenergie den Atlantik zu überqueren, zu berichten. Die Tagungsteilnehmer bejubeln das bahnbrechende Umweltprojekt mit nicht enden wollendem Applaus.

241

2007 – Genau darüber berichtet denn auch DER GESUND-HEITSBERATER 2007 in mehreren spannenden Beiträgen. Im Februar heißt es: „Die fünf Crew-Mitglieder haben gut zu tun an Bord. Zwei Mann kümmern sich um die Kommunikation per Satellitentelefon und E-Mail. Zwei Mann halten das Boot in Tag- und Nachtschichten auf Kurs und betreuen die Küche. Prof. Senn ist Meeresbiologe und nimmt jeden Morgen eine Plankton-Probe, die er analysiert. Positiv ist auch, dass das Boot sehr wenig Energie verbraucht. Auch bei schlechtem Wetter kann der Kurs gut gehalten werden. Das Boot verbraucht bei drei Knoten Fahrt etwa 1600 Watt – so viel wie ein Bügeleisen!"

Im Mai ist es dann so weit: Der solarbetriebene Katamaran „sun 21" feiert am 8. Mai um 15.00 Uhr Lokalzeit seine historische Ankunft im North-Cove-Marina-Hafen New Yorks. 7000 Seemeilen (etwa 13 000 Kilometer!), liegen hinter den Sonnenpionieren. Das ist die Kraft erneuerbarer Energien! Auf der Herbsttagung des gleichen Jahres berichtet dann der charismatische Dr. Vosseler fantastisch lebendig über die solare Kolumbus-Fahrt.

Hierzu passt auch der Energieappell von Hermann Scheer. Im Mai führt er aus: „194 000 Hochspannungsmasten stehen in Deutschland – und weit mehr als die Hälfte könnte abgebaut werden, wenn die Stromproduktion in Großkraftwerken durch regional breit gestreute dezentrale Windkraftanlagen ersetzt wird."

Andrea Dornisch, zusammen mit Marie-Luise Volk eine unermüdliche Antigen-Aktivistin, meldet (7/2007) aus Bayern: „Geschafft! Gentechnikfreie Gemeinde Kammerstein!" Erfolg meldet auch Prof. Andrioli (10/2007) aus Brasilien: Der Anbau von Gen-Mais durch den Pharmakonzern Bayer wurde in seiner Heimat gekippt: „Es gab eine Zulassung für diesen Mais am 16. 5. 2007 durch eine so genannte Wissenschaftskommission, die keine Legitimität hat. Aber schon am 28. 6. 2007 haben sie das wieder gestoppt, denn die Zulassung war verfassungswidrig. Sie verstieß gegen drei Prinzipien des Umweltrechts, nämlich der nachhaltigen Entwicklung, des Vorsichtsprinzips und des Schadenersatzes. Die Zulassung wurde gestoppt auf Grund der Mobilisierung der Zivilgesellschaft."

„Ich fühle mich wie ein Adler", unter dieser Überschrift berichtet Mathias Jung über ein Nachfolgetreffen der Übergewichtigen im Dr.-Bruker-Haus: Vierzehn Teilnehmer früherer Übergewichtsseminare treffen sich für einen Tag zum Erfahrungsaustausch. Anja, eine erfolgreiche Opernsängerin und Solistin, kann nicht kommen, da sie ein Konzert zu singen hat. Sie schreibt, stellvertretend für die meisten ihrer Mitteilnehmer: „Bisher habe ich 10 Kilo abgenommen und stehe nun schon eine ganze Weile auf dem Level. Ich halte mich aber tapfer daran, drei Mal täglich und sonst nichts zu essen. Ich genieße diese drei Mahlzeiten mit vitalstofffreicher Vollwertkost. Seid herzlich gegrüßt."

Ilse Gutjahr-Jung gestaltet die ganze Juni-Ausgabe über die gefährlichen Auswirkungen des Fabrikzuckers – mit einer grandiosen Fülle wissenschaftlicher Details.

2008 – Wie man ein „Sonnen-Kraftwerk" auf dem Dach des eigenen Hauses errichtet, das erläutert (3/2008) die Gesundheitsberaterin GGB Edeltrud Braun. Das ist finanzierbar auch für den schmalen Geldbeutel, mit Hilfe eines preisgünstigen Kredits über die Umweltbank in Nürnberg oder die Kreditanstalt für Wiederaufbau (KfW). Edeltrud Braun: „Ich möchte allen Menschen, die eine geeignete Dachfläche auf ihrem Haus haben, Mut machen, eine Photovoltaik zu installieren. Auch wenn sie kein Geld haben." – Im April berichtet Dr. Vosseler über seinen Fußmarsch durch Amerika. Von der Westküste bis zur Ostküste. Für Solarenergie. Das reißt den Leser vom Hocker.

Wenig später (6/2008) meldet DER GESUNDHEITSBE-RATER ein sensationelles Bundesgerichtshof-Urteil: Laut BGH hat Greenpeace das Recht, die Müllermilch als „Gen-Milch" zu bezeichnen.

Empfiehlt sich ein Mammographie-Screening? Wird Brustkrebs dadurch wirklich früh erkannt und die Sterblichkeit gesenkt? DER GESUNDHEITSBERATER (7/2008) nennt alamierende Zahlen: „92 % aller Frauen in der Altersgruppe von 50–60 Jahren überleben. Ca. 7 % sterben an anderen Todesursachen, 0,8 % sterben an Brustkrebs (ohne Screening), 0,6 % sterben an Brustkrebs (mit Screening). Aber: 100 % aller Frauen tragen alle Risiken und Belastungen für maximal 0,2 % Erfolg … Auch Dr. Bruker spricht sich in seinen Büchern gegen eine Mammographie aus, da die Röntgenstrahlen ein erhöhtes Krebsrisiko darstellen."

Im Oktober des gleichen Jahres würdigt die Vorsitzende der GGB, Ilse Gutjahr-Jung, den 30. Geburtstag der Gesellschaft mit den Worten: „Gegen Ende seines Lebens, als Dr. Bruker sich aus seiner Arbeit zurückzog, meinte er dankbar: ‚Das Haus ist bestellt, mein Lebenswerk ist gesichert.' Sieben Jahre später kann ich seine Worte bestätigen: Das Haus ist bestellt. Der junge Nachwuchs bewährt sich bereits hervorragend."

DER GESUNDHEITSBERATER warnt vor dem Missbrauch der elektronischen Gesundheitskarte. Die schöne neue Datenwelt hat es nämlich in sich: „Schritt für Schritt sollen die Nutzungsmöglichkeiten der Karte ausgeweitet werden. Die Rezeptdaten werden mit Hilfe der Karte elektronisch übermittelt und möglicherweise personenbezogen gespeichert, die Patienten anhand dieser Daten in Risikoklassen aufgeteilt."

2009 – Die bekannten Jazz-Musiker (und Gesundheitsberater GGB!) Susan und Martin Weinert berichten (3/09), wie man selbst bei Welttourneen als Vollwertköstler reisen kann. Martin Weinert: „In Madagaskar hatten wir auf der Tour einen Tag frei. Eine Mitarbeiterin des Goethe-Centers lud uns zu sich ein. Sie gab ihrer Köchin frei, denn wir hatten versprochen, uns um das Essen zu kümmern. Die Köchin bekam fast einen Schock, als sie sah, dass ein Mann in der Küche das Essen zubereitete. Das hat sie nicht fassen können." Susan Weinert: „Reis auf Madagaskar zu kaufen sollte eigentlich einfach sein, dachte ich, aber weit gefehlt. Es sollte geschlagene 45 Minuten zähester Verhandlungen bedürfen, bis wir endlich unseren ungeschälten roten Reis hatten. Die Frau wollte ihn uns nicht verkaufen. Der sei nur für die Einheimischen."

Impfen gegen einen potenziellen Gebärmutterhalskrebs, und das bereits bei pubertierenden Mädchen? DER GESUNDHEITSBERATER im Mai des Jahres: „Nutzlos, eventuell schädlich – und teuer." Wenig später erfolgte die Meldung über erste Todesfälle, die mit der Impfung in Zusammenhang standen.

Im September ist es dann die „Schweinegrippe", mit der die Bevölkerung verunsichert wird. In einigen Wochen, behaupten so genannte Experten, könnte sich jeder Dritte weltweit mit dem neuen H1N1-Virus infiziert haben. Die Bundesregierung kauft für 50 Millionen Euro Impfstoff, auf dem sie später sitzen bleibt. Der Impfskeptiker und Arzt Tom Jefferson rät in dem SPIEGEL-Interview, das DER GESUNDHEITSBERATER im September abdruckt: „Gegen die große Zahl grippaler Infekte kann eine Grippeimpfung ohnehin nichts ausrichten, denn sie richtet sich ja nur gegen Influenza-Viren. An der erhöhten Gesamtsterblichkeit während der Wintermonate ändert sich deshalb durch die Impfung gar nichts … Eine Studie aus Pakistan hat gezeigt, dass man durch Händewaschen das Leben von Kindern retten kann. Dafür sollte der Nobelpreis vergeben werden!" Dass die Schweinegrippe mit der Massentierhaltung zusammenhängt, analysiert DER GESUNDHEITSBERATER im November: „Zu wenig frische Luft – Schweine in der Massentierhaltung leben in und über ihrem eigenen Kot. Wenn dieser sich zersetzt, wird Ammonium frei. Dieses Gas greift die Atemwege an und macht die Tiere empfänglich für Krankheiten."

Aber auch über so einfache Fragen wie „Was tun, wenn das Kind nicht isst?" klärt das Blatt auf. Das Dezemberheft 2009 schließt mit der Wiederveröffentlichung einer Passage des berühmten Werkes „Menschen in Not". Sein Autor, der Internist und Seelenarzt Dr. G. R. Heyer, führt hier aus: „Dass es sich bei dem schlechten Essen im Grunde um einen Machtkampf des Kindes mit den Erwachsenen handelt, steht außer Zweifel. Das Kleine stößt auf die ungeheure Überlegenheit der Großen. Das erweckt Widerstände – teils berechtigter Art; denn an solchen und anderen Widerständen soll es wachsen, selbstständig werden; teils neurotischer Natur, soweit die Protesthaltung leerem Geltungsbedürfnis ohne Leistung, einem billigen Streben nach einer Tyrannenrolle entspringt … Dafür zu sorgen, dass das Kind mit der Nahrungsaufnahme die richtige Verhaltensweise und Auffassung verbindet, heißt deshalb, über die augenblickliche Ordnung hinaus seelischen Fehlentwicklungen vorzubeugen."

2010 – Wann dürfen wir sterben? Der Palliativmediziner Gian Domenico Borasio beleuchtet die Rolle der Medizin beim Sterben (1/2010): „Hilfreich ist es, die Parallele zwischen Geburt und Tod zu sehen. Beide sind physiologische Ereignisse, für die die Natur bestimmte Programme vorgesehen hat. Diese natürlichen Prozesse laufen dann am besten ab, wenn sie von Ärzten möglichst wenig gestört werden. Was wir im Grunde brauchen, sind Hebammen für das Sterben."

Hat ein Sterbender Recht auf den Einsatz morphiumhaltiger Medikamente? Dr. Borasio: „Morphium ist ein gutes Beispiel dafür, wie hartnäckig sich Vorurteile halten, auch wenn sie längst wissenschaftlich widerlegt sind. Dass Morphin nicht nur Schmerzen, sondern auch die Atemnot hervorragend und gefahrlos bekämpft, belegen Studien seit dem Jahr 1993. Man muss es allerdings richtig anwenden." Wie möchten Sie selbst sterben? Dr. Borasio: „So, dass meine Familie am wenigsten darunter leidet. Und wenn möglich, im Frieden mit mir selber."

Kann man Wildkräuter essen? Wie sind sie zuzubereiten? Die Gesundheitsberaterin GGB Margarete Vogl berichtet in der Zeitschrift, mit ihrem Buch und auf der GGB-Tagung über 75 leckere Wildkräuterideen. Haben Sie, lieber Leser, schon mal einen Brennnessel-Erbsen-Auflauf probiert?

Was ist los mit genmanipulierter Baumwolle? Die Inder haben (5/2010) böse Erfahrungen damit gemacht: In Indien sind Schädlinge aufgetaucht, die gegen das Gift in der Pflanzensorte Bollgard resistent sind. DER GESUNDHEITSBERATER: „Seit acht Jahren wird die Bollgard-Baumwolle in Indien angebaut. Eine Lösung für das jetzt entstandene Bollgard-Problem will Monsanto bereits parat haben: Bollgard II." Und: „Wie ein Unternehmenssprecher einer Indischen Zeitung bestätigte, arbeitet man bereits an einer Nachfolgesorte: Bollgard III. Diese Baumwollsorte soll dann insgesamt drei Giftstoffe absondern."

Über ein vollwertiges Pausenfrühstück informiert die Gesundheitsberaterin GGB und Dozentin am Dr.-Bruker-Haus Andrea Lohaus im Juni und Juli des Jahres: „Es gibt einige Gerichte, die man gut ohne Küche fertigen kann. Zum Beispiel Obstsalat mit selbst gequetschten Dinkelflocken, Brotspieße, Brotgerichte, Waffeln usw. Dann ist allerdings die Lehrerin gefragt, mit zu organisieren. Bewährt haben sich Arbeiten in kleinen Gruppen. Jedes Kind bringt in Tüten sein ‚Werkzeug‘ mit. Später wird zu Hause alles gespült und aufgeräumt. Das gehört auch dazu und wird mit den Kindern abgesprochen, eine Art ‚Hausaufgabe‘.“

Ein journalistisches Prunkstück präsentiert *Der Gesundheitsberater* im Dezember: Die Geschichte der Atomenergie. Der Autor Manfred Kriener würdigt darin die oft vergessenen Pioniere der Atomkraftgegner: „Beim Bau des Kernkraftwerks Würgassen an der Weser 1968,“ so erinnert sich der damalige AEG-Chefkonstrukteur Klaus Traube, „erlebte ich die ersten Proteste: Es waren vor allem alte Leute, sehr konservativ. Ein Weltbund zum Schutz des Lebens und der unermüdliche Atomphysiker Karl Bechert kritisieren die Strahlengefahren. Doch die Proteste verpuffen. Wir haben sie nur belächelt.“ Tatsächlich nutzte Dr. Bruker als Präsident der deutschen Sektion des „Weltbundes zum Schutz des Lebens“ den Verband zum bundesweiten Kampf gegen die Atomkraftwerke … Kein Anlass zum Lächeln, wissen wir heute.

2011 – DER GESUNDHEITSBERATER lässt nicht locker mit seiner Aufklärung. Martin Gutjahr-Jung, inzwischen Chefredakteur des Blattes, stellt Martin Vosselers VOCA-Solar-Photovoltaik-Anlage in Basel vor. Er resümiert: „Vor fast 30 Jahren forderten Politiker hierzulande eine ‚geistig-moralische Wende‘. Energie- und Umweltpolitik bieten dafür vielfältige und wirtschaftlich interessante Möglichkeiten. Es wäre an der Zeit, den Worten Taten folgen zu lassen.“

Wie ernst das zu nehmen ist, beschreibt er im April des Jahres nach der Fukushima-Katastrophe: „Möchte man, nach dem nuklearen Trauma von Hiroshima und Nagasaki, mit aller Macht beweisen, dass der Geist in der Flasche zu bannen ist?" Und: „Es ist nicht immer befriedigend, Recht zu haben. Bei den meisten der im GESUNDHEITSBE-RATER kritisch kommentierten Themen wäre es auch uns wohler, falsch zu liegen. Seit Gründung dieser Zeitschrift vor über 25 Jahren ist es stets ein Anliegen gewesen, auf die unberechenbare Gefahr durch die so genannte friedliche Nutzung von Atomkraft hinzuweisen."

Ob der Palmöl-Wahn den Regenwald zerstört oder die Genomforschung Genmanipulationen ermöglicht, DER GESUNDHEITSBERATER klärt darüber ebenso auf (5/2011) wie über die „Fett-weg-Spritze", eine Innovation des Hauses Bayer (6/2011), oder die Hysterie über den EHEC-Erreger (7/2011).

Wieder einmal berichtet Gottfried Kölbl, früherer Geschäftsführender Gesellschafter der Druckerei Kösel, über seinen „Allgäuer Förderkreis". Er hilft im Senegal den Ärmsten. In Ngollar hat der Förderkreis 2009 mit Unterstützung des Entwicklungshilfeministeriums eine Lernschule für 150 Kinder gebaut. In Senegal sind rund 50 % der Männer und etwa 75 % der Frauen Analphabeten. Die Folgen sind unübersehbar: Es gibt kaum eine geordnete Berufsausbildung, die Arbeitslosigkeit ist sehr hoch. Die Menschen sind nicht in der Lage, ihre Zukunft selbst zu planen – jede Frau hat im Durchschnitt sechs Kinder. Senegal ist eines der ärmsten Länder Afrikas. Aber der Förderkreis jammert nicht, sondern er hilft, vor allem bei der Ausbildung von Jungbauern. Kölbl: „Es war für die Gruppe sehr überraschend zu sehen, wie dank zweier Brunnen herrliche Zwiebeln, Tomaten, Auberginen, Kartoffeln und Pimos wuchsen. Auch Mangos, Papayas und Pampelmusen reiften schon."

Kölbls Mitstreiter sind Altkatholiken aus dem Allgäu. Ihr Einsatz erinnert an ein Wort des fortschrittlichen Theologen und Widerstandskämpfers Dietrich Bonhoeffer: „Es gibt Christen, die es für unfromm halten, auf eine bessere irdische Zukunft zu hoffen. Sie glauben an das Chaos, die Katastrophe als den Sinn des gegenwärtigen Geschehens und entziehen sich in Resignation oder frommer Weltflucht der Verantwortung für das Weiterleben, für den neuen Aufbau, für die kommenden Geschlechter. Mag sein, dass der Jüngste Tag morgen anbricht, dann wollen wir gern die Arbeit für eine bessere Zukunft aus der Hand legen, vorher aber nicht."

Man kann es auch säkular formulieren, wie es der Arzt und Psychoanalytiker Carl Gustav Jung einmal gesagt hat: „Die Veränderung muss beim Einzelnen beginnen. Jeder von uns kann dieser Einzelne sein. Niemand kann es sich leisten, einfach umherzublicken und auf jemanden zu warten, der das tun soll, was man selber nicht tun will." Besser könnte man auch das kämpferische Ethos des GESUNDHEITSBERATER nicht beschreiben.

Die Dr.-Max-Otto-Bruker-Stiftung

1989 gründeten Dr. Max Otto Bruker und ich die gemeinnützige Dr.-Max-Otto-Bruker-Stiftung. Sie hat die Aufgabe, das Werk Dr. Brukers zu sichern und eine Einrichtung zu schaffen, in der interessierte Menschen über Krankheitsverhütung in Seminaren und Vorträgen aufgeklärt werden, aber auch darin ausgebildet werden können.

Das Dr.-Max-Otto-Bruker-Haus, ein Zentrum für Gesundheit und ganzheitliche Lebensweise wurde von 1992 bis 1994 gebaut und im März 1994 bezogen. Die ärztliche Hilfe ist durch Dr. med. Jürgen Birmanns Praxis und Sprechstunde gewährleistet, die Lebensberatung durch Dr. phil. Mathias Jung, Gestalttherapeut. Die gemeinnützige Gesellschaft für Gesundheitsberatung GGB hat ihren Sitz im Bruker-Haus, ebenfalls der emu-Verlag. Eine Lehrküche steht für Praxis-Seminare und die Verpflegung der GGB-Seminarteilnehmer zur Verfügung. Ein liebevoll gestalteter Naturgarten mit Kneippanlage zieht viele Besucher an. Bänke laden zum Verweilen und Entspannen ein. Eine Solaranlage auf dem Dach entlastet das Energiebudget des Hauses.

Hundertwasser – oder:
Wie das Dr.-Max-Otto-Bruker-Haus entstand

Am 3. Januar 1990 bat der damalige Geschäftsführer des Krankenhauses Lahnhöhe, Gerhard Volgmann, Dr. Bruker um ein Gespräch. Kurz darauf erschien er, gemeinsam mit seinem Sohn und Nachfolger Michael Volgmann, im Arbeitszimmer von Dr. Bruker, um ihm mitzuteilen, dass die Söhne Dr. Armin und Dr. Rolf Bruker die Anwesenheit ihres Vaters in der Klinik ab sofort nicht mehr wünschten. Lediglich essen und wohnen dürfe er dort noch.

Dr. Bruker brauchte keine zweite Aufforderung. Er legte sofort seine Klinikarbeit nieder. Dann packten wir mit unseren Mitarbeitern seine Sprechstundendatei, den umfangreichen Schriftwechsel, Bücher, Stoffsammlungen und private Gegenstände zusammen und transportieren alles in die emu-Verlagsräume im nahegelegenen „Ferienpark Rhein-Lahn". Da der Platz dort nicht ausreichte, stellte ich über 500 Aktenordner in meiner eigenen Wohnung unter.

Wenige Tage nach dem Hinauswurf rief Dr. Bruker mich am späten Abend an. Es ging ihm nicht gut. Er bat um Hilfe. So hatte ich ihn noch nie erlebt. Er war grau im Gesicht und klagte über Herzbeschwerden. Ich rief in der Not Dr. Rolf Bruker an, schilderte ihm die Situation und bat ihn, sofort zu kommen. Er musste jedoch erst mit seinem Bruder darüber reden. Als er kam – mir schien die Wartezeit unerträglich lang –, besprach er mit seinem Vater, welches Mittel er intravenös spritzen wolle. Es wirkte ziemlich rasch. Der Puls normalisierte sich, das Befinden des „Patienten" ebenfalls. Wir atmeten auf.

Am 10. Januar 1990 hielt Dr. Bruker, wie in all den Jahren vorher an einem Mittwoch, seinen letzten Vortrag vor Patienten des Krankenhauses. Er verabschiedete sich von ihnen mit bewegenden Worten. „Meine Söhne wünschen meine Anwesenheit in diesem Haus nicht mehr … Es gab keine Auseinandersetzungen … Es geht um den Ödipuskomplex. Nach diesem Mythos rivalisieren Söhne mit ihren Vätern und ‚erschlagen‘ sie." Dr. Bruker kämpfte mit den Tränen.

Am 13. Januar 1990 starb mein Mann Wolfgang Gutjahr. Ein jahrelanges Leiden war vorausgegangen. Drei Monate lag er im Krankenhaus. Es gab keinerlei Hoffnung. Er wurde nur 51 Jahre alt. Es war eine sehr schwere Zeit.

Eigentlich war die Trennung vom Krankenhaus Lahnhöhe vorprogrammiert. Vier Jahre vorher, im „Tschernobyljahr" 1986, musste die GGB das Haus bereits verlassen. Das kleine GGB-Büro (ca. 10 m²) benötigte man – so die offizielle Version – für eigene Belange. Unsere Arbeit war allerdings dem Geschäftsführer der Klinik mittlerweile auch zu brisant geworden, denn die Öffentlichkeitsarbeit der GGB konfrontierte Politik, Wirtschaft und so genannte Wissenschaft mit unbequemen Wahrheiten. Da Dr. Bruker der ärztliche Leiter war, fürchtete man, die Unannehmlichkeiten, die die GGB verursachte, könnten auf die Klinik zurückfallen. Das sollte vermieden werden. Wir zogen also in die besagte Wohnanlage des Ferienparks, wo der emu-Verlag bereits Räume angemietet hatte (s. S. 202 ff.).

Während der räumlich beengten Arbeit im Krankenhaus Lahnhöhe machte ich – es muss 1983/84 gewesen sein – einmal eine Skizze von einem eigenen runden „Traumhaus". Es sollte auf der gegenüberliegenden Wiese entstehen. Rund musste es unbedingt sein, als Kontrast zu den benachbarten harten, unfreundlichen Betonhochhäusern der Siebzigerjahre. Als ich unserem „Senior" die Zeichnung zeigte, bemerkte er nur trocken: „Sie sind ja verrückt."

Nun, diese Zeichnung kramte ich in dem schicksalsträchtigen Jahr 1990 erneut aus meinem Schreibtisch und setzte Dr. Bruker immer wieder – wie ein Mantra – den Satz ins Ohr: „Wir müssen unserer wichtigen Arbeit ein eigenes Zuhause schaffen. Dann kann uns nie wieder jemand rausschmeißen. Wir müssen bauen." Wir hatten zwar weder das nötige Geld noch ein Grundstück, aber diese positive Vision und der Glaube an das Gute hielten uns in trüben Stunden über Wasser.

Auf die landwirtschaftliche Nutzfläche, zwischen Klinik und Ferienpark gelegen, hatte ich es abgesehen. Das Stück Naturwiese gehörte der Volksbank Lahnstein. Der damalige Bankdirektor, Winfried Gulde, stellte es auf mein Bitten und Drängen zunächst für ein Permakulturseminar zur Verfügung. So entstand ein kleines Minigärtchen und ein kleiner Teich. Libellen, Frösche, Blindschleichen und anderes Kleingetier tummelten sich dort und fühlten sich offensichtlich wohl. Das Grundstück durften wir in diesem Sinne kostenlos benutzen – unter der Bedingung, dass wir es in den alten Zustand versetzen, falls die Volksbank es doch eines Tages selbst benötigen sollte. Ursprünglich wollte sie dort eine Filiale bauen. Alles wurde per Handschlag besiegelt.

Nach unserem Umzug in den Ferienpark ging es dort zu wie in einem Bienenhaus. Es summte und brummte. Die Grundlagenseminare der GGB waren mit durchschnittlich 80 – 90 Teilnehmern stets ausgebucht. Wenn keine Ausbildungsseminare liefen, boten wir „Eltern-Kind-Tage" an und das Tagesseminar „Lebenskrisen" sowie mittwochs – wie bisher im Krankenhaus Lahnhöhe – für alle Interessierten den „Ärztlichen Rat aus ganzheitlicher Sicht".

In diesem dicht besetzten Seminarraum fand nicht nur der Unterricht statt, sondern er diente auch als Speiseraum. Einen anderen Platz hatten wir ja nicht.

Für seine Wochenendseminare verwandelte Dr. Mathias Jung diesen nüchternen Arbeitsraum mit wenigen Handgriffen in eine blühende Landschaft. Farbige Decken, bunte Blumensträuße, Grünpflanzen, Kerzen belebten dann die Szene. Die Teilnehmer lagerten, wie in „Tausend-und-eine-Nacht", im Kerzenschimmer auf den ausgebreiteten Decken.

In einem angemieteten Ferienappartement richteten wir eine Lehrküche ein. Morgens und abends verpflegten wir die Seminarteilnehmer selbst. Im Jugendherbergsstil musste jeder mal mithelfen. Sogar Dr. Bruker half, wenn Not am Mann war. Ich sehe ihn noch vor mir, wie er geschickt und schnell die Mohrrüben in die Gemüseraffel schiebt... Mittags transportierten wir die Teilnehmer mit einem angemieteten Bus ins etwa 3 km entfernte Lahnsteiner Ortszentrum. Sie aßen dort in einem Gasthaus, das sich um Vollwertkost bemühte. Aber nach wenigen Monaten gaben wir diese umständliche Fahrerei auf und übernahmen die komplette Verpflegung selbst.

In der Lehrküche boten wir auch Praxisseminare an. Nach heutigen Gesichtspunkten in unmöglicher Enge und unter einfachsten Bedingungen, aber damals geradezu genial, denn alle waren froh, den berühmten Dr. Bruker persönlich hören und erleben zu können. Wenn die Speisen zubereitet waren, nahm er an den Mahlzeiten teil, probierte alles und beantwortete nebenbei Fragen der Teilnehmer. Er war buchstäblich unser bestes Kapital und wirkte unermüdlich – ohne jedes Honorar.

Immer wieder kreisten meine Gedanken um ein eigenes Haus: „Chef, erinnern Sie sich noch an meine Zeichnung, an das runde Haus auf der Wiese? Ich geh mal zu Direktor Gulde von der Volksbank und schildere ihm unsere Situation und unseren Wunsch, auf seiner Wiese zu bauen." Heute (22.5.2011), als ich diese Zeilen schrieb, rief ich spontan Herrn Gulde an und fragte ihn, ob er denn damals an meine Idee geglaubt habe. Ohne Zögern sagte er ein kräftiges „Ja". „Und warum?" Herr Gulde: „Sie haben gewusst, was Sie wollten. Sie waren geradlinig und haben alles in Bewegung gesetzt. Das waren wir in Lahnstein nicht gewohnt." Da musste ich doch lachen, denn damals zerbrach ich mir öfter den Kopf, warum er so unverrückbar hinter mir stand. Ja, es war klar, dass wir nur mit der Volksbank zusammen die Finanzierung für den Bau angehen würden. Ich betonte aber von Anfang an, dass ich ziemlich sicher sei, von vielen Mitgliedern und Patienten Spenden oder kostenlose Darlehen zu erhalten. Herr Gulde nahm es gelassen zur Kenntnis.

Nun folgte der schwere Gang zum Bauamt. Wie sollte ich den zuständigen Menschen dort von unseren Visionen überzeugen? Landwirtschaftliche Nutzfläche – auch wenn sie nicht genutzt wurde – sollte nun Bauland werden. Eigentlich unmöglich. Mir war doch etwas zaghaft zumute. Herr Becker vom Bauamt hörte sich alles geduldig an. Vom Umbau unserer Räume im Ferienpark hielt er nichts. Da müssten alle Eigentümer zustimmen, das wäre schwierig genug. Die Wiese in Bauland umzuwandeln, sah er ebenfalls kritisch. Da müsste der Stadtrat zustimmen. Becker: „Wenn Sie dort bauen wollen, müssen Sie schon mit einem berühmten Architekten kommen, um eine Baugenehmigung zu erhalten, zum Beispiel Böhm oder Hundertwasser."

Hatte ich richtig gehört? Hundertwasser? Über den las ich doch gerade eine Biographie, die ich in einem Antiquariat erstanden hatte. Davon war ich begeistert. Der Mann hatte seine Visionen verwirklicht. „Hundertwasser?", fragte ich nach. „Den bringe ich Ihnen nach Lahnstein." Darüber – so Becker – würde er sich freuen. Wir besiegelten unser Gespräch per Handschlag. Hoffnungsvoll fuhr ich nach Hause und rief sofort das Hundertwasserbüro in Wien an. Friedensreich Hundertwasser war nicht da, sondern in Neuseeland. Man versprach seinen Rückruf, sobald er wieder in Wien sei. Hatte ich im Bauamt den Mund nicht doch etwas zu voll genommen?

Als ich unserem „Senior" die Zeichnung zeigte, bemerkte er nur trocken:
„Sie sind ja verrückt."

Die Reise nach Wien…
und was dort alles passierte

Nach Wochen – wir glaubten nicht mehr an den Rückruf – war der große Künstler Hundertwasser tatsächlich am Telefon. Ich konnte es kaum fassen. „Kommen Sie nach Wien, dann besprechen wir alles. Ich kenne die Bücher von Dr. Bruker und teile seine Visionen. Ich lebe danach." Unfassbar. Ich vollführte Freudentänze.

Gesagt und sofort getan. In Wien holte mich seine „rechte Hand" Peter Pelikan ab. Die Begrüßung war herzlich: „Wenn du mit ihm in seiner Wohnung bist, fragst du ihn nach seinem Klo." Ich staunte: „Und wenn ich gar nicht muss?". Peter: „Na, wirst schon sehen. Mach dir keine Sorgen."

Auf dem Dach des Hauses in der Nähe vom Stephansdom wehte oben auf einer Glaskuppel die Neuseelandflagge. Der Fahrstuhl war defekt. Wir stiegen die Treppen hoch bis in den obersten Stock. Die Wohnungstür klemmte – ein Schlappen des Meisters hatte sich dort verkeilt. Und dann stand der Genius vor uns. In Strümpfen. Ein zierlicher, schmaler, interessant aussehender Mann mit klugen, wachen Augen und einer Schiebermütze auf dem Kopf. Ein Hosenbein war kürzer als das andere. Total lässig wirkte er auf mich.

Noch in der Tür stehend sagte er zu Peter Pelikan: „Gell, Peter, holst mir a Waschpulver. I muss mei Strümpf waschen." Und damit war Peter verschwunden und ich allein diesem berühmten Mann ausgeliefert. Er führte mich in einen großen, lichtdurchfluteten Raum mit einer hohen Glaskuppel. Grünpflanzen, wohin ich blickte. Sie schienen aus dem Boden und der Decke zu wachsen. Als Decke war ein

Gitterrost eingezogen, ähnlich den Abdeckungen auf Keller-schächten. Eine Eisentreppe führte im Rundlauf nach oben. Da schlängelten sich also Pflanzen von oben nach unten. Auf dem Fußboden standen dicht an dicht mannshohe Papyrus-pflanzen in verschiedenen Kübeln und Eimern im Wasser.

Inmitten dieser Grünzone saßen Hundertwasser und ich auf einem kleinen Sofa. Er sagte nichts. Ich auch nicht. Dann fiel mir Peters Rat ein: „Peter Pelikan meinte, ich sollte Sie nach Ihrem Klo fragen." Jetzt kam Bewegung in den Mann. Er stand auf, wuschelte in seinen Grünpflanzen herum, und dann zeigte er auf drei große braune Regentonnen, die ne-beneinander standen. Ich hatte sie vorher nicht bemerkt, so gut verdeckt waren sie von dem überall wuchernden Grün. Er zeigte auf die erste Tonne rechts und sagte mit der größ-ten Selbstverständlichkeit: „Do scheiß i eini."

Ich konnte es nicht fassen und muss ihn ziemlich ungläu-big, wenn nicht sogar entgeistert angesehen haben. „Wie lange machen Sie das denn schon?" „Achtzehn Johr scheiß i do eini!" Zur Demonstration nahm er eine WC-Brille aus Holz von der Wand – sie hing dort griffbereit an einem Na-gel – und legte sie auf die Tonnenöffnung. Sie passte perfekt.

Fast hatte ich Angst, nun Zeugin einer Demonstration dieses Systems zu werden, doch nun schilderte Hundert-wasser mir begeistert, dass er wie Bruker lebt. Vegetarisch. Er zog eine Knoblauchknolle aus der Hosentasche, aus der anderen einen Kanten Brot. Seine Ausscheidungen – so Hundertwasser – riechen darum nicht so penetrant wie die von Fleischessern.

Er beschrieb ausführlich, wie er pflanzliche Abfälle in die Tonne gibt und den Humus nach einem ausgeklügelten System zwischen den drei Tonnen hin und her schichtet. Dann langte er in die Tonne links außen, holte ein braunes „Würstchen" heraus, das er auf der flachen Hand zerkrümelte: „Do, riech emol." Es roch nach wunderbarer Walderde. Ich war begeistert. Hundertwasser: „Wir dürfen der Erde nichts wegnehmen, was wir ihr nicht zurückgeben." Natürlich in seinem schönen Dialekt gesprochen.

Und nun war sein „Pflanzenpark" an der Reihe. Die Eimer, Bottiche, Kübel und andere Behälter standen zahllos dicht nebeneinander. Die vorderste Tonne war mit einem Wasserhahn versehen. Er zeigte auf einen daneben stehenden Behälter: „Do urinier i eini!"

Auch sonstiges Abwasser goss er dort hinein. Er erklärte mir begeistert das System der ‚kommunizierenden Röhren'. Von einem Gefäß zum nächsten steckte jeweils ein Stück Gartenschlauch. So entstand ein Sog, der das Abwasser durch Milliarden Würzelchen zog. Die natürlichste Filteranlage, die man sich denken kann. Hundertwasser sagte, sein Wasser habe eine bessere Qualität als das Wiener Trinkwasser, das er so gut wie gar nicht verbrauche. Er ließ es in seine hohle Hand laufen und forderte mich auf, es doch mal zu probieren. Aber ich roch nur daran und versicherte, dass ich es ihm glaube. Und das stimmte. Die Chemie zwischen uns stimmte auch.

Nun berichtete ich ihm von unserer Arbeit, unseren Plänen, Schwierigkeiten und Visionen. Er sicherte mir zu, das Haus in Lahnstein zu bauen. „Aber kämpfen bei den Behörden müssen Sie dafür selbst." Den Entwurf würde er demnächst schicken.

Nach herzlicher Verabschiedung holte Peter Pelikan mich wieder ab. Er zeigte mir die Sparkasse, die in ihrem Schalterraum das „Wassersystem nach Hundertwasser" dargestellt hatte. Wenn ich mich richtig erinnere, war es edel in Kupfer gefasst und wirkte eher luxuriös. Gut gemeint, aber von Hundertwassers Naturverbundenheit war dabei nichts zu spüren.

Peter zeigte mir in Wien mehrere von Hundertwasser gestaltete Projekte. So fuhren wir natürlich auch zum berühmten Hundertwasserhaus. Das muss jeder gesehen haben, der nach Wien fährt. Fröhlich, farbenfroh, harmonisch, keine scharfen Ecken und Kanten. Und die Bäume scheinen aus dem Haus herauszuwachsen. Faszinierend auch die Innenwelt des Hauses. Eine Halle, die den Bewohnern als Treffpunkt dient. In einer runden Fensternische lag eine Katze und schlief. Das Untergeschoss war eine paradiesische Spielhöhle für Kinder. Ein phantasievoller Abenteuerspielplatz. Ach, könnte ich hier doch noch einmal Kind sein!

Hundertwasser hatte bei der Planung dieses Hauses an die Bedürfnisse der Menschen gedacht, ob jung oder alt, gesund oder behindert. Zur Besichtigung einer Wohnung fuhren wir mit dem Fahrstuhl nach oben. Jeder Sehbehinderte konnte an hervorstehenden Ornamenten ertasten, für welche Etage er den Knopf drücken musste. Eine Blüte, ein Blatt, ein Zweig … jede Etage war nicht nur im Fahrstuhl tastbar gekennzeichnet, sondern auch im Flur. Nach dem Aussteigen kann sich ein Blinder an der Wand entlangtasten, denn das entsprechende Relief wiederholt sich bis zur Wohnungstür.

Die Fußböden waren nicht eben, sondern geschwungen wie sanfte, lang auslaufende Wellen. Und erst die Wohnungen! Sonnig, hell und mit Balkon. Jetzt konnte ich sehen, wo die Bäume draußen am Haus aus der Wand zu wachsen schienen. Tief angelegte Balkone gaben ausreichend Platz für die Bewurzelung. Der Kamin war außen hochgezogen, und zu dieser Jahreszeit – es war Dezember – zwitscherten dort Vögel, die schon längst gen Süden hätten ziehen müssen. Die Wärme dieser Oase reichte ihnen offensichtlich und reizte sie, in Wien zu bleiben.

Der Tag verging wie im Flug. Im Hundertwasserbüro besprach Peter Pelikan weitere Einzelheiten mit mir. Für den versprochenen Entwurf und als Vorauszahlung, um unsere Ernsthaftigkeit zu bekunden, ließ ich 100 000,– D-Mark dort. Es war mein mütterliches Erbe. Für persönliche Dinge wollte ich das Geld nicht ausgeben, das wäre mir unrecht vorgekommen. Ich hatte es ja nicht erarbeitet. Aber an das Gute unseres Vorhabens glaubte ich felsenfest, so dass es mir dafür gerade richtig erschien. Meine Mutter wäre damit einverstanden gewesen. Und ich war davon überzeugt, dass die Zusage der Stadt Lahnstein – sie war per Handschlag besiegelt – unumstößlich sei. Schließlich hatten wir ernsthaft darüber gesprochen.

Ja, und dann kam ich nach Hause, erzählte Dr. Bruker begeistert von meinen Erlebnissen und sagte: „Dr. Bruker, falls wir uns den Bau nicht leisten können und alles ins Wasser fällt … für ein Hundertwasserklo reicht es allemal." Als Erinnerung an diesen historischen Augenblick besorgte ich sofort drei Regentonnen. Sie werden heute noch im Garten für Regenwassersammlung genutzt und erinnern mich, dass aus echten Herzensvisionen doch Wirklichkeit werden kann.

Peter Pelikan kam wenige Wochen später nach Lahnstein. Friedensreich Hundertwasser traf ich im nahegelegenen Bad Ems wieder. Dort, in der Keramikwerkstatt Ebinger wurden die berühmten Hundertwassersäulen und andere farbenfrohe Besonderheiten hergestellt.

2011 spendeten Mathias Jung und ich als Erinnerung anlässlich des zehnjährigen Todestags von Dr. Bruker dem Dr.-Max-Otto-Bruker-Haus eine Hundertwassersäule. Im Gedenken auch an unsere gemeinsame Vision, die uns letztendlich doch immer wieder getragen hat. Sie steht vor dem Eingangsbereich, sieht fröhlich aus und lädt zum Sitzen ein.

Die Stadt sagt NEIN ... und letztendlich doch JA!

In der Planungsphase veranstalteten wir in Lahnstein eine Pressekonferenz mit über 20 Journalisten. Wir waren berauscht von der Vorstellung, der Bau wäre ein Anziehungspunkt für die Stadt und natürlich auch für uns. Die Meldung des geplanten Hundertwasserhauses ging bundesweit durch namhafte Zeitungen. Die Entwürfe von Hundertwasser trafen ein. Dann kam der Schock. Das Bauamt bzw. der damalige Oberbürgermeister Groß sagte NEIN. Begründung: „Ein Guru, der Bruker, reicht uns. Einen zweiten, den Hundertwasser, brauchen wir nicht."

Das war auch ein Schlag – so empfand ich es damals – gegen unsere Arbeit. Die Stadt war hoch verschuldet, sie müsste sich doch freuen über eine derartige Sehenswürdigkeit! Immerhin brachten wir mit der GGB in Spitzenzeiten jährlich rund 15 000 Übernachtungen nach Lahnstein. Doch ich gab nicht auf. Wir „verschlissen" noch drei weitere Architekten. Keiner der eingereichten Entwürfe gefiel der Stadt.

Letztendlich gab uns unser Rechtsanwalt Gotthard Monreal einen Tipp. Er kannte Dr. Bruker seit Beginn von dessen Tätigkeit im Krankenhaus Lahnhöhe und berät uns bis heute treu und vorbildlich. Ohne ihn hätten wir vieles nicht erreicht. Danke, Gotthard Monreal. Damals sagte er: „Versuchen Sie es doch mal mit dem Architekten Heinrich. Wir haben unsere Büroräume im selben Haus. Soweit ich weiß, hat er schon mal ein Ökohaus oder so etwas Ähnliches gebaut."

Sollten wir uns wirklich noch auf einen fünften Architekten einlassen? Oder sollten wir die GGB in die Nähe von Dr. Brukers Wohnort Lemgo verlagern? Immerhin hatte man uns im benachbarten Kalletal ein interessantes Angebot in Aussicht gestellt und rollte dort insgeheim schon einen roten Teppich aus. Der Name Dr. Bruker war schließlich in Lemgo und Umgebung durch seine frühere ärztliche Praxis in Eben-Ezer bekannt (s. S. 107).

Nun stand es zum dritten Mal kritisch um die GGB. Unsere Köpfe rauchten. Vieles sprach dafür, in Lahnstein zu bleiben. Die GGB war dort seit Jahren etabliert und an alle Verkehrswege gut angebunden. Letztendlich vertrauten wir unserem Rechtsanwalt Monreal und stellten dem genannten Architekten unsere Wünsche vor. Das Grundstück der Volksbank, das zunächst als einziges dafür in Frage kam, war uns von Herrn Gulde, Volksbank Lahnstein, zugesichert worden. „Wenn Sie uns in Ihrem Haus Räumlichkeiten für eine Filiale geben", war seine Bedingung.

Na klar, das konnten wir leichten Herzens zusagen. Wir waren selig über die in Aussicht gestellten Möglichkeiten. Also packten wir es noch einmal an. Das Haus konnte allerdings nur so schmal geplant werden, wie es die „Volksbankwiese" erlaubte.

Auf die Frage des Architekten Heinrich, wie wir uns das Haus denn vorstellten, berichteten wir ihm natürlich von unserer Begeisterung für Hundertwasser. „Es soll hell, sonnig und freundlich sein. Wenn jemand ins Haus kommt, muss er das Gefühl haben, dass wir die Natur ins Haus geholt haben." Der angefertigte Entwurf gefiel uns. Er wurde beim Bauamt eingereicht. Die Spannung wuchs mit jedem Tag.

Nach etlichen Wochen lag tatsächlich die Baugenehmigung auf dem Tisch. Hurra! Wir konnten es kaum glauben. Wie war das möglich? Nun konnte es losgehen. Alle leidvollen Wege, Briefe, Gespräche, Bitten und Bemühungen waren vergessen. An dieser Stelle geht mein herzlicher Dank an alle, die uns halfen, ermutigten, sich regelrecht ins Zeug legten und ein gutes Wort auch bei den Behörden der Stadt Lahnstein für uns einlegten!

1992 erfolgte der erste Spatenstich. Und alles Unangenehme, was zwischendurch natürlich auch passierte – wie es wohl bei jedem Bau vorkommt –, wiegt nicht mehr so schwer wie zum damaligen Zeitpunkt. Mich persönlich traf 1993 unvorbereitet ein Oberschenkelhalsbruch durch einen Treppensturz, auf dem zu schnell gerannten Weg zur Baustelle. Als ich aus der Narkose aufwachte, war ich natürlich gedanklich wieder beim Bau. Ich beschloss noch im Krankenhaus, Freunde um Mitarbeit an der Vollendung des Baus zu bitten, denn die Kosten waren ins Unermessliche gestiegen und wuchsen uns über den Kopf. Kostenvoranschläge der Firmen waren plötzlich nicht mehr bindend, Verträge wurden gebrochen, Arbeiten schlampig ausgeführt. Die Bauaufsicht ließ sich tagelang nicht blicken. Warum sollten wir uns unter diesen Bedingungen noch an Verträge halten? Und siehe da, wieder erhielten wir Hilfe. Treue Mitglieder und Freunde legten Fliesen, verputzten die zum Teil noch rohen Ziegelmauern, strichen die Wände, legten überall, wo es nach Arbeit aussah, Hand an.

Inzwischen boten die Erbengemeinschaften der anliegenden Wiesen uns ihre Flächen zum Kauf an. Vor Beginn des Baus hatten sie dies noch rigoros abgelehnt. Nun berieten wir erneut. Dr. Bruker: „Das machen wir. Eines Tages werdet ihr noch dankbar sein, dass Gemüse und Obst aus dem eigenen Garten geerntet werden kann." Da er, wie ich auch, ein großer Gartenliebhaber war, verhandelten wir erneut mit der Erbengemeinschaft. Die Dr.-Max-Otto-Bruker-Stiftung kaufte die angrenzende Wiesen, hinzu kam eines Tages noch eine gegenüberliegende Streuobstwiese und ein kleines angrenzendes Waldgelände. Die Stadt hatte sich vor Jahren beim Vermessen eines Kinderspielplatzes versehentlich einen Teil unserer später gekauften Wiese einverleibt. Als wir darauf aufmerksam machten, gestand sie der Bruker-Stiftung daraufhin „im Tausch" großzügig das für sie nutzlose Wäldchen zu. Danke!

Dank unserer fleißigen Gartenfrauen entstand ein wunderschöner Naturgarten. Eine Kneippanlage gehört dazu. Im Wassertretbecken entdeckte ich neulich fünf Molche und eine wunderschöne rot-braune Unke – ein Qualitätsmerkmal für einwandfreies Wasser. Doch das stört manche Kneippianer. Aber, liebe Freunde, wir bieten keine gechlorte, keimfreie Natur an, sondern ein Leben mit der Natur! Nahezu alle Besucher wissen dies umso mehr zu schätzen.

Die große lokale „Rhein-Zeitung" würdigte mehrfach unseren schön angelegten Kräutergarten, dem sich eine gelernte Gärtnerin mit fleißigen Mithelfern widmet. 2011, anlässlich der Bundesgartenschau Koblenz, wurde unser Garten in die „Route der Welterbe-Gärten im Weltkulturerbe Mittelrhein" aufgenommen. Eine exklusive Auszeichnung, auf die wir stolz sind!

1994 durften wir den Neubau endlich beziehen. Was heute so selbstverständlich wirkt, war für uns alle ein fröhliches, feierliches, aufregendes, ganz besonderes Ereignis. Unsere Mitarbeiterinnen transportierten alle Bücher und die komplette Büroeinrichtung in tagelanger Schufterei mit Einkaufswagen vom Supermarkt ins neue Haus. Danke, Frauke, Stephanie und alle damals daran Beteiligten!

Gemeinsam hatten wir viel erlebt. Trauriges und Fröhliches. Wir durchlitten mit Dr. Bruker die schweren Zeiten und bemühten uns alle, ihm sein Leben leichter zu machen. Seit Jahren war er schwer sehbehindert. Am Ende seines Lebens konnte er nicht mehr sehen. Medizinstudenten, die er immer wieder förderte und ermutigte, begeisterte und überzeugte, fragten ihn einmal bei einem Gespräch über den Gartenzaun: „Was war das Schwerste in Ihrem Leben?" Und er antwortete ohne Zögern: „Der Hinauswurf durch meine Söhne (1990) und der Tod meiner Frau (1997)."

Gesundheitsberater GGB in Aktion

Uns liegen viele Zuschriften unserer aktiven Gesundheitsberater GGB vor. Sie berichten über ihre Begegnung mit Dr. Bruker, aber auch über ihre eigenen Aktivitäten vor Ort. Es ist unmöglich, alle Einsendungen zu veröffentlichen. Mir ist bewusst, nenne ich einen mit Namen, kränke ich alle anderen Ungenannten.

Unsere Gesundheitsberater GGB engagieren sich mit Vorträgen und Praxiskursen an Volkshochschulen (oder in der eigenen Küche), Gesundheits-Stammtischen, auf Ausstellungen und Messen, in beratenden Einzelgesprächen oder mit einem Stand auf Wochenmärkten, an dem selbst gebackenes Vollkornbrot und Aufstriche angeboten werden. Jeder wirkt nach seinen Fähigkeiten. Manche haben sich mit einem Naturkostladen, einer Pension selbstständig gemacht oder lassen das hier erlernte Wissen in ihre bestehenden Berufe einfließen – zum Beispiel Erzieherinnen, Lehrer, Köche, Krankenschwestern oder andere soziale Bereiche und Pflegedienste. Einige widmen sich mit Haut und Haaren dem Thema Gentechnik. Danke Andrea und Marie-Luise sowie allen anderen, die sich so leidenschaftlich dagegen einsetzen.

Auch hier im Bruker-Haus arbeiten mit Herzblut Gesundheitsberaterinnen GGB im Büro bzw. als Referenten in den Seminaren. Jetzt gerade stehen sie auf einem großen Koblenzer Stadtfest mit einem GGB-Infostand Rede und Antwort. Freiwillig, an einem Wochenende!

Und nun doch noch einige Beispiele für die zahllosen Zuschriften ...

Friedrich Pfeifer, Gesundheitsberater GGB, schrieb am 31.3.2011:
„Ich litt in den 70er-Jahren vergangenen Jahrhunderts an einer nicht erkannten Palladiumvergiftung, die schwere Darmentzündungen hervorrief. Gott sei Dank, dass ich – fast am Ende – zu Dr. Bruker fand, der mir sehr helfen konnte.

Ich fand seine Hilfeleistung so ermutigend, dass ich mich von ihm vor 26 Jahren zum Gesundheitsberater GGB ausbilden ließ. Mir imponierte, dass er ein hohes Maß an Eigenverantwortung vom Patienten forderte; Beispiel dafür war seine erste Frage: „Rauchen Sie? Wenn ja, kommen Sie in sechs Wochen wieder!" Ich war, gottlob, Nichtraucher.

Auch sein mutiger Einsatz gegen die Symptombehandlung und Pharmainteressen und Atomkraft sind einmalig und vieles mehr. Mich wundert, dass er nicht von entgegengesetzten Interessengemeinschaften umgebracht wurde. Er hatte keine Angst. Hut ab vor diesem Menschen! ,Und wenn wir von hundert nur einen überzeugen', das war auch einer der guten Ratschläge von Dr. Bruker.

Meine Hilfeleistungen konnte ich durch Vorträge in Altenkreisen hier im Hunsrück und in der evangelischen Kirchengemeinde am Algarve/Portugal erbringen und in einem großen Bekannten- und Freundeskreis; natürlich auch in meiner eigenen Großfamilie. Eine Enkelin studierte Medizin in Essen und Herdecke, weil sie sich dort näher an Dr. Brukers Gedanken fand.

Dank sei Euch allen in der GGB und der Stiftung. Bleibt weiter zuversichtlich, froh und stark und unter Gottes Segen!"

Lothar Doherr, Gesundheitsberater GGB:
„Das musste noch gesagt werden …

Die Schulmedizin hatte dieses Bündel Elend aufgegeben. Was für ein großer Arzt, der Ilse Gutjahr in diesem Zustand und bei dieser Prognose versprach: ‚Das kriegen wir wieder hin.‘

Wäre Ilse Gutjahr damals Dr. Bruker nicht begegnet, dieses Buch wäre nicht geschrieben worden. Die GGB in ihrer jetzigen Form wäre nicht entstanden. Das Brukerhaus wäre nicht gebaut worden. Es gäbe nicht den emu-Verlag. Nie wären bis zum heutigen Tage 5000 Gesundheitsberater GGB ausgebildet worden. Die Tagungen in der Lahnsteiner Stadthalle, die ca. 1000 begeisterte Teilnehmer jeweils im Frühjahr und im Herbst zusammenführt – wer hätte sie zustande gebracht?

Dieser selbstlose Arzt, der von morgens früh bis in die späte Nacht Patienten behandelte und das auf eine Weise, die den Menschen, die zu ihm kamen, wirksam half, brauchte Ilse Gutjahr, um sein großes Werk auf den Weg zu bringen, denn sie war, ist und bleibt der Motor, Dr. Bruker war der Fels. Ich begegnete ihm 1977 zum ersten Mal. Er hat mein Leben verändert.“

Dr. Bruker betonte von Anfang an, dass er mit der Gesundheitsberater-Ausbildung keine Existenzgründungen und Verdienstmöglichkeiten verspricht. Er wünschte sich eine Verbreitung der Gesundheitsaufklärung an der Basis wie im Schneeballsystem, unabhängig und unbeeinflusst von wirtschaftlichen Interessengruppen. Von einer Verwässerung des klaren GGB-Konzepts, wie Verkauf von Nahrungsergänzungsmitteln und anderen dubiosen Produkten sowie esoterischen Strömungen oder Heilsversprechungen irgendwelcher Art, grenzte er sich immer klar ab. In Einzelfällen wünschte er die Trennung von der GGB.

Wir sind so stark wie das schwächste Glied in der Kette. Nach wie vor vertraue ich darauf, dass sich die Wahrheit und die klare Linie durchsetzt. Allen denen, die an diesem Strang ohne Fanatismus mitziehen, danke ich von Herzen.

Dr. Bruker betonte von Anfang an, dass er mit der Gesundheitsberater-Ausbildung keine Existenzgründungen und Verdienstmöglichkeiten verspricht. Er wünschte sich eine Verbreitung der Gesundheitsaufklärung an der Basis wie im Schneeballsystem.

… und immer wieder ehrenamtliche Helfer bei der Schreibtischarbeit – hier Dr. Bruker und Dr. Jung mit Waltraud Becker, Gesundheitsberaterin GGB, Kochbuchautorin und Getreideexpertin

Dr. Brukers Liebling: Kater Otto arbeitet mit

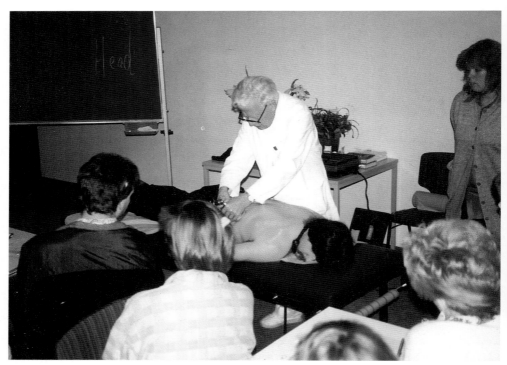

Demonstration am lebendigen Objekt: Die Saugglocke

Kinderkochkurs im Bruker-Haus! Ganz links Erika Richter, langjährige Leiterin unserer Praxisseminare (1998)

Südtiroler Weggefährte Dr. med. Rudi Reier

Besuch von Adja Niang, Tochter von Azis Niang, Gesundheitsberater GGB und zuständig für das Sport- und Bewegungsprogramm in vielen GGB-Seminaren

Feierabend? Gibt es nicht... Studenten zu Besuch am Gartenzaun (1997)

Die Gartenliebhaber: Dr. Bruker und Ilse Gutjahr

Ruhe und Entspannung im Garten

Einen Hausmeister gab es damals (1998) noch nicht. Hier kehrt die Chefin

Sonnige Tage am Lago Maggiore (1997) mit der jungen Neufundländerin Halva

Über dem See (1996)

Abkühlung tut gut (1998)

Weihnachten 1999

Seit vielen Jahren Tradition bei den großen GGB-Tagungen: Die liebevolle Dekoration der Stadthallen-bühne durch Ehepaar Gummerer und Freunde aus Südtirol. Die Gesundheitsberater GGB lassen es sich nicht nehmen, zweimal im Jahr im voll beladenen Auto ihr komplettes Dekomaterial mitzu-bringen!

Blumenweg

Mehr geht nicht: Äpfel im Baum

Mohnbeet

Sonnenblume

Nicht nur während der Kneipp-Seminare beliebt: Wassertretbecken

Schnittlauchblüte – nicht im Kräutergarten, sondern auf dem Dach des Bruker-Hauses

Zinie

Herbstastern

Kleine Orte der Ruhe: Backofen am Teich, von südtiroler Gesundheitsberatern gestiftet und gebaut

Ringelblumenwiese

Teichrose

Die höchste Arznei aber ist die Liebe...

Das Bruker-Haus lebt

Trotz aller Anfeindungen ließ sich Dr. Bruker nie unterkriegen. Jeden Tag erreichten uns positive, Mut machende Briefe und Reaktionen. Hinzu kam die zunehmende Nachfrage nach Seminaren, die gut besuchten GGB-Tagungen in der Stadthalle, die Bestätigung der Patienten, die Besserung ihrer Beschwerden oder Heilung durch ihn erfahren hatten, die beliebten wöchentlichen Fragestunden „Ärztlicher Rat aus ganzheitlicher Sicht" und die nicht enden wollenden schriftlichen und telefonischen Anfragen von Menschen, die Rat von ihm haben wollten.

Als sinnvolle Erweiterung des Themenspektrums zur richtigen Zeit erwies sich die fruchtbare Zusammenarbeit mit Dr. phil. Mathias Jung. Der studierte Philosoph und Gestalttherapeut hielt zunächst unter einfachsten Bedingungen bereits in den Räumen des Ferienparks Sprechstunden und Seminare ab. 1994 konnte er dann schließlich im Dr.-Max-Otto-Bruker-Haus einen ansprechenden hellen Raum, der auch für Gruppentherapie geeignet ist, beziehen.

Großzügig und zugleich verspielt wirkt die Ausstattung. Die reich bestückte Bücherwand signalisiert, woran das Herz des Therapeuten hängt – an Literatur, Philosophie und Geschichte. Aber auch die Leichtigkeit des Seins ist zu erkennen. „Patientengemälde", Fotos und Präsente dankbarer Klienten tummeln sich neben und zwischen der grünen Pflanzenwelt, die einen Hauch von Hundertwasser vermittelt.

Die Lebensberatung war von Anfang an das wichtige Pendant zur ärztlichen Sprechstunde. Die von Mathias Jung geschriebenen Bücher drücken dies aus. Sie flossen Jahr für Jahr nur so aus ihm heraus, als hätten wir eine Quelle in ihm angestoßen.

Jeden Dienstag um 18.30 Uhr (außer Urlaubszeiten) hält Mathias Jung einen kostenlosen Vortrag im Bruker-Haus – eine honorarfreie Tätigkeit zur Unterstützung des Hauses. Der Vortragsraum ist jedes Mal überfüllt. Viele dieser Vortragsthemen sind auch auf CD über den emu-Verlag erhältlich.

Weitere zahlreiche Vorträge außer Haus werden überwiegend von aktiven Gesundheitsberatern GGB, Mitgliedern oder unserem Haus verbundenen Personen veranstaltet. In Spitzenzeiten war er dafür an 160 Tagen im Jahr unterwegs – bundesweit und in Österreich, der Schweiz und Südtirol.

Die Existenz dieses einmaligen Zentrums für Gesundheit und ganzheitliche Lebensweise ist keine Selbstverständlichkeit. Nach Dr. Brukers Tod musste eine unvorhersehbare Forderung der Bruker-Erben in Höhe von 1,4 Millionen D-Mark bewältigt werden, zusätzlich zu den noch nicht abgezahlten immensen Baukosten. Wir erlebten harte Monate und Jahre in der drückenden Sorge, ob das Dr.-Max-Otto-Bruker-Haus überhaupt zu halten sein würde. Bis heute ringen wir um stabile finanzielle Grundlagen des Bruker-Hauses und der GGB-Arbeit. Wir drehen jeden Euro zweimal um, bevor wir ihn ausgeben und gehen dementsprechend sorgfältig mit den Mitgliedsbeiträgen um.

Unser wichtigstes Anliegen ist, im Geiste Dr. Brukers die Seminar- und Tagungsgebühren so niedrig wie möglich zu halten. Wir sind immer wieder erschrocken, wenn wir bei diversen Wellness- und Esoterik-Kongressveranstaltungen exorbitante Eintritts- und Seminargebühren entdecken. Inhaltlich können diese in der Regel ohnehin nicht mit Qualität und Seriosität der GGB mithalten.

Einen Großteil der Schuldentilgung verdanken wir Dr. Mathias Jung, der bis heute honorarfreie Vorträge hält. Die Veranstalter lassen der gemeinnützigen Bruker-Stiftung aus Anerkennung für seinen Einsatz eine Spende zukommen.

Dr. Mathias Jung wird auch gern von Rundfunkanstalten für Interviews angefordert, gelegentlich vom Fernsehen, zum Beispiel im Oktober 2011 wieder einmal vom Südwestfunk für das bekannte „Nachtcafé" mit Wieland Backes. Seine leichte, aber doch tiefgehende Art und die sprachliche Exaktheit sowie rhetorische Brillanz wird von allen geschätzt. Gelegentliche Interviews mit ihm in Zeitschriften, teils mit Millionenauflage, sind für die GGB und das Bruker-Haus ebenfalls eine großartige Werbung. Anzeigen, die ein ähnlich großes Publikum erreichen würden, wären unbezahlbar.

Mathias, Du bist unsere PR-Agentur par excellence. Danke, dass Du für uns durch dick und dünn gehst!

Meine Gedanken und damit Dank gehen auch an alle treuen Mitarbeiter. Einige sind seit mehr als zwanzig Jahren dabei, andere über zehn Jahre. Das Haus lebt und gedeiht mit dem Engagement jedes Einzelnen.

Mein Dank gilt auch dem Vorstand der GGB. Helma Danner und Dr. med. Walther H. Lechler – sie traten vor zwei Jahren aus gesundheitlichen und Altersgründen zurück – sind in diesen Dank eingeschlossen. Alle schenkten mir über Jahrzehnte ihr volles Vertrauen und haben meine Entscheidungen nicht nur gebilligt, sondern Mut machend unterstützt. Wenn „Not am Mann" war, durfte ich zu jeder Zeit telefonisch klärende Gespräche führen – auch, wenn es manchmal schon Mitternacht war! Danke, Ihr Lieben!

Der Vulkan

Begegnung mit Dr. Bruker von Mathias Jung

Die Begegnung war ungewöhnlich. Ein Zufall. Wie man weiß, sind die so genannten Zufälle oft schicksalhaft. Etwas Neues – eine Sichtweise, ein Mensch, eine Berufung – fällt uns zu. So war es auch hier.

Ich war im Sommer 1989 als Journalist ein, wie man sagt, fester freier Mitarbeiter bei Deutschlands größtem Buch-Werbemagazin. *Buch aktuell* lag dreimal im Jahr bei rund 1000 Buchhandlungen aus. Sein kleineres Schwestermagazin, *taschenbuch aktuell,* das ich allein schrieb, brachte es auf vier Ausgaben im Jahr. Anhand einiger Bestseller des berühmten Ernährungspioniers Dr. med. Max Otto Bruker sollte ich nun im Auftrag des Dortmunder Harenberg-Verlags eine lebendige zweiseitige Reportage erstellen.

Gesagt getan. Ich war bereits ein Anhänger der vitalstoffreichen Vollwertkost, allerdings noch ein recht unsicherer Kantonist mit vielen faulen Kompromissen. Meine damalige Frau Katharina hatte in ihrer ersten Ehe eine schwäbische Schwiegermutter – eine getreue Anhängerin von Dr. Bruker. Sie unterhielt einen biologischen Gemüsegarten und wurde – wohl auch deshalb – erfreulicherweise uralt wie eine Galapagos-Schildkröte. Außerdem liebte ich das reich bebilderte, optimistische Koch- und Ernährungsbuch von Barbara Rütting aus ihrer Salzburger Zeit, das mir bei der Lektüre sonnenfroh entgegenlachte.

Ich schrieb also den verlangten Artikel. Er erschien. Kurze Zeit darauf, im September 1989, erreichte mich in meiner zum Arbeitsraum umgewidmeten Bibliothek in Düsseldorf am frühen Morgen ein Telefonat aus Lahnstein. Die Geschäftsführerin, eine Frau Ilse Gutjahr, war am Apparat. „Sie haben ja großartig über Dr. Bruker geschrieben", sprudelte sie los, „Sie haben ihn als Leib- und Seelenarzt genau erfasst. Wir sind sprachlos. Dr. Bruker lässt Sie von Herzen grüßen." Dann war der „Senior" selbst am Apparat: „Das haben Sie so prägnant und liebevoll gemacht", sagte er, „das erleben wir bei Journalisten sonst nie. Haben Sie meine Bücher schon vorher gekannt?" Ach, war ich erfreut und stolz! Dr. Bruker und seine geniale Adlata wirkten wie ein moussierendes Glas Champagner auf mich.

Im gleichen Atemzug forderte mich Ilse Gutjahr am Telefon auf, ich möge doch einmal nach Lahnstein kommen und mir den alltäglichen Betrieb anschauen. Ich wehrte ab: „Ich kann mich doch nicht mit meinem dicken Hintern in Ihr Büro setzen und dem bekannten Dr. Bruker die Zeit stehlen!" Das meinte ich ernst – diese „Lahnsteiner" ihre Einladung allerdings auch!

Nun, Ilse Gutjahr gab kurzerhand einen weiteren Auftrag an das Magazin *buch aktuell*. Ich sollte den *Biologischen Ratgeber für Mutter und Kind* vorstellen und, um den Stoff anzureichern, ein samstägliches Beratungsseminar „Mutter und Kind" besuchen. Ich tat es. In meiner linken Hand die unvermeidliche Plastiktüte voll mit Tempotaschentüchern, weil ich, der „Puddingvegetarier", an chronischen Infekten litt.

Das Seminar mit etwa vierzig Müttern, Vätern und herumkrabbelnden Kleinkindern war, so empfand ich es, atemberaubend. Die Eltern stellten insgesamt wohl über 100 Fragen. Dr. Bruker beantwortete jede einzelne prompt, detailliert und mit profunder Kenntnis. Es war, als wohnte ich der medizinischen Vorlesung eines genialen Praktikers bei.

277

Gleichsam im Vorbeigehen erläuterte er damit sogleich das facettenreiche Problem der ernährungsbedingten Zivilisationskrankheiten, die Chemie der Ernährung, den Unterschied von Lebensmitteln und Nahrungsmitteln, die Kollath-Tabelle, das Verträglichkeitsproblem, den Mangelcharakter der Auszugsmehle und daraus hergestellten Brote, des Fabrikzuckers und der raffinierten Fette, die besonderen Ernährungsursachen bei Rheumatikern, Asthmatikern und so genannten Neurodermitikern. Er brachte die möglichen seelischen Ursachen von Kinderkrankheiten nach dem Motto „gestörte Kinder haben gestörte Eltern" zur Sprache.

Besonders ist mir in Erinnerung geblieben, wie er eine der häufigen Ursachen der *Uresis* psychosomatisch diagnostizierte. Das plötzlich auftretende Bettnässen könne, so erläuterte er, auf ein Seelenproblem des Kindes, Einsamkeit, Ängste, Vernachlässigung durch die Eltern, deuten – das Kind könne es nicht bewusst artikulieren, also „weint es unter sich".

Ich bewunderte den Humor dieses großen Arztes, seine Menschlichkeit, scharfe Intelligenz und ärztliche Liebe. Er liebte übrigens auch, wie ich später registrierte, Tiere aus tiefem Herzen. Früher war er der Besitzer eines frechen Dackels gewesen, nun, im Bruker-Haus, schlüpfte Nacht für Nacht der Kater Otto unter seine Bettdecke. Gern zauste unser Senior, wie wir ihn nannten, Halva, der ersten Neufundländerin und Hüterin unseres Hauses, das glänzende schwarze Fell.

Wenig später war ich dann auf einen Freundschaftsbesuch, also ohne geschäftlichen Auftrag, im winzigen Büro, das Dr. Bruker und Ilse Gutjahr im Ferienpark Rhein-Lahn, man muss schon sagen, behausten. Die Enge war bedrängend. Man hätte auf diesen paar Quadratmetern keinen Hund halten dürfen. Der Tierschutz hätte eingegriffen. Doch diesen beiden Energiebündeln reichte es als „Basislager" für ihre großartige, erfolgreiche Arbeit. Aktenberge, Briefkorrespondenzen, Einladungen, Anfragen, Buchmanuskripte türmten sich. Im Badezimmer dieses klitzekleinen Ferienappartements hatte Ilse Gutjahr die Badewanne mit einem Brett abgedeckt, um darauf Leitzordner aufzuschichten. Wenn sie, etwa für einen Artikel im *Gesundheitsberater,* das Schreiben eines neuen Buches oder die Beantwortung eines heiklen Briefes Konzentration brauchte, zog sie sich dort auf den Klodeckel zurück, die Schreibmaschine auf den Knien …

Ruhe war ein Fremdwort in dieser winzigen Arbeitszelle. Das Telefon klingelte unaufhörlich. Da waren Veranstalter, Redaktionen, Rundfunk- und Fernsehstationen, vor allem Rat suchende Patienten, Patienten und nochmals Patienten am Apparat. Dr. Bruker antwortete mit der Verlässlichkeit einer professionellen Servicestation. Dabei immer gut gelaunt, lebenspraktisch und gefühlshaft.

Es war für mich schier unbegreiflich, welche Arbeitsmengen die beiden bewältigten und mit welchem Enthusiasmus! Später, als ich längst selbst in das neue Gesundheitszentrum Dr.-Bruker-Haus eingezogen war und Dr. Bruker und ich uns die gleiche Wohnung teilten, erlebte ich, dass er und Ilse Gutjahr grundsätzlich kaum einmal vor Mitternacht aus dem Büro hochkamen. Dann las sie ihm noch etwas vor und verschwand in ihre gegenüberliegende Wohnung.

Was für Arbeitstiere waren sie! Dr. Bruker war ein Arbeitstitan, sozusagen ein Ideen sprühender Vulkan. Ich bewunderte diese verschwenderische Hingabe an das Werk bei beiden. Sie gipfelte in der Herausgabe von 26 Büchern Dr. Brukers, die allesamt viele Auflagen bis heute erzielen. Ilse Gutjahr hat an den meisten von ihnen mitgewirkt, sie motiviert und, ganz nebenbei, ein eigenes reichhaltiges Oeuvre von Vollwertkochbüchern vorgelegt.

Wie wir beide ein Paar wurden, das wäre ein aufregendes und witziges Kapitel für sich. Ich gesellte mich mit meinem Enthusiasmus als Dritter in ihren Freundschaftsbund und wurde von Dr. Bruker von Anfang an vertrauensvoll gefördert. Ich war inzwischen – und auch das gehört dazu – in einer beruflichen und seelischen Umbruchsituation. Als ich etwa 45 Jahre alt war, spürte ich, dass mich die Tagesschreibereien als Journalist nicht mehr erfüllten. Außerdem hatte ich für das Buchmagazin fast alle wichtigen deutschen Schriftsteller der führenden Garde interviewt, ob Günter Grass oder Martin Walser, Siegfried Lenz oder Dürrenmatt, ob Mario Simmel oder Willy Brandt, Luise Rinser oder die weltbekannte Thriller-Autorin Patricia Highsmith oder die Populärschriftstellerin Uta Danella.

Mein Interesse hatte sich langsam, aber mit der Zielstrebigkeit des Unbewussten, dem Kontinent des Seelischen genähert. Als ehrenamtlicher Leiter des Düsseldorfer Männerbüros wurde ich überdies allwöchentlich mit den Nöten, Neurosen und Entwicklungspotentialen erwachsener Männer und ihrer Frauen konfrontiert. Ich selbst war gründlich therapieerfahren und begann deshalb eine fünf Jahre währende Ausbildung zum Gestalttherapeuten (Integrative Therapie) bei Prof. Dr. Hilarion Petzold in dem mit hochqualifizierten Lehrtherapeuten besetzten Institut in Hückeswagen. Zusätzlich absolvierte ich die Ausbildung zum systemischen Paartherapeuten bei Dr. Hans Jellouschek, dem wohl bedeutendsten Paartherapeuten der Bundesrepublik. Als mir daher kurz vor meinen Abschlüssen Dr. Bruker und Ilse Gutjahr anboten, die Lebensberatung und die psychologische Arbeit mit den Ausbildungsgruppen zu übernehmen, griff ich ohne zu zögern zu. Bis heute bin ich beiden für ihr Vertrauen und diese grandiose Offerte in einem Maße dankbar, das ich nicht beschreiben kann.

Die Planung und der Aufbau des Gesundheitszentrums Dr. Max-Otto-Bruker-Haus wurden zu einem Höhepunkt in meinem Leben. Als wir 1994 einzogen, durfte ich mir eine außergewöhnlich schöne und großzügig geschnittene Praxis einrichten, in der ich als begeisterter Gruppentherapeut – ich habe die Segnungen der Gruppentherapien am eigenen Leib und eigener Seele erfahren – arbeite. Und wieder ermutigte mich Dr. Bruker.

Als ich zaghaft vorschlug, einmal im Monat einen Vortrag über psychologische Themen zu halten, weil ich darin ja von Jahr zu Jahr mehr Erfahrung in Theorie und Praxis sammelte, antwortete er zu meinem Erstaunen: „Nein." Ich schwieg betreten. Das kannte ich an ihm gar nicht. Er unterstützte mich doch sonst, wo er konnte. Dann sagte er: „Nein. Nicht einmal im Monat, sondern jede Woche." Ich: „Jede Woche – da kommt doch kein Schwein!". Dr. Bruker schmunzelnd: "Ich werde das erste Schwein sein."

Tatsächlich war er, bis ein Jahr vor seinem Tod, wöchentlich mein treuester Zuhörer. Er lobte mich unaufhörlich. Er war, und das habe ich mir als Therapeut zum Vorbild genommen, voller Respekt und Wertschätzung gegenüber jedem Menschen.

Unvergesslich sind mir die langen Autofahrten, die ich, zusammen mit Ilse Gutjahr, mit Dr. Bruker verbrachte. Er war ja ständig unterwegs zu überfüllten Vorträgen, in der Bundesrepublik, in der Schweiz und in Österreich. Meistens fuhren wir stundenlang durch die Nacht zurück. Abwechselnd kutschierten Ilse Gutjahr oder ich. Außerdem fuhren wir ihn jeden Freitag nach Lemgo, seinem Wohnort, und holten ihn am Sonntag wieder ab. Vorher hatte Ilse

Gutjahr wöchentlich diese insgesamt 1400 km über 10 Jahre lang allein unternommen.

Während dieser Fahrten bat mich der immens gebildete und interessierte Dr. Bruker häufig um eine Art „Privatvorlesung". Unsere Themen? Sokrates, Augustinus, Montaigne, Voltaire, Kant, Feuerbach, Nietzsche, der Arzt und Philosoph Karl Jaspers. Die Französische Revolution von 1789, die Pariser Commune von 1871, die nur halb gelungene Novemberrevolution 1918 in Deutschland, Wieland, Schiller, Goethe, Storm, Droste-Hülshoff oder Fontane. Dafür hatte ich, Promotion eingeschlossen, ja auch sieben Jahre in Münster, Wien und Bonn studiert. Es waren dichte, spannende Stunden. Danach hörten wir in der nächtlichen Stille meist eine der Symphonien des göttlichen Mozart. Dr. Bruker war voller Ehrfurcht für den Wohllaut dieser sphärischen Musik.

Max Otto Brukers Leben und Werk war im hohen, biblischen Alter vollendet und ungewöhnlich reich. Ich verdanke dir so viel, geliebter Mann.

Dr. Bruker:
Der Wendepunkt in meinem Leben

von Dr. Jürgen Birmanns

Oft ahnen wir Menschen, dass es noch mehr gibt als das, was wir gemeinhin unser Leben nennen.

Die Geschichte begann 1986 nach meinem Abitur. Ich wollte mir nebenher etwas Geld fürs Studium verdienen und half damals in einem Naturkostladen bei Aachen aus. Beim Abpacken der Getreidekörner hörte ich dem Ladner und den Kunden mit einem Ohr zu.

Immer wieder fiel der Name Dr. Bruker. Ich wurde hellhörig, denn es musste sich um einen merkwürdigen, außergewöhnlichen Arzt handeln, der stets das Gegenteil von dem zu sagen schien, was hunderttausende Ärzte draußen verkündeten.

Ich war skeptisch. Was war das für ein Mensch, der immer das Gegenteil von dem behauptete, was die meisten für die Wahrheit hielten? Ich konnte es nicht fassen, doch es faszinierte mich zugleich. Ich dachte mir im Stillen, den Mann musst du kennenlernen, den willst du sehen. Prompt bewarb ich mich als Praktikant in seiner Klinik auf der Lahnhöhe bei Lahnstein am Rhein. Ich „wohnte" zunächst auf dem Campingplatz, später auf der Zivi-Station unter dem Dach der Klinik.

So eine Gemeinschaft hatte ich noch nie erlebt. Ich war voller Freude und hatte Lampenfieber, als ich Dr. M. O. Bruker zum ersten Mal sah. Ilse Gutjahr begleitete ihn. Ich traute mich nicht, ihn anzusprechen, nahm allen Mut zusammen und fragte, ob ich ein Foto von ihm machen dürfe, denn eine Freundin schriebe gerade eine Jahresabschlussarbeit über „Gesunde Ernährung". Dr. Brukers verblüffte mich. Er antwortete mit einer Gegenfrage: „Was hat denn das eine mit dem anderen zu tun?" Das war die erste Begegnung. Ich war sprachlos.

Der darauf folgende öffentliche Vortrag vor seinen Patienten nahm alle meine Zweifel. Mit scharfem, sachlichem Verstand, großem medizinischen Wissen und Humor hielt Dr. Bruker den „Ärztlichen Rat aus ganzheitlicher Sicht". Es gab überhaupt keine Frage, zu der er nicht eine passende Antwort parat hatte. Die Logik und Stringenz in seiner Argumentation waren überzeugend. Er war geistreich und amüsant zugleich. Die Klarheit seiner Aussagen war revolutionär: „Jede Krankheit hat Ursachen, auch wenn sie dem Einzelnen unbekannt sind. Nur eine Behandlung, die die Ursachen berücksichtigt, ist eine ursächliche Heilbehandlung."

Die Begegnung mit Dr. Bruker war der Wendepunkt in meinem Leben. Er war ein gütiger Mensch und großartiger Lehrer. Die Zeit als Praktikant in der Klinik Lahnhöhe bleibt mir unvergessen. Ich ließ keine Gelegenheit aus, von Dr. Bruker zu erfahren, was hinter den Dingen liegt. Viele Fragen, die mir in der Kindheit und Jugend rätselhaft blieben, wurden durch die ganzheitliche und ursächliche Betrachtung Dr. Brukers beantwortet. Dass ich eines Tages sein Nachfolger werden sollte, davon wagte ich nicht zu träumen. Es macht mich stolz und demütig.

Doch es gibt Vorhersagen, Fingerzeige, Zeichen am Wegesrand und Menschen, die an das Gute im Menschen glauben, die einem von Unsicherheit Geplagten Vertrauen schenkten und schenken.

Ich habe Dr. Bruker zu Lebzeiten versprochen, seine

Lehre rein zu halten, sein großartiges Lebenswerk in seinem Sinne weiterzuführen. Dafür bin ich dankbar und für vieles mehr, das ich mit Dr. Bruker und Ilse Gutjahr im Laufe der gemeinsamen Zeit erfahren durfte.

Wer Dr. Birmanns ärztliche Praxis im Bruker-Haus aufsucht, ist beeindruckt von der Klarheit der Einrichtung, die trotzdem sehr persönlich und ansprechend wirkt. Wenn ich die Praxis betrete, muss ich an Prof. Erwin Ringel denken, der gern von der „Psychohygiene des Wohnens" sprach und von der Ordnung im Raum. Er schloss daraus auf die Klarheit im Inneren des Menschen.

Dieser Arzt verschanzt sich nicht hinter seinem Schreibtisch, sondern sitzt gemeinsam mit dem Patienten an einem kleinen runden Tisch. So fühlen Menschen in Not sich geborgen und angenommen.

Unermüdlich setzt Dr. Birmanns sich für die klare Lehre Dr. Brukers ein. Jeden Mittwoch hält er kostenlos – ganz der Tradition seines Vorbildes folgend – von 10.30 Uhr bis 12.00 Uhr die öffentliche Fragestunde „Ärztlicher Rat aus ganzheitlicher Sicht". Sie wird geschätzt und ist jedes Mal gut besucht.

Auch Dr. Birmanns hält bundesweit und im deutschsprachigen Ausland Vorträge über Gesundheitsthemen, also Krankheitsursachen und die Möglichkeit der Krankheitsverhütung. Dazu gibt er profunden Rat, was im Krankheitsfall getan werden kann.

Als Kneipp-Anhänger – Jürgen Birmanns schrieb seine Doktorarbeit über „Die Geschichte des Kneipp-Heilbades Bad Münstereifel" – war ihm der Ratgeber „Gesundheit aus einem Guss – meine Kneipp-Fibel" (emu-Verlag) ein besonderes Anliegen.

Dr. Bruker und ich lernten Jürgen Birmanns kennen, als er ein Praktikum in der Klinik Lahnhöhe absolvierte. Als Medizinstudent begeisterte er seine Kommilitonen und gründete mit ihnen die Gruppe „Senfkorn". Sie alle – 23 an der Zahl – wollten sich dem ganzheitlichen Konzept Dr. Brukers verschreiben, so dass die Saat aufgeht und Verbreitung findet. Er ist als Einziger dieser Linie hundertprozentig treu geblieben.

Als Jürgen Birmanns in einer ärztlichen Praxis an der Mosel tätig war, besuchte er Dr. Bruker häufig und diskutierte mit ihm. Eines Tages fragte ich ihn nach seinen beruflichen Plänen. Er wusste es noch nicht genau. Eventuell wollte er noch einmal nach England gehen. Meine scherzhafte Frage: „Braucht England Sie? Hier suchen wir einen tüchtigen Nachfolger von Dr. Bruker. Kommen Sie doch zu uns!" brachte ihn tatsächlich dazu, sich anders zu entscheiden. Wir engagierten ihn vom Fleck weg und bereuten es nicht ein einziges Mal.

Danke, Jürgen, dass Du damals unseren Antrag angenommen hast. Wir haben Dich damit regelrecht überrumpelt. Wir sind stolz auf Dich und bestätigen den Satz Dr. Brukers: „Ihm kann ich meine Patienten anvertrauen."

Lebensarbeit

von Martin Gutjahr-Jung

Am 6. Mai 1974 kam ich ausgesprochen gut gelaunt und ausgelassen von der Schule nach Hause. Ich besuchte die dritte Klasse der Grundschule unseres kleinen niedersächsischen Dorfes, hatte viele Freunde und begeisterte mich für halsbrecherische Fahrradrennen mit ihnen durch den nahegelegenen Wald, alle Arten von Tieren und natürlich das tägliche Fußballspielen auf der wenig befahrenen Straße vor unserem Haus.

Ich rannte die Treppe zu meinem Zimmer hinauf und entledigte mich rasch meines schweren Schulranzens. Mit Bärenhunger wollte ich gerade in die Küche stürmen, da stand mein Vater vor mir. Zitternd, blass, mit unsicherer Stimme. „Du, ich glaub' die Mami will Dir was sagen…"

„Was Gutes oder was Schlechtes?", fragte ich, noch immer ahnungslos und sonnig.

„Ich glaube, es ist eher was Trauriges…"

In dem Moment erschien meine Mutter hinter ihm, in Tränen aufgelöst, haltlos schluchzend. Sie kniete sich vor mich, nahm mich in die Arme und brachte mühsam zwischen Weinkrämpfen heraus: „Anna ist tot."

Licht und Geräusche bekamen einen seltsamen flüssigen, tauben Glanz, als wäre alles mit nassem Samt überzogen. Es stach in meinem Bauch und in meiner Brust, wie später im Leben nur bei abgründigstem Liebeskummer. Ich versuchte, so zu weinen, wie es dem gefühlten Schrecken angemessen wäre. Es dauerte einen Moment, dann konnte ich nicht mehr aufhören.

Anna Neumann, meine Großmutter, arbeitete über 40 Jahre als Hebamme und war entsprechend bekannt, weit über die benachbarte Kreisstadt hinaus. Sie „holte" weit über 8000 Kinder auf die Welt, mich und den Großteil meiner Freunde und Klassenkameraden eingeschlossen. Es ist schwer zu beschreiben, welche Reputation und welchen Respekt diese warmherzige, charaktervolle idealistische Frau ausstrahlte und bekam. Ihr Leben bestand aus ihrer Arbeit, der Beruf galt ihr als Berufung. Zur Beerdigung quoll der kleine Friedhof über vor Menschen, es waren Hunderte.

„Oma Anna" war bis zu diesem schwarzen Montag der starke Baum, der unsere Familie seelisch trug. Meine Eltern, die Familie meines Onkels, die körperlich schwer behinderte Großtante und sie selbst, wir wohnten unter einem Dach. Sie hatte das Haus gebaut, den uns versorgenden Gemüsegarten, den Schweine- und Hühnerstall… nicht nur in meinen Kinderaugen sorgte sie behütend für unser Leben.

Meine Mutter trug etwa ein Jahr lang schwarze Kleidung und brach praktisch täglich in Tränen aus. Mit einem Schlag war die Welt bedrohlich und hoffnungslos geworden. Ich entwickelte eine massive Verlustangst um meine Eltern. Auch wenn die Alkoholkrankheit meines Vaters für mich noch lange nicht offensichtlich war, so spürte ich doch schon seine eigene Hilflosigkeit und Lebensangst. Was auch immer in der Zukunft liegen mochte – es verbarg sich in einem undurchdringlichen Nebel. Es gab keine Klarheit, keine Sicherheit, keine Orientierung mehr. Der Boden unter unseren Füßen schien mit jedem neuen Tag von dunklen Untiefen durchsetzt zu sein.

Der sich stetig verschlechternde Gesundheitszustand meiner Mutter wuchs sich in dieser Zeit zum großen Schatten aus, der über allem lag. Aus belauschten „Erwachsenenge-spräch" erfuhr ich, dass sie vielleicht noch ein halbes Jahr zu leben hätte. Wie imprägniert durch den Tod der gelieb-ten „Über-Großmutter" nahm ich diese Information nahe-zu emotionslos auf. Vermutlich aus Selbstschutz versuchte ich, diesen nächsten drohenden Abgrund wie ein bevorste-hendes kindliches Abenteuer in meine Gedankenwelt zu in-tegrieren. Es fühlte sich an, wie in einem Film oder in ei-nem Buch zu leben. Geschichten aus Filmen oder Büchern können einem schließlich nichts tun, die sind irgendwann zu Ende, und dann wird alles wieder gut...

Vielleicht ist aus diesen Gedanken heraus zu verstehen, was die Begegnung mit Dr. Bruker nicht nur für meine Mut-ter bedeutete. Es war eine aufwühlende Lebenswende für uns alle. Wie schicksalhaft war letzten Endes auch für die-sen großen Arzt selbst die Begegnung mit einer von ande-ren Kollegen bereits „abgeschriebenen" Patientin, die sich so selbstlos und aus Überzeugung seinem Lebenswerk ver-schrieben hat. Dr. Bruker konnte sich auf seine treueste Mitarbeiterin bedingungslos verlassen. Ohne sie wäre we-der der emu-Verlag noch das Dr.-Max-Otto-Bruker-Haus entstanden, und auch die GGB wäre ohne ihre konsequente Führung inhaltlich sicher nicht über drei Jahrzehnte so sou-verän auf Kurs geblieben.

Ich bin glücklich, Dr. Bruker noch so lange hautnah er-lebt zu haben. Gerührt von seiner warmherzigen Art, mich fast wie einen Enkel behandelt zu haben. Ich bin dankbar für die unzähligen Gespräche und Stunden, in denen ich ihm bei der Postbearbeitung helfen durfte und bei denen ich als „medizinischer Laie" so viel lernte. Dankbar für die lehrreichen Unterhaltungen auf den langen Fahrten nach Lemgo, wohin auch ich ihn gelegentlich chauffierte. Für manche ärztliche Hilfe – ich werde niemals vergessen, wie der „Chef" persönlich mir nach einem Sportunfall den Rücken eingerenkt hat: Er war etwa einen Kopf kleiner als ich, also stellte er sich hinter mich auf einen kleinen, wackeligen Schemel, nahm mein Genick in einen „Doppelnelson" und führte eine kurze ruckartige Bewegung aus. Es krachte, als hätte er einen dicken Ast zerbrochen – ich erschrak zu Tode bei diesem Geräusch. Dr. Bruker stieg vom Schemel, sagte: „So, das war's. Ist besser, nicht wahr?" Der tagelange Schmerz im Kreuzbein war wie weggeblasen, ich fühlte mich mindestens zehn Kilo leichter und musste vor Freude lachen. Er lachte mit.

Dr. Bruker hat meiner Mutter das Leben gerettet. Es ist mir eine Freude und Ehre, bei der Fortführung seines Werkes mitwirken zu können.

Danke, Max-Otto.

Mut zum Leben

1989 fragte ich Dr. Bruker: „Haben Sie bei Ihren Bemühungen, als Einzelner gegen Machtinteressen anzutreten, nicht manchmal resigniert oder sogar Angst gehabt?" Er antwortete klar wie gewohnt: „Nein, Angst ist ein schlechter Ratgeber. Und resignieren? Auf gar keinen Fall. Immer weitermachen. Sollte ein Grund zur Verzweiflung vorhanden sein, dann wird ein Weg gefunden, der keine Resignation nötig macht. Es gibt immer einen Weg hinaus. Ich habe viele Patienten, die resignieren. Dann ist es meine Aufgabe, ihnen für die Zukunft positive Wege aufzuzeigen. Resignation ist das Schlimmste, was einem im Leben passieren kann. Schließlich ist auch ein Selbstmord pure Resignation, man ist so verzweifelt, dass alles keinen Sinn, keinen Zweck mehr hat.

Der Ausweg aus der Resignation wäre Mut; mehr Mut zum Leben. Mut und Demut in einer sinngebenden Mischung. Mut setzt Vertrauen zur Zukunft voraus. Und ich habe Vertrauen. Vertrauen in Gott. Für mich ist Gott Ordnung, und die Natur spiegelt sich in der göttlichen Ordnung wider. Wir Menschen sind es, die Unordnung schaffen, die Natur zerstören. Das kann ich nicht mit ansehen, ohne etwas zu unternehmen."

Wir durften noch sieben Jahre mit Dr. Bruker in diesem Haus wohnen, arbeiten, essen und leben. Es war eine wunderschöne Zeit, diesen Lebensabschnitt mit ihm zu verbringen. In den letzten Monaten zog er sich mehr und mehr aus seiner Arbeit zurück. Er meinte dankbar: „Das Haus ist bestellt, mein Lebenswerk ist gesichert. Es ist doch alles gesagt. Macht mir den Abschied doch nicht so schwer."

Als ich ihn einmal fragte, ob er Angst vor dem Sterben und eine Vorstellung von einem Leben nach dem Tod habe, sagte er: „Nein, warum denn. Ich bin ein kleines Mosaikteilchen, das in das große Ganze zurückgeht."

Er starb am 6. Januar 2001 morgens um 4 Uhr im Schlaf, mit entspanntem, lächelndem Gesichtsausdruck.

Zehn Jahre später kann ich seine Worte bestätigen: Das Haus ist bestellt. Die nachfolgende Generation bewährt sich hervorragend. Sie haben den Geist von Dr. Max Otto Bruker erfasst und geben das Erlebte und Erlernte in seinem Sinne weiter.

Ein Verlag, ein Haus, eine Philosophie.

Millionen Bundesbürger kennen den kämpferischen Ganzheitsarzt Dr. Max Otto Bruker (1909–2001) aus dem Fernsehen, aus Vorträgen, durch den „Mundfunk" überzeugter Patienten. Vor allem lesen sie aber die rund 30 Bücher des schwäbischen Humanisten und Seelenarztes. Mit einer Gesamtauflage von über drei Millionen Exemplaren ist Max Otto Bruker der wohl bedeutendste medizinische Erfolgsautor im deutschsprachigen Raum. Der – in der Nachfolge des Schweizer Reformarztes Bircher-Benner scherzhaft „Deutschlands Vollwertpapst" genannte – Massenaufklärer, langjährige Klinikchef und Ernährungsspezialist lehrt zwei fundamentale Erkenntnisse Patienten wie Gesunden: Der Mensch wird krank, weil er sich falsch ernährt. Der Mensch wird krank, weil er falsch lebt.

Hinter den Erfolgstiteln des emu-Verlages steht ein bedeutender Forscher und Arzt, eine Bewegung, ein Haus und tausende Schülerinnen und Schüler. 1994 wurde das „Dr.-Max-Otto-Bruker-Haus", das Zentrum für Gesundheit und ganzheitliche Lebensweise, auf der Lahnhöhe in Lahnstein bei Koblenz bezogen. Es stellt die äußere Krönung des Brukerschen Lebenswerkes dar: Der lichte Bau mit seinem Grasdach, den Sonnenkollektoren, seinen Seminarräumen, dem Foyer mit der Glaskuppel, dem liebevollen Biogarten und der Kneippanlage ist als Treffpunkt für all jene konzipiert, denen körperliche und seelische Gesundheit, ökologische und spirituelle Harmonie Herzensbedürfnis und Sehnsucht sind.

Hinter dem eleganten Halbmondkorpus mit dem markanten Grasdach verbirgt sich eine Begegnungsstätte für Gesundheitsbewusste, Seminarteilnehmer, Trost-, Ruhe- und Anregungsbedürftige.

Feste Termine:

Jeden Dienstag, 18.30 Uhr: Vortrag Dr. phil. Mathias Jung (Lebenshilfe und Philosophie)
Jeden Mittwoch, 10.30 Uhr: Fragestunde mit Dr. med. Jürgen Birmanns (Ärztlicher Rat aus ganzheitlicher Sicht)

Das Dr.-Max-Otto-Bruker-Haus

Ausbildung Gesundheitsberater/in GGB
Lebensberatung/Frauen-, Männer- und Paargruppen

Die vitalstoffreiche Vollwertkost hat ihre Verbreitung, auch im klinischen Bereich, durch die unermüdliche Information und praktische Durchführung von Dr. M. O. Bruker gefunden. Um die Erkenntnisse gesunder Lebensführung und die durch falsche Ernährung provozierte Krankheitslawine ins öffentliche Bewusstsein zu rücken, bildet die von ihm 1978 gegründete „Gesellschaft für Gesundheitsberatung GGB e.V." ärztlich geprüfte Gesundheitsberaterinnen und Gesundheitsberater GGB aus. Über 5000 Frauen und Männer haben bislang die berufsbegleitende Ausbildung bestanden und wirken in Volkshochschulen, Bioläden, Lehrküchen, Krankenhäusern, ärztlichen Praxen, Krankenversicherungen und ähnlichen Bereichen.

Auf der Lahnhöhe erhalten sie durch das GGB-Expertenteam nicht nur eine sorgfältige Grundlagenausbildung über die vitalstoffreiche Vollwerternährung und den Krankmacher der „entnatürlichten" (denaturierten) Zivilisationsernährung (raffinierter Fabrikzucker, Auszugsmehle, fabrikatorische Öle und Fette, tierisches Eiweiß usw.), sondern gewinnen auch Einblick in die leibseelischen Zusammenhänge der Krankheiten.

Praxisseminare/Kochkurse

Das Dr.-Max-Otto-Bruker-Haus verfügt über eine Lehrküche sowie einen großen Kräutergarten. Hier werden zahlreiche vegetarische Koch- und Backkurse für eine moderne vitalstoffreiche Vollwertkost angeboten. Der Schwerpunkt liegt auf einer „alltagstauglichen", aber dennoch fantasievollen, gesunden Ernährung ohne Tiereiweiß.

Das Programm umfasst Einführungskurse in die vitalstoffreiche Vollwertkost, Brotbackkurse, Männerkochkurse, Weihnachtsbäckerei, einen Kurs „Kaltes Büfett" und seit 2011 auch Wildkräuterseminare (incl. Zubereitung von Wildkräutergerichten).

Anfragen zur Gesundheitsberater-Ausbildung wie zu allen weiteren Seminaren, den Selbsterfahrungsgruppen, Lebensberatung, Gestalt- und Paartherapie bei Dr. Mathias Jung und weiteren Tages- und Wochenendseminaren sowie Einzelberatung sind zu richten an die Gesellschaft für Gesundheitsberatung GGB e.V., Dr.-Max-Otto-Bruker-Str. 3, 56112 Lahnstein (Tel.: 02621/917010, 917017, 917018, Fax: 02621/917033).
E-Mail: seminare@ggb-lahnstein.de
Internet: www.ggb-lahnstein.de
Fordern Sie ebenfalls ein kostenloses Probe-Exemplar der Zeitschrift „Der Gesundheitsberater" an.

**Bruker: Unsere Nahrung –
unser Schicksal**
464 S., geb., ISBN 978-3-89189-003-5

**Bruker: Lebensbedingte
Krankheiten**
376 S., geb., ISBN 978-3-89189-006-6

Bruker: Idealgewicht
128 S., geb., ISBN 978-3-89189-005-9

**Bruker: Stuhlverstopfung
in 3 Tagen heilbar – ohne
Abführmittel**
144 S., geb., ISBN 978-3-89189-004-2

Bruker: Herzinfarkt
184 S., geb., ISBN 978-3-89189-007-3

**Bruker: Leber-, Galle-, Magen-,
Darm- und Bauchspeicheldrüsenerkrankungen**
186 S., geb., ISBN 978-3-89189-008-0

**Bruker: Erkältungen müssen
nicht sein**
168 S., geb., ISBN 978-3-89189-009-7

**Bruker: Rheuma – Ursache und
Heilbehandlung**
184 S., geb., ISBN 978-3-89189-010-3

**Bruker/Gutjahr: Biologischer
Ratgeber für Mutter & Kind**
360 S., geb., ISBN 978-3-89189-011-0

**Bruker: Diabetes – Ursachen
und biologische Behandlung**
128 S., geb., ISBN 978-3-89189-012-7

**Bruker: Allergien müssen
nicht sein!**
264 S., geb., ISBN 978-3-89189-033-2

Bruker/Gutjahr: Zucker, Zucker
336 S., geb., ISBN 978-3-89189-034-9

**Bruker: Kopfschmerzen, Migräne,
Schlaflosigkeit**
160 S., geb., ISBN 978-3-89189-035-6

**Bruker/Gutjahr: Wer Diät isst,
wird krank**
217 S., geb., ISBN 978-3-89189-037-0

**Bruker/Gutjahr: Cholesterin –
der lebensnotwendige Stoff**
144 S., geb., ISBN 978-3-89189-036-3

Bruker/Gutjahr: Osteoporose
144 S., geb., ISBN 978-3-89189-038-7

Bruker/Gutjahr:
Reine Frauensache
248 S., geb., ISBN 978-3-89189-042-4

Bruker/Jung:
Der Murks mit der Milch
240 S., geb., ISBN 978-3-89189-045-5

Bruker/Gutjahr:
Fasten – aber richtig!
176 S., geb., ISBN 978-3-89189-061-5

Bruker/Gutjahr:
Störungen der Schilddrüse
176 S., geb., ISBN 978-3-89189-062-2

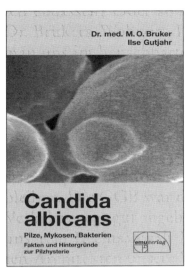

**Bruker/Gutjahr:
Candida albicans – Pilze,
Mykosen, Bakterien**
176 S., geb., ISBN 978-3-89189-069-1

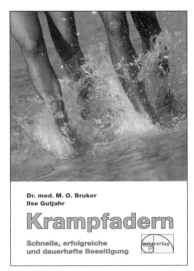

Bruker/Gutjahr: Krampfadern
120 S., geb., ISBN 978-3-89189-074-5

**Bruker: Ärztlicher Rat aus
ganzheitlicher Sicht**
816 S., 2 Bde. im Schuber,
ISBN 978-3-89189-002-8

Bruker/Gutjahr: Naturheilkunde
320 S., geb., ISBN 978-3-89189-072-1

Bruker/Ziegelbecker:
Vorsicht Fluor
490 S., Broschur,
ISBN 978-3-89189-013-4

Bruker/Sandler:
Vollwerternährung schützt vor
Viruserkrankungen
160 S., Broschur, ISBN 978-3-89189-017-2

Bruker: Kleinschriften-
Sammelmappe
33 Stck., 4 – 16 Seiten Umfang,
ISBN 978-3-89189-018-9

Bruker: Aufmerksamkeiten
149 S., geb., ISBN 978-3-89189-014-1

**Ilse Gutjahr: Das große
Dr. M. O. Bruker Ernährungsbuch**
253 S., geb., ISBN 978-3-89189-065-3

Ilse Gutjahr: Einfach raffiniert!
112 S., Broschur,
ISBN 978-3-89189-099-8

Ilse Gutjahr: Iss, mein Kind
136 S., Broschur,
ISBN 978-3-89189-064-6

**Ilse Gutjahr, Erika Richter:
Brot backen**
112 S., Broschur,
ISBN 978-3-89189-113-1

Ilse Gutjahr, Erika Richter:
Streicheleinheiten
134 S., geb., ISBN 978-3-89189-063-9

Ilse Gutjahr, Erika Richter:
Mehr Streicheleinheiten
144 S., geb., ISBN 978-3-89189-170-4

Ilse Gutjahr:
Vollwertkost ohne tierisches
Eiweiß
62 S. Broschur,
ISBN 978-3-89189-019-6

Ilse Gutjahr:
Vollwertkost zum
Kennenlernen
32 S. Drahtheftung,
ISBN 978-3-89189-075-2